高等职业教育公共基础课通用教材

高职体育与健康

主　审◎李朝鹏　耿晓东
主　编◎刘　嫣　周　瑞
副主编◎王子頔　李　涛　周世龙
参　编◎檀杏敏　李剑方　张西岭　王建利　孟志斌
　　　　李文志　韩振兴　王　峥　温志超（动作演示）

北京理工大学出版社
BEIJING INSTITUTE OF TECHNOLOGY PRESS

内容简介

本书作为高等职业教育的体育教材，本着“素质性、职业性、实践性”的教学指导思想编写。

全书分别介绍了体育相关的基础知识以及篮球、足球、排球、乒乓球等常见和实用的体育项目。内容翔实、结构合理、构思精巧，特别注重大学体育教学理论与实践的结合。

本书主要供高等职业教育院校各专业学生学习使用，也可供高职高专院校大学体育教学选用，还可以作为从事大学体育教学的教师及社会上广大的体育爱好者的参考读物。

图书在版编目（CIP）数据

高职体育与健康 / 刘嫣，周瑞主编. -- 北京：北京理工大学出版社，2024. 9.

ISBN 978-7-5763-4043-3

Ⅰ. G807. 4；G647. 9

中国国家版本馆 CIP 数据核字第 2024J0Y410 号

责任编辑：王晓莉　　**文案编辑**：王晓莉
责任校对：周瑞红　　**责任印制**：施胜娟

出版发行 / 北京理工大学出版社有限责任公司
社　　址 / 北京市丰台区四合庄路 6 号
邮　　编 / 100070
电　　话 / (010) 68914026（教材售后服务热线）
(010) 63726648（课件资源服务热线）
网　　址 / http://www.bitpress.com.cn

版 印 次 / 2024 年 9 月第 1 版第 1 次印刷
印　　刷 / 涿州市新华印刷有限公司
开　　本 / 787 mm×1092 mm　1/16
印　　张 / 22. 25
字　　数 / 434 千字
定　　价 / 58. 00 元

前　言

根据中共中央、国务院《关于进一步加强和改进新时期体育工作的意见》和教育部《全国普通高等学校体育课程教学指导纲要》的精神，为了加强高职体育课程建设，提高教学质量，充分拓展体育教学的功能，促进学生健康发展，使当代大学生成为德、智、体、美、劳全面发展的社会主义事业建设者和接班人，我们在广泛参考优秀教材的基础上，编写了这本集理论与实践于一体的高等职业教育公共基础课创新活页式教材——《高职体育与健康》。

党的二十大报告指出：广泛开展全民健身活动，加强青少年体育工作，促进群众体育和竞技体育全面发展，加快建设体育强国。“健康中国 2030”的规划和指导纲要，确定了“塑造自主自律的健康行为，提高全民身体素质”的发展方向。“体育强国”战略的提出，进一步明确了持续提高全民身体素质和健康水平的发展目标。近年来，我国全民健身更是持续推进，青少年体育不断加强，体教融合深入推进。全面修订的《中华人民共和国体育法》（修订版）已于 2023 年 1 月 1 日起正式实施。

随着时代的发展与进步，体育在生活中扮演着越来越重要的角色。本书的编写理念是希望能够通过体育教育，学生可以拥有较为完整的人生体验；通过体育教育，学生可以学习知识、学习探究、学习社交、学习创新与决策、学习自主生存并不断发展。高职学生需要了解更为新颖的体育知识和运动技能、接受正确的理论知识和引领，以及专业化的运动技能教育，这对提升全民体育健康意识具有不可估量的作用和重大的意义。

本书全面阐述了体育运动与健康的基本理论知识，并对各项体育技能进行了详细描述，使学生在了解基本理论的基础上，科学进行体育锻炼，提高运动能力。通过学习本书，学生可以了解体育文化、体育精神，树立正确的体育健康观。

全书共七个模块，模块一为体育理论知识，讲述了健康体能发展的基本原理、体能锻炼原则与方法等知识，使学生提高对体育的概念、功能、目的和任务的认识，增加其对体能发展方面的科学知识。模块二至模块七分别介绍了球类运动、田径运动、民族传统体育、时尚健身运动、冰雪运动以及机电特色体育的相关知识。本书形式新颖，以“模块导读”引入学习内容；“学习目标”则强调重难点；部分单元结尾设置了“练习小贴士”——结合高职学生的职业方向和特点进行练习；“探索与思考”“知识拓展”板块的内容，则强化巩固了所学知识。

本书由河北机电职业技术学院党委副书记李朝鹏、体育工作部主任兼党支部书记耿晓东担任主审，刘嫣、周瑞担任主编，王子頔、李涛、周世龙担任副主编，檀杏敏、李剑方、张西岭、王建利、孟志斌、李文志、韩振兴、王峥、温志超（动作演示）参编。在本次修订工作中，北京理工大学出版社的编辑也为本书的出版做了大量工作，在此一并感谢。

我们深知，编写一本完全贴合时代需要的教材是艰难的，不可能一蹴而就，有些尝试还要通过具体的实践来检验和修正，需要学术界的理解和更为广泛的社会共识。因此，本书的编写是抛砖引玉式的尝试，是编者团队集体智慧的体现。我们期待着教师和学生能用开放、积极和质疑的态度来审视本书并提出意见和建议，也希望使用者和同行给予我们更多的帮助、理解和支持。

编　者

2024 年 6 月

目录

模块一　高职学生体育锻炼与体能发展

模块导读

职业体能是与职业（劳动）有关的身体素质以及在不良劳动环境条件的耐受力和适应能力，是经过特定的工作能力分析后所需具备的身体活动能力，包括重复性操作能力、背肌承载静态力的能力、其他肌肉群能达到维持工作姿势要求的能力，以及人体对工作环境的忍耐程度等能力。

高职院校的体育一方面具有普通高校体育的共性，即要完成增强学生体质，提高学生身体素质，培养良好的品质与健康的心理行为、习惯的任务；另一方面高职院校的培养目标不同于普通高校，其教育教学具有定向性、实用操作性及专业性的特点，因此高职院校的体育具有其个性，即要为职业实践服务。充分认识体育与职业教育的相互关系，使高职院校在完成一般普通教育内容的基础上，适当开展职业体能训练，促进学生职业技能、体能的提高，更好地体现高职院校体育的特色，是当前高职院校体育面临的新课题。

单元 1.1 健康体能发展的基本原理

学习目标

1. 了解体能的基本概念。
2. 掌握发展体能的方法。

一、体能的基本概念

体能是人体为适应运动的需要所储存的身体能力要素，是人体活动基本能力的表现，是人体各器官系统的功能在运动中的综合反映。根据身体各器官、系统的功能结构特点，体能主要包括身体形态、身体机能和运动素质三个方面。身体形态是指机体内外部的结构和形状。身体机能是指机体各器官系统的功能。运动素质是指机体在活动时所表现出来的各种基本运动能力，主要分为五大类：① 力量素质类；② 速度素质类；③ 耐力素质类；④ 灵敏协调类；⑤ 柔韧平衡类。

简单来说，体能可分为健康体能和运动体能两部分。

（一）健康体能

健康体能是人维系健康所具备的身体能力。健康体能使人以饱满的精力、向上的姿态去面对学习和生活。有些同学在生活中很容易感到疲惫，没做多少事就感到很累，学习生活的热情也不高，就像打了霜的茄子，没有精气神。而经常运动的同学则充满了朝气，很有活力，可以同时应对很多事情而游刃有余。这些除了和个人能力有关，还与健康的体能密切相关。

在生理层面上，健康体能和以下几个因素息息相关。

1）心肺耐力。心肺耐力是指在持续性身体活动时循环系统和呼吸系统供应氧的能力。体能锻炼能有效地提高心肺耐力，预防冠心病等心血管疾病。

2）肌肉力量和肌肉耐力。肌肉力量是指肌肉或肌肉群单次竭尽全力收缩时对抗阻力的能力。肌肉耐力是指肌肉或肌肉群多次重复收缩而不疲劳的能力。人体所有活动都离不开肌肉收缩，良好的肌肉力量和肌肉耐力是健康生活的保障，也是发展其他体能的基础。

3）身体成分。身体成分是指人体内水、蛋白质、脂类、糖类、无机盐和维生素的含量以及占比。在运动方面主要考察人体总体重中脂肪成分的重量和非脂肪成分重量（瘦体重）的相对数量关系。

（二）运动体能

运动体能是在健康体能的基础上，人所具备的与运动相关的身体能力。运动体能对人的身体能力提出了更高层次的要求。对于健身者而言，发展运动体能能进行更多种类的体育运动，如考察灵敏与速度的地板球，需要平衡性的跳绳，需要协调性的赛艇等。对于竞技者而言，发展运动体能可以在赛场上发挥出更好的成绩。对于学生而言，发展运动体能可以应对体育测试，同时有机会在课余时间尝试不同的体育项目，感受体育的乐趣。

运动体能和以下要素密切相关。

1）灵敏度。灵敏度是指人体在复杂条件下，快速、准确、协调地变换身体姿势和运动方向并随机应变的能力。

2）速度。速度是指在单位时间内，全身或身体的一部位从一个位置快速移动到另一个位置的能力。

3）协调性。协调性是指人体各部分肢体或肌肉在动作中的配合能力。

4）平衡性。平衡性是指人体在相对静止状态或动态条件下维持身体姿势稳定的能力。

二、体能训练的分类

体能训练是一种系统性的、目的明确的锻炼方式，旨在提高个体的身体素质和运动能力。为了更有效地达到训练目标，体能训练通常被分为不同的类型，如表1-1所示。

表1-1　体能训练的分类

训练类型	训练方式	训练目的
有氧运动（心肺耐力训练）	跑步、自行车、有氧操、跳绳、游泳等	增强心肺功能，提高身体的耐力和效率
力量训练（抗阻训练）	举重、弹力带训练、使用哑铃和杠铃、体重训练（如俯卧撑、引体向上）等	增强肌肉的力量和体积，提高新陈代谢率
柔韧性训练	普拉提、瑜伽、静态和动态拉伸，平衡和协调训练等	提高身体的柔韧性和运动范围，减少受伤风险
平衡和协调训练	瑞士球训练、平衡板、波速球训练、体操等	提高身体的平衡能力和运动协调性
速度和敏捷性训练	短跑、变向跑、爆发力跳跃、敏捷梯训练等	提升运动速度和身体反应速度
核心训练	平板支撑、俄罗斯转体、仰卧起坐等	强化腹部和背部肌肉，提高身体稳定性和整体力量

三、发展体能的方法

体能训练对促进人体健康有着不可小觑的作用，可以帮助发展心肺功能，提高人持续运动的能力。良好的心肺功能是进行一切运动的基础，当进行体育活动时，如果呼吸系统和循环系统能保持高效正常的运转并供给充足的血液和氧气，体育运动就能持续进行。

以心肺耐力和肌肉力量为基础，整体的运动耐力就会增强。可以把肌肉力量和运动耐力看作是硬件配置，心肺是让肌肉、身体各部分正常运作的发动机和传送带。

坚持体能锻炼可以有效地改善身体成分，将体内的脂肪、肌肉、矿物质和蛋白质含量控制在合适的范围之内，同时也有助于提高速度、灵敏性、协调性、平衡性和反应能力。

（一）发展心肺耐力

发展心肺耐力的主要方法是进行有氧运动。有氧运动时，心率加快，呼吸频率增加，对心肺有很好的刺激和锻炼作用。而有氧运动中最常见的就是跑步，相关具体方法可参见单元 1.2 的内容“跑步锻炼的方法”。

（二）发展肌肉力量和耐力

发展不同部位的肌肉力量和耐力有不同的训练方法。

1. 发展胸部肌肉力量的锻炼方法

1）卧推：平躺于凳上，双手正握杠铃，握距略宽于肩。眼睛与杠铃正好对齐，从杠铃架上举起杠铃直至胸部正上方位置。以可控制的方式，向下移动杠铃至胸部。杠铃触到胸部，然后推杠铃返回起始姿势。一组 10~15 次，重复 3~5 组。进阶版可增加杠铃的重量。

2）俯卧撑：练习者身体保持从肩膀到脚踝成一条直线，双臂放在胸部位置，两手相距略宽于肩膀。用 2~3 秒时间来充分下降身体，最终胸部距离地面应该是 2~3 厘米。用力撑起，回到起始位置。一组 20 次，重复 2~4 组。

2. 发展肩背部肌肉力量的锻炼方法

1）俯身提拉：杠铃置于地面，双手正握抓杠，握距略宽于肩提拉杠铃。两脚开立，与肩同宽，膝关节稍屈，提拉至人体直立后放下。重复上述动作，每组 10 次，重复 3~5 组。

2）横向伸展运动：呈站立姿势，手臂先前平举，再缓缓成侧平举，再缓缓成后平举（尽可能地向后伸展）。前平举—侧平举—尽可能后平举—侧平举—前平举，重复上述动作，每组 10 次，重复 3~5 组。进阶版可手握哑铃进行上述动作。

3. 发展腿部肌肉力量的锻炼方法

1）深蹲：双脚开立与肩同宽，将杠铃放在肩上，保持躯干正直，然后保持躯干正直姿势下蹲直至大腿与地面平行，慢慢恢复起始姿势。每组10次，重复3 ~5组。

2）箭步跳：肩负杠铃，呈弓箭步，每次跳跃时前后脚交换。每组10次，重复3~5组。

3）台阶跳：一脚立于台阶上，另一脚立于地面，双脚跳跃交换，每组30次，重复3~5组。

4. 核心区力量的练习方法

1）平板支撑：人俯卧，手肘撑地，脚尖着地，身体成一条直线，保持这一姿势坚持1分钟，重复2~3组。进阶版可增加每组的时间，如增加到2分钟，在1分钟结束后左右脚交替抬腿提膝，增加难度。

2）臀桥：人仰卧平躺，小腿立起与地面垂直。将臀部抬起使大腿和躯干成一条直线，然后放下，但臀部不要落地。每组20次，重复3~5组。保持臀部抬起时间为3分钟，重复3组。

（三）改善身体成分

运动能不能帮助瘦身减脂是很多同学关心的问题，因此体脂率是很多同学监测的指标。体脂率是指人体内脂肪所占的比率。平均而言，正常女性的体脂率为25%~31%，正常男性的体脂率为18%~24%；理想女性的体脂率为21%~24%，理想男性的体脂率为14%~17%；女性运动员的体脂率为14%~20%，男性运动员的体脂率为6%~13%。

最常见的测试体脂率的方式就是利用身体成分测试仪进行身体成分测试。其原理是脂肪不导电但是身体中其他含水的成分导电，故可以通过测量电阻来测定身体中的脂肪、骨骼肌、含水量等数据。

人体的能量来自体内的葡萄糖、脂肪和蛋白质。当人刚开始活动时，主要是消耗葡萄糖供给能量，当葡萄糖消耗殆尽，则主要开始消耗脂肪，如果脂肪消耗殆尽，则消耗蛋白质（消耗蛋白质是生命垂危的极端情况）。通常所说的“减肥很难”主要是因为，只有在一定时间内进行较高强度的运动过后（大概中强度跑步半小时以上），人体才开始以消耗脂肪为主要供能方式。

从事中高强度或大于半小时的体能运动都有助于消耗脂肪，改善身体成分。

（四）发展速度和协调平衡能力

1. 速度的分类

速度分为反应速度、动作速度和移动速度。反应速度对应反应能力，是人对刺激的应答能力，如运动员的起跑时间。动作速度对应灵敏性，是指人体或人体某个部分快速

完成单个或一套动作的速度，如篮球中的一次传接球、足球的一次胸部停球。移动速度就是我们通常所说的速度，如男子 100 米跑了 10 秒，女子 1 000 米游了 20 分钟。

2. 速度练习

1）折返跑：两线之间相隔 30 米，同学在两线之间迅速来回运动，以手触线后快速折返，每组重复 3 个来回，重复 3 组。折返跑是在不断练习短跑中的起跑加速，起跑需要注意力高度集中，反应速度快。

2）双人行进间抛球练习：两人面对面站立，相隔 2.5~3 米，侧面对向前方，向前运动，同时来回抛球，两人既要保证行进速度，又要在行进中注意接球。可用于训练篮球运动员和一般运动员的反应能力。

3. 灵敏度练习

1）贴烧饼：若干同学以两人为一组前后站立，共同组成一个圆，选两人一追一逃，逃者贴于某组站在前面的人之前，而该组站在后面的人逃跑，如逃者被抓住则改为追者，反复练习。

2）打野鸭：若干同学围成一圈，席地而坐，选取 3~5 位（视总体人数而定）同学站在中间扮演“野鸭”，坐者之中有 3~4 人使球在圈内滚动，以击打“野鸭”。野鸭被击中则与击打者对换角色，反复练习。

4. 发展协调与平衡能力

在学习广播体操时，一般会先教一节操的手部动作，再教一节操的腿部动作，然后合起来练习。有些同学在分解练习时尚可，但手脚同时练习时就会出现跟不上节奏，手忙脚乱的情况。这其实就是手脚配合不够协调，当然也有熟练度的问题。进行单脚支撑练习时，有些同学能重心平稳站立，有些同学则摇摇晃晃，伸展手臂辅助平衡，这其实是每个人的平衡能力不同。以下简单介绍一种典型的发展平衡能力的方法：平衡球训练。

练习方法：同学站立于平衡球上并保持平衡球的横栏不着地，坚持 2 分钟，重复 3~5 组。平衡球实则是训练如何把重心平均分配给两腿，用力平均才能不落地。

其实无论是协调性还是平衡能力，都贯穿于各个运动项目的全部过程，进行一项运动时，如篮球，反复练习传球的方法、投篮的准度、队友的配合，不知不觉中身体的协调性和平衡能力得到了发展。

探索与思考

1. 简述发展体能的方法。
2. 根据自己的身体状况，制订体能提升计划。

单元 1.2 体能锻炼原则与方法

学习目标

1. 了解体能锻炼的原则。
2. 了解体能锻炼的方法。

一、体能锻炼的原则

运动要讲究科学，只有按照运动固有的规律进行锻炼，才能达到强身健体的目的。体能锻炼的原则是运动基本规律的反映，也是参加者选择锻炼内容、锻炼方法，安排锻炼计划应遵循的原则。参加体能锻炼时，应坚持以下几条原则。

（一）循序渐进原则

体能锻炼的循序渐进，是指在学习体育技能和安排运动量时，要由小到大、由易到难、由简到繁，逐渐进行。一些体育爱好者在开始进行体能锻炼时，兴趣很高，活动量也很大，但坚持了几天，就失去了锻炼热情。产生这种现象的原因之一就是没有遵守循序渐进原则。由于开始阶段活动量大，机体无法很快适应，疲劳反应过大，锻炼者受不了“苦”而放弃体能锻炼。应了解锻炼效果的产生并非一蹴而就，而是呈螺旋上升之态。因此在安排运动负荷时应注意由小到大逐步提高，其原则是提高—适应—再提高—再适应。

（二）自觉性原则

自觉性原则，是指锻炼者有明确的健身目标，充分认识体能锻炼的价值，自觉积极地参加体能锻炼活动。因此，体能锻炼是一个锻炼者克服自身惰性、磨炼意志的过程。锻炼者只有将被动转化为主动，才能超越肉体的不适乃至痛苦，身心愉快地投入到体能锻炼当中。要想收到体能锻炼的预期效果，必须以积极主动的态度，自觉地坚持锻炼。

（三）经常性原则

经常性原则，是指应长期地、不间断地、持之以恒地进行体能锻炼。体能锻炼是一个厚积薄发的过程。锻炼者只有经常参加体育活动，才能获得明显的锻炼效果。即使某些锻炼短时间内对身体机能产生一定的影响，但是一旦停止体能锻炼，这种良好影响也会很快消失。

（四）全面性原则

全面性原则，是指锻炼者必须追求身心全面和谐的发展，使身体的形态、机能和身心素质等得到协调发展。人体是一个统一的整体，各部位既相互联系又相互制约。若忽略整体的全面性，势必导致身体的片面发展，进而造成某些部位、器官系统、身心素质和技能的薄弱，反而影响体质的增强和锻炼水平的提高。例如，某些专项运动员，其训练活动侧重于和本项目相关的身体部分，常常导致身体其他部位的薄弱。运动员身体机能不平衡，极易出现各种伤病。因此应重视全面性原则。

（五）安全性原则

安全性原则，是指在进行任何形式的体能锻炼时，都应注意安全，尽可能避免因锻炼本身造成的运动损伤和伤害事故。这就要求体能锻炼计划安排合理，符合运动规律和人体发展规律，尤其要从个人实际情况出发。务必将安全放在体能锻炼的重要位置，否则体能锻炼与健身的目的将会背道而驰。

二、体能锻炼的方法

随着社会的发展，体能锻炼已成为当代人不可忽视的内容，国内外体育界也十分重视体能锻炼的研究。通过了解各种锻炼方法，可以根据自身的身体素质，运用身体练习和自然因素来锻炼身体。具体来说，体能锻炼的方法包括各种身体锻炼，如步行、跑步、游泳和体操等。

本节结合三种锻炼方法对身体作用的原理进行阐述，以便同学们在制订锻炼计划时有理可依，科学安排体能锻炼，最大限度地实现锻炼的目的。

（一）提高身体素质的方法

这里介绍的是最基本和常用的练习方法。它能有效地提高身体素质和人体活动能力，促进机体功能，增强体质。身体素质练习包括力量、速度、耐力、柔韧和灵敏性的练习。其中力量、速度、耐力和灵敏性尤为重要。

1. 发展力量的因素和方法

在力量训练活动中，应注意以下三个因素。

1）负荷，是指肌肉在单位时间内（肌肉收缩前后）能够承受的重量。而最大负荷是肌肉在单位时间内能够承受的最大重量，通常以只能重复一次的重量为最大负荷。实践证明，开始练习时以最大负荷的60%~70%进行，随着练习水平的提高，负荷量应逐渐增加。

2）动作速度，是指锻炼者在进行力量训练时，应做到动作还原阶段的速度比主动用力阶段的速度慢一半。以引体向上为例，如果手臂弯曲的动作用1秒，伸展还原动作就要用2秒，这样可以使一次力量练习得到两次肌肉锻炼。

3）训练间隔，是指每次训练的间隔时间。实践证明，开始训练时以隔日训练为好，隔日训练的力量增长为77%，而每日进行训练力量的增长只有47%，且每次练习间隔以3~5分钟为宜。发展力量的方法包括投掷重物、举重、引体向上、双臂屈伸、俯卧撑、跳跃、负重下蹲和负重跳等。

2. 发展速度的因素和方法

在体能锻炼中，速度多涉及跑步这一运动，而影响跑步速度的因素为步频和步长。提高速度应从这两个方面入手。

1）步频，是指跑动过程中单位时间内两腿摆动的次数。从根本上讲，步频取决于运动中枢兴奋与抑制的转换速度，转换速度加快，则步频相应增加，在每步跨度不变的情况下，速度就会提高。就运动素质发展敏感期而言，11~13岁是发展步频的最佳时期。提高步频的方法有高抬腿跑、原地高频率跑和加速跑等。

2）步长，是指在跑动过程中两腿之间的跨度，可以通过对髋关节柔韧性和腿部力量的训练，来扩大关节活动幅度和锻炼腿部韧带、肌腱和肌肉等软组织的伸展性，以达到增加步长的目的。增加步长的方法包括小步跑、跨步跑、后踢跑、折返跑和斜坡跑等。

3. 发展耐力的因素及方法

耐力使身体能处于较长时间的运动状态而不产生疲劳。在进行训练时，应注意以下几个因素。

1）心血管的负荷量，简单来讲是指心脏、血管在收缩前后所遇到的阻力或负荷。耐力练习首先应提高心血管的机能，在一定程度上增加心血管系统的负荷和持续时间。在参加体能锻炼时应使负荷量达到心血管系统最大功能的70%，并至少持续5分钟。

2）运动的间隔时间，是指每次负荷练习之间的间隔时间，一般是以脉搏频率恢复到120~130次/分钟，再进行下次负荷练习为宜（通常需要3~4分钟）。

3）动作速度，一般来说，进行中速运动或匀速跑步时脉搏保持在 150 次/分钟的训练对耐力的增长较为有效。发展耐力的方法包括有氧训练、无氧训练和有氧无氧混合训练。有氧训练包括匀速持续跑、越野跑、变速跑和间歇跑（机体处于不完全恢复状态下反复练习）等；无氧训练包括间歇快跑和逐渐缩短间歇时间跑等；有氧和无氧混合训练包括短距离重复跑、持续接力、定时跑和中长距离跑等。个人可根据自身情况选择合适的训练方法。

4. 发展灵敏度的因素和方法

身体灵敏度和以下三个因素密切相关。

1）神经系统。神经系统的反应速度是人体灵敏度的根本所在，可以通过信号刺激的训练提高大脑皮层的反应能力。训练方法为一些活动性游戏，例如，根据特定信号改变动作方向，以及对快速运动目标做出迅速反应等。短跑运动员反复练习蹲踞式起跑也是一种练习反应速度的好办法。

2）肌肉力量。肌肉力量是决定人体灵敏度的物质力量，强大的肌肉力量可使动作迅速、灵敏。关于肌肉力量的训练方法前面已有介绍，这里不再赘述。

3）运动技能的掌握。熟练的运动技能是将人体的灵敏度发挥到淋漓尽致的助推器，它能够消除动作的紧张和僵硬，达到动作灵敏、协调、精确和省力。发展灵敏素质应采用多种方法练习，如体操、技巧、各种球类活动、游戏以及一些专门的辅助性练习。技能掌握得愈多、愈熟练，动作就愈灵敏。

（二）利用自然因素锻炼的方法

自然界是人类赖以生存的环境，一方面，“物竞天择，优胜劣汰”这一自然规律迫使人类经历了艰难的进化过程。但另一方面，人类也从大自然中汲取生存的养分。实际上，自然界包括许多对人体健康十分有益的因素，可以利用以下几种自然条件进行锻炼，提高对外界的适应能力，增进健康和增强体质。

1. 日光、空气、水对锻炼身体的作用

日光、空气和水等自然条件对体能产生积极作用的原理为：人类机体对外界环境具有极强的敏感性和适应性，环境的变化作用于机体，大脑皮层立刻进行调节，从而保持在新条件下机体与环境的平衡。新的刺激又形成新的反射，从而进一步提高机体的适应能力。

2. 冷水浴

冷水浴是利用自然因素对身体进行锻炼的方法之一，它能提高机体对冷刺激的适应能力，对于预防感冒和多种疾病大有裨益。冷水浴的水温通常为 15～20 ℃，以身体

能够适应为宜。冷水浴锻炼宜从夏秋开始，每周至少练习两次，时间以早晨为宜。需要指出的是，剧烈运动后及饭后不要马上进行冷水浴，同时还要注意自我感觉，如出现身体不适则暂停冷水浴锻炼。

（三）跑步锻炼的方法

跑步是一项古老的运动，它是人类最基本的生存活动之一。作为一项运动，跑步对人类健康起着不可替代的作用。开始练习跑步的体弱者，可先进行短距离慢跑。从 50 米开始，逐渐增至 100 米、200 米，甚至更多，速度一般为 30～40 秒跑 100 米。体力稍好者可进行长跑，距离从 1 000 米开始，适应后再逐步增加距离，一般可增至 3 000～5 000 米，速度为 6～8 分钟跑完 1 000 米。跑步最好在早晨进行，运动量要根据跑步时每分钟最高脉搏数来掌握。

探索与思考

1. 简述体能锻炼的方法。
2. 体能锻炼要遵循哪些原则？

单元 1.3　发展职业体能

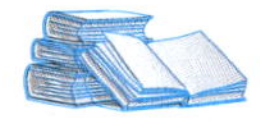

学习目标

1. 了解职业体能发展的依据。
2. 掌握职业体能训练与发展的方法。

一、职业体能概述

职业体能是与职业（劳动）有关的身体素质以及在不良劳动环境条件下的耐受力和适应能力，是经过特定的工作能力分析后所需具备的身体活动能力，包括重复性操作能力、背肌承载静态力、其他肌肉群能达到维持工作姿势所要求的能力，以及人体对工作环境的忍耐程度等能力。

在人类的职业劳动中，体育锻炼的贡献在于提高人的身体素质和劳动能力，在劳动力再生产过程中培养、保护、恢复和增强劳动力的作用。高职院校以培养国家需要的实用型高技能人才为主要目标。高职生的劳动是现代高科技下的技能性、创造性劳动，属于物化劳动过程而非简单的纯体力劳动。学生毕业后所从事的职业岗位工作，客观上对其体能提出了不同的要求：要适应紧张而单调的流水作业；要承受机械的振荡、噪声的干扰；要经得住特殊气味及高温强冷的侵袭；要能在高、难、险的环境下完成高精度的生产任务；等等。这就需要未来的高职人才不仅具有较高的职业技术操作能力，还应当具备较强的体能；不仅要有较强的技术能力，还要有与其相关的力量、耐力、速度、柔韧、灵敏等身体素质，只有职业技术和职业体能的发展相得益彰才能发挥最大作用。

在职业化劳动中身体部位的活动具有局部性、重复性、固定性和持续性的特点，体育活动能够帮助更好地掌握劳动技能和劳动规律，养成正确的并能节省力量进行工作的熟练技巧。对应这些身体部位进行实用性体能训练，能提高掌握技能的速度和能力。

二、职业体能发展的依据

根据人力资源和社会保障部认定的职业分类目录和教育部关于普通高等学校，高职高专教育指导性专业目录的分类标准，按职业岗位及劳动特点，将身体姿态相对地划分为静态坐姿类、静态站姿类、流动变姿类、工厂操作姿态类、特殊岗位姿态类五大类。

结合高职院校的专业设置进行归类，分析各职业操作动作能力的对应性和补偿性，以每个专业对应岗位操作动作的解剖学、生理学特点，以及每个专业和对应的职业工种的操作姿势、操作动作、操作活动的性质和不同职业病的不同防治方法等为依据，根据相互之间的对应关系，有针对性地进行职业体能的发展和训练。

三、职业体能训练与发展的内容与方法

不同职业的工作方式不尽相同，对体能的要求也不一样。在开展职业体能训练时，需要针对不同职业的具体特点选择合适的体育项目。按工作时的身体姿势进行分类的职业体能训练内容如表 1-2 所示。

表 1-2　按工作时的身体姿势进行分类的职业体能训练内容

职业类型	职业示例	工作特征	体能训练的主要手段
坐姿类	文秘、金融从业人员、计算机信息专业人员、财务会计工作人员等	需要长时间坐着，以脑力劳动为主	① 定位运动：颈部旋转运动、手臂旋转运动、双臂背后拉伸运动、下压肩部运动、扩胸运动、转体运动等；② 活动性锻炼：俯卧撑、对墙倒立、仰卧举腿、健身跑等
站姿类	交警、厨师、机械制造人员、建筑类工作人员等	以站立或行走为主要的身体姿势	① 定位运动：伸展运动、体前屈运动、捶击双臂运动、拍打双腿运动等；② 活动性锻炼：长跑、仰卧起坐、登山、后退行走等
综合操作类	机械操作工作人员、物流人员、装修类工作人员等	没有固定的身体姿势，动作变换频繁	① 定位运动：上肢肌肉力量锻炼、下肢肌肉力量锻炼，动作变化量锻炼、平衡能力锻炼等；② 活动性锻炼：野外拓展、定向越野等

探索与思考

1. 职业体能发展的依据是什么？
2. 简述职业体能训练与发展的方法。

单元 1.4　高职生坐姿类职业体能训练

学习目标

1. 了解静态坐姿类常见职业性疾病的预防方法。
2. 掌握坐姿类职业体能的训练方法。

一、静态坐姿类常见的职业性疾病的产生及预防

静态坐姿类常见的职业性疾病的产生及预防具体如表 1-3 所示。

表 1-3　静态坐姿类常见的职业性疾病的产生及预防

疾病	症状	致病原因	保护与预防
颈椎病	头、颈、肩、手臂酸痛、麻木，脖子僵硬，活动受限	从事低头工作或头颈固定某一姿势的工作，使颈椎长时间处于屈曲位或某个特定位置，容易使颈椎间盘形成慢性劳损，椎体前缘产生磨损增生导致颈椎病	① 抬头动作或转颈动作；② 做头部侧屈或旋转动作；③ 加强颈肩部肌肉力量和柔韧性练习，比如做头手倒立
肩周炎	肩部疼痛，肩关节活动受限，严重时关节功能也可能受影响；手臂后伸时不能完成屈肘动作，在肩关节周围有明显的压痛点	由于长时间伏案工作，肩部活动过少。造成局部血液循环不良，出现炎症或肩关节周围软组织劳损，逐渐形成肩周炎	① 耸肩动作和转肩动作，或背伸动作；② 做一些前旋、后旋抡臂动作，还可以做一些拉伸肩关节的动作，比如压肩、拉臂等；③ 引体向上、俯卧撑等；④ 再做一些伸展性、柔韧性练习，比如单杠掏腿吊肩、单杠上吊臂伸展
腕管综合征	食指、中指疼痛、麻木和拇指肌肉无力，手指、手掌麻木、僵硬，手腕疼痛	长时间使用计算机操作，重复在键盘上打字和移动鼠标，手腕关节因长期密集、反复和过度运动，逐渐形成腕关节疲劳过度	① 养成良好的、正确的、最适宜的手和手腕的操作姿势；② 工作间隙可以进行手腕、手臂和肩部的拉伸练习、柔韧性练习；③ 进行手指、手腕、手臂和肩部的力量性练习和柔韧性练习，比如握力器练习、腕力器练习、手指操等

续表

疾病	症状	致病原因	保护与预防
视疲劳综合征	眼皮沉重，眼干涩、酸胀、疼痛、异物感、畏光、流泪，视力模糊、重影，眼部充血等	眨眼次数减少，会使眼睛受滋润、润滑的次数相应减少，导致眼部干涩。同时由于视物焦距长时间保持一种状态，晶状体调节肌过度疲劳，因而眼部生理功能下降，进而出现视疲劳综合征	① 工作时要保持眼睛和显示器之间距离在 70 厘米以上，显示器应略低于双眼视线；② 注视屏幕半小时应适当望望远处，转动眼球、眨眨眼睛；③ 做眼保健操练习

二、坐姿类职业体能训练方法

（一）耐力素质

1. 腰背部肌群力量耐力练习

（1）体后屈伸

目的：主要发展伸展躯干和伸髋的肌肉力量。

要领：俯卧在垫子或长凳上。以髋部支撑，脚固定，两臂前举连续做上体后屈伸动作或者保持上体屈伸 6~8 秒。

（2）俯卧两头起

目的：主要发展伸展躯干和伸髋的肌肉力量。

要领：俯卧在垫子或长凳上，两臂前伸，两腿并拢伸直。两臂和两腿同时向上抬起，腹部与坐垫成背弓，然后还原，连续练习。15~20 次为一组。

（3）仰卧过顶举

目的：主要发展斜方肌力量。

要领：仰卧在地板或垫子上，两腿并拢伸直。双手重叠握住哑铃把的一端，将哑铃提起，此时两臂伸直，重量承受在胸部上端，再慢慢从头顶往后下方放，直至两臂能最大限度伸展到头顶的后下方，然后恢复到原来的姿势。

（4）哑铃单臂划船运动

目的：主要发展背阔肌上、中部以及斜方肌、三角肌的力量。

要领：两脚前后开立，身体前弯，一只手支撑于椅面上，另一只手提起哑铃。吸气用力，持哑铃手侧上提至胸部高度，再呼气放下。连续 8~12 次之后，再换另一只手练习。

（5）高翻

目的：主要发展背阔肌、斜方肌、骶棘肌的力量。

要领：两脚开立，与肩同宽，双手正握杠铃，握距同肩宽，挺胸直背，将杠铃提起至大腿中下部迅速发力，翻举至胸部。还原后，反复进行练习。

（6）持铃耸肩

目的：主要发展斜方肌的力量。

要领：身体直立，正握杠铃，然后以肩部斜方肌的收缩力使两肩胛向上耸起（肩峰几乎触及耳朵），直至不能再高时为止。还原后，反复进行练习。

（7）俯立划船

目的：主要发展背阔肌上、中部以及斜方肌、三角肌的力量。

要领：两脚自然开立上体前屈近 90 度，抬头，正握杠铃。然后两臂从垂直姿势开始，屈臂将杠铃拉近小腹后还原。重复进行练习。上拉时应注意肘靠近体侧，上体固定，不屈腕。

（8）直腿硬拉

目的：主要发展骶棘肌、背阔肌、斜方肌、臀大肌以及股二头肌、半腱肌、半膜肌、大收肌等伸展躯干和伸髋的肌肉力量。

要领：两腿伸直站立，上体前屈，两手正握杠铃，握距约同肩宽，两臂伸直，然后伸髋，展体将杠铃拉起至身体挺直。还原后重新开始。每组练习 2~5 次。上拉时应注意腰肌群要收紧，杠铃靠近腿部。

2. 颈肩部肌群力量耐力练习

（1）屈伸探肩

目的：主要发展胸锁乳突肌、斜方肌的力量。

要领：坐立均可，上背挺直，双手叉腰，眼睛正视前方。头缓缓地向左偏，努力接近左肩，保持 6~8 秒，还原；以相同的姿势换方向做，还原。

（2）摸耳屈伸

目的：主要发展胸锁乳突肌、斜方肌的力量。

要领：坐立均可，两手自然放于体侧，眼睛正视前方。右手叉腰，同时将左手侧上举，越过头顶去摸右耳，同时头向左侧倾斜，还原；再用右手以同样的姿势去摸左耳，还原。

（3）手侧压颈屈伸

目的：主要发展胸锁乳突肌、斜方肌的力量。

要领：坐立均可，上背挺直，眼睛正视前方。左手按头左侧，右手叉在右侧腰间。左手用力把头向右侧推压，而颈部则用力顶住，不让其被轻易压倒，但逐渐被压倒。然后，颈部用力把头向上向左抬起，而左手则用力压住头部，不让其轻易抬起，但逐渐完全竖直。练完一侧，换练另一侧。

（4）双手正压颈屈伸

目的：主要发展斜方肌的力量。

要领：坐立均可，上背挺直，眼睛正视前方，双手十指交叉，按在脑后。双手用力压头部，使其向前下屈，颈部则用力顶住，不让其被轻易下压，但逐渐被压到颈部触及锁骨柄。然后，颈部用力把头向上抬起，而两手则用力压住头部，不让其轻易抬起，但逐渐抬到原位。

（5）耸肩

目的：主要发展斜方肌的力量。

要领：坐立均可，上背挺直，双手叉腰，眼睛正视前方。双肩缓缓往上耸，尽力去碰耳朵，保持 6~8 秒，然后放下。

（6）肩绕环

目的：主要发展斜方肌的力量。

要领：坐立均可，上背挺直，双手叉腰，眼睛正视前方。双肩经前向后展，做以肩关节为中心的绕环动作。

3. 腕部肌群肌肉力量耐力训练

（1）屈伸腕动态练习

目的：主要发展前臂伸肌和屈肌的力量。

要领：立正，一手持哑铃，掌心朝上。另一手微托持哑铃的手肘关节，靠于腰部，手紧握哑铃以 2 秒 1 次的频率做屈伸腕运动。

（2）屈伸腕静态练习

目的：主要发展前臂伸肌和屈肌的力量。

要领：立正，一手持哑铃，手掌朝上。另一手微托持哑铃的手肘关节，靠于腰部，手紧握哑铃充分屈腕静止 15 秒，休息 5 秒，再充分伸腕静止 15 秒。

（3）“8”字绕环

目的：主要发展肱桡肌的力量。

要领：立正，一手持哑铃（男生可以双手持哑铃），掌心朝上。持哑铃手做“8”字绕环运动。

（二）柔韧性素质

柔韧性是指身体某个关节或关节组活动范围的幅度以及肌肉、肌腱、韧带等软组织跨过关节的弹性与伸展能力。良好的柔韧性，能使人的动作舒展，帮助肌肉轻松高效地活动，并有助于减少某些运动损伤。[①] 柔韧性练习对于需要长久静坐的人尤为重

---

① 杨世勇，唐照华，李遵，等．体能训练学［M］．成都：四川科学技术出版社，2001.

要，典型的例子就是办公室白领。进行伸展性练习有助于提高办公室白领关节的灵活性，使其头部转动自如，避免关节僵硬。

下面简单讲述发展腰背、胸部、颈肩部及臂部和腕部柔韧性的方法与手段。

1. 腰背、胸部柔韧性的练习方法

（1）坐位拉背

目的：拉伸背部。

要领：坐在椅子上，双膝微屈，躯干贴在大腿上部，双手抱腿，肘关节放在膝关节的下面。呼气，上体前倾，双臂从大腿上向前拉背，双脚保持与地面接触，保持6~8秒。

（2）坐椅胸拉伸

目的：拉伸胸部。

要领：坐在椅子上，双手头后交叉，椅背高度在胸中部。吸气，双肩后移，躯干上部后仰，拉伸胸部。动作缓慢进行，保持6~8秒。

（3）仰卧团身

目的：拉伸腰部。

要领：在垫上仰卧，屈膝，双脚滑向臀部。双手扶在膝关节下部。呼气，双手将双膝拉向胸部和肩部，并提起髋部离开垫子。重复练习。动作幅度尽量大，保持6~8秒。

（4）俯腰

目的：拉伸腰部和躯干两侧。

要领：并腿站立，两腿挺膝夹紧，两手十指交叉，手心向上，伸直上举。上体收腰前俯，两手心尽量向下贴近地面，两膝挺直，髋关节屈紧，腰背部充分伸展。两手直臂分别握住同侧踝关节，使胸部贴紧双腿，充分伸展腰背部。持续一定时间后再放松起立。还可以在双手触地时向左右侧转腰，用两手心触及两脚外侧的地面，增强腰部伸展时左右转动的柔韧性。

（5）体侧屈

目的：拉伸腰部和躯干两侧。

要领：并腿站立，上身挺直。右手叉腰，左手伸直，上体尽量向左侧倾斜，保持6~8秒；还原，换方向做。注意上体不要有扭转动作。

2. 颈肩部柔韧性练习方法

（1）扭转望月

目的：伸展侧颈部。

要领：坐立均可，上背挺直，双手叉腰，眼睛正视前方。头缓缓地向左后旋转，

目光注视前上方，尽最大努力保持 6~8 秒，还原。然后以相同的姿势换方向做，再还原。

（2）低头沉思

目的：伸展颈后部。

要领：坐立均可，上背挺直，双手叉腰，眼睛正视前方，缓慢低头，下颌尽量靠近胸骨，抻拉颈部肌肉，持续 30 秒，还原。向后屈伸，保持 30 秒，再还原。

（3）“米”字形弯曲

目的：伸展全颈部。

要领：坐立均可，头部依次向前弯—复位—向左弯—复位—向后弯—复位—向右弯—复位；然后依次做左前弯—复位—左后弯—复位—右后弯—复位—右前弯—复位。

（4）肩膀上提

目的：拉伸肩部。

要领：坐在椅子上，两脚稍分开，屈肘。两手中指分别放松按于肩膀上，肩部用力往上提，上体充分舒展，在肘关节活动最大范围处静止 20~30 秒，还原，放松。

（5）正压肩

目的：拉伸背部和肩部。

要领：分腿站立，体前屈，两手扶于椅背，挺胸低头（或抬头），身体上半部上下振动。同伴可帮助压肩，把肩拉开。练习时要求手臂伸直，肩放松。

（6）上臂颈后拉

目的：拉伸上臂后部和肩部。

要领：坐立均可，左手屈肘上举至头后，左肘关节在头侧，左手下垂至肩胛处。同时右手屈肘上举，右手在头后部抓住左臂肘关节。呼气，在头部向右拉左臂肘关节保持 6~8 秒，还原后换另一臂拉伸。

3. 臂部和腕部柔韧性的练习方法

（1）背后拉毛巾

目的：拉伸臂部。

要领：坐立均可，一臂肘关节在头侧，另一臂肘关节在腰背部。吸气，双手握一条毛巾逐渐互相靠近。换臂重复练习。动作幅度尽量大，每次保持 10 秒左右。

（2）跪撑正压腕

目的：拉伸腕部。

要领：双膝着地，双臂直臂撑地，双手间距约与肩同宽，手指向前。呼气，身体重心前移。恢复开始姿势重复练习。动作幅度尽量大，每次保持 10 秒左右。

（3）跪撑反压腕

目的：拉伸腕部。

要领：双膝着地，双臂直臂撑地，双手间距约与肩同宽，手指向后。呼气，身体重心前移。恢复开始姿势重复练习。动作幅度尽量大，每次保持10秒左右。

（4）向内旋腕

目的：拉伸腕部。

要领：站立，双手合掌，呼气，尽量内旋双手手腕。双手分离，重复练习。动作幅度尽量大，每次保持6~8秒。

探索与思考

1. 静态坐姿类常见职业性疾病应如何预防？
2. 坐姿类职业体能的训练方法有哪些？

单元 1.5 高职生站姿类职业体能训练

学习目标

1. 了解站姿类常见职业性疾病的预防方法。
2. 掌握站姿类职业体能的训练方法。

一、站姿类常见的职业性疾病的产生及预防

与坐姿类职业岗位相比，站姿类岗位职工的心理负荷相对较小，但该工种对责任心的要求相对较高，工作环节要求细致严密，服务敏捷性强，职业人员必须精神饱满、情绪稳定，有较强的自我控制能力和排除干扰的能力，还要有比较强的应变能力和应急能力。站姿类常见的职业性疾病的产生及预防具体如表 1-4 所示。

表 1-4 站姿类常见的职业性疾病的产生及预防

疾病	症状	保护与预防
静脉曲张	下肢静脉发生异常的扩大肿胀和隆起；皮肤冒出红色或蓝色蜘蛛网或蚯蚓状扭曲的血管，或像树瘤般的硬块结节	① 在工作时不要总是两条腿一起支撑全身重量，可有所侧重，让两条腿轮换支撑和休息；② 工作间隙可做一些收腿、蹬伸动作、下蹲练习和腿部按摩；③ 业余时间可进行增强下肢耐力的活动，如慢跑、游泳、自行车运动等；④ 晚上睡觉前养成热水洗脚的习惯，还可以在睡觉时垫高下肢，促进血液回流
下背疼	下背、腰骶和臀部疼痛	① 在工作中要注意保持正确的姿势，站立时应尽量使头部、颈部、胸椎及腰椎保持正直不要弓背，也不要腹部过度前挺。腰部疲劳时要起身做一些伸展运动，使肌肉放松一下，再继续工作。② 工作间隙可以进行腰部放松练习，做一些腰绕环和转髋动作、转体动作，还可以做一些体前屈和后仰练习，缓解持续一种姿势带来的肌肉紧张状态。③ 业余时间可以进行小强度的腰部力量练习，如扛轻杠铃转腰、体前屈等，还可以进行太极拳练习和游泳，以增加腰部力量和肌肉弹性

续表

疾病	症状	保护与预防
膝关节疼痛	早晨起床或久坐之后站立时，感到膝关节僵直、活动不灵、关节酸痛	①工作用力时要保持正常关节状态位置，久站或久蹲时应改变一下体位，放松关节肌肉；②工作间隙要做一些关节活动，如弹踢小腿、向后收踢小腿、膝关节绕环等动作，还可以用手按摩关节、肌肉，促进血液循环；③业余时间可以做一些针对性力量练习、耐力练习，如慢跑、骑自行车等
脊柱畸形	晨起后，后腰、背部有僵硬感，呼吸困难，髋部疼痛；双侧髋关节压痛及活动受限，脊柱有非正常曲度	①日常工作和生活中尽量保持正确的身体姿势，以非正常姿态工作时，应适时起身调整一下上体位置，放松背部肌肉或向异侧侧屈数次，伸展腰背做深呼吸；②在工作间隙应做体侧运动、转体运动、体前屈和后仰动作各4个八拍；③业余时间应加强腰腹力量练习，如仰卧起坐、俯卧两头起、仰卧举腿练习等，另外还要加强身体柔韧性练习，如下腰、体前屈等

二、站姿类职业体能训练方法

（一）腰腹肌力量耐力锻炼方法

1. 搁腿半仰卧起坐

目的：主要发展腹直肌上部力量。

要领：仰卧于垫子上，两小腿平行搁于凳面，双手交叉抱于头后。慢慢使双肩向膝部弯起，直至肩胛骨离地3~5厘米，保持这个姿势1~3秒，然后还原。

2. 直腿上举

目的：主要发展腹直肌、髂腰肌的力量。

要领：仰卧于垫子上，两腿并拢伸直，双手放于体侧。双腿直腿并拢靠腹部的力量将腿慢慢举起，保持躯干与大腿呈120度左右的夹角，静止5~10秒，然后还原。

3. 仰卧侧提腿

目的：主要发展腹内、外斜肌的力量。

要领：仰卧垫上，然后侧提右膝碰左肘，然后侧提左膝碰右肘。反复练习。

4. 屈膝举腿

目的：主要发展腹直肌下部力量。

要领：仰卧垫上，屈膝，两踝交叉，两掌心下放在臀侧，然后朝胸的方向举腿。直到两膝收至胸上方，还原后重新开始。

5. 燕式平衡

目的：增强后背和腹部主要肌肉的力量及稳定性。

要领：由站立开始，右脚向前一步，上体前倾，左腿后上举高于头，抬头挺胸，两臂侧举成燕式平衡，站立的腿要伸直，两脚交替进行。

6. 静止搭桥

目的：增强后背和腰部主要肌肉的力量及稳定性。

要领：平躺，脚着地，手臂放在体侧。臀部、大腿和躯干肌肉用力提起骨盆，直到肩膀与膝盖连成直线。身体缓慢下降，回到起始位置。

7. 借球搭桥

目的：主要发展躯干的主要肌肉，如腘绳肌、臀部肌肉和股四头肌的力量以及脊柱的稳定性。

要领：平躺，双脚放在健身球上，膝盖微屈，手臂置于体侧，做搭桥练习，脚后跟用力压球面，保持身体平衡，然后慢慢放下身体，回到初始位置。

8. 借球仰卧

目的：主要发展躯干的主要肌肉，如腘绳肌、臀部肌肉和股四头肌的力量以及脊柱的稳定性。

要领：跪姿，背对健身球，两脚分开夹球，手臂置于体侧，然后上体尽量往后仰，肩膀触球静止 6~8 秒。

（二）下肢力量耐力锻炼方法

1. 踏板弓箭步

目的：主要发展股四头肌、股二头肌、小腿三头肌的力量。

要领：身体直立，面对踏板，左腿屈膝成弓箭步踏踏板，右腿伸直，同时两手叉腰。还原后，交换腿连续做。

2. 抱膝触胸

目的：主要发展股四头肌、小腿三头肌的力量。

要领：身体直立，面对踏板，然后右腿支撑站立，左脚踏在踏板上，接着用力蹬踏，腿伸直，同时右腿屈膝高抬，两手抱膝触胸。还原后，交换腿连续做。

3. 踏板提踵

目的：主要发展小腿三头肌的力量。

要领：两脚站立于踏板上，脚跟提起，脚尖点地，两手侧平举，保持6~8秒。

4. 屈膝直腿

目的：主要发展股四头肌、股二头肌的力量。

要领：两手叉腰站立于踏板上，左腿半蹲，右腿伸直前举，停6~8秒，还原，交换腿继续做。

5. 搁腿深蹲

目的：主要发展股四头肌、股二头肌的力量。

要领：面对椅子，左腿深蹲，右腿伸直前举，脚跟放在椅子上，做上体前屈、两臂前平举动作。

6. 踮脚跳跃

目的：主要发展小腿腓肠肌、比目鱼肌、股四头肌的力量。也具有提高身体平衡能力的锻炼价值。

要领：两脚并拢站立，两膝微屈，两手撑腰，双脚前掌原地向上纵跳，膝盖绷直，下落时，先前脚掌着地，然后全脚掌着地，再踮脚起跳。

探索与思考

1. 站姿类常见职业性疾病应如何预防？
2. 站姿类职业体能的训练方法有哪些？

单元 1.6 高职生综合操作类职业体能训练

学习目标

1. 了解综合操作类职业心理和生理负荷特点。
2. 掌握综合操作类职业体能的训练方法。

一、综合操作类职业生理和心理负荷特点

综合操作类职工在高温、高湿、高寒、辐射和噪声等恶劣环境下工作，容易造成免疫力低下和产生烦躁的心理。有研究表明，噪声可以引起人体植物性神经功能紊乱，从而导致心率增快或减慢、心律不齐。

此外，流水线上的装配工及机械工人从事的是简单重复性工作，虽体力、脑力负荷都不大，但由于工作的单调，选择余地少而易疲劳，久之可形成所谓疲劳—衰弱—抑制综合征。

二、综合操作类职业体能训练方法

（一）发展肩背、上肢肌群力量

1. 夹肘哑铃开合平举

分解动作：双手拿起哑铃，弯举至 90 度位置，肘关节始终锁死，以肩关节为轴向外旋转，整个过程肘关节尽量靠近身体。练习时间为 1 分钟。

2. 身体前倾下拉

分解动作：身体自然前倾 45 度，肩关节上举至头部上方。两肘向后打开，收缩肩关节，使上肢呈“W”状，停顿 1 秒左右再重复动作。练习时间为 1 分钟。

3. 俯撑迈腿转肩

分解动作：先保持俯卧撑的起始姿势，然后迈出一条腿成弓步，同侧手臂在空中

缓慢画圆；回到俯卧撑姿势，再进行另一侧的拉伸。练习时间为 1 分钟。

4. 哑铃交替弯举

分解动作：两腿分立，与肩同宽，保持腰背直立，肩关节锁死，以肘关节为轴心做弯举，上升和下落过程要平缓，两臂交替进行。一组 20 个，做 3 组。

5. 双手哑铃锤式弯举

分解动作：两腿分立，与肩同宽，腰背挺直，肩关节锁死，以肘关节为轴心做锤式弯举，上升和下落过程要平缓。注意腰背收紧，不要弯腰驼背。一组 20 个，做 3 组。

6. 肩部排举

分解动作：将重物放入袋子中，两腿分立，与肩同宽，双手持重物向上提至下颌，前臂保持水平，肩部位置不变。一组 20 个，做 3 组。

7. 坐姿（蹲姿）哑铃单边支撑弯举

分解动作：保持良好坐姿，腰腹挺直，身体略微前倾，单臂放于大腿内侧，做单臂弯举，练习时保持肩部锁死，双脚不要抬离地面。一组 20 个，做 3 组。

8. 三头肌弯举

分解动作：两腿分立，双手持哑铃上举，以肘关节为轴心做弯举，前臂上升和下落的过程要平缓，一组 20 个，做 3 组。

9. 夹肘俯卧撑

分解动作：身体俯撑，双手与肩同宽，手臂夹紧，身体屈肘下落，两肘始终贴近肋侧，之后手臂发力，将身体抬离地面。一组 20 个，做 3 组。

10. 夹肘前穿俯卧撑

分解动作：身体夹肘俯撑，后推手臂，使身体形成三角，然后将手臂弯曲成“L”形，将身体前推至平行于地面，再将前臂贴紧地面，手臂发力回到起始位置。一组 10 个，做 3 组。

（二）发展腹、背肌群力量

发展腹、背肌群力量的练习方法包括：① 徒手或利用器械做仰卧起坐；② 利用各种器械做收腹举腿；③ 提拉重物；④ 传接球练习，即两人背靠背分腿站立，其中一人手拿实心球，两人同时向一个方向转体，将球传给另一个人，轮换做；⑤ 肩负杠铃，分腿站立，做屈伸练习；⑥ 俯卧挺身练习，即俯卧于垫上，两手相握放于背后，上体向上抬起，使肚脐以上部位离开垫面；⑦ 肩负杠铃，分腿站立，身体向左、向右旋转。

（三）发展下肢肌群力量

1. 站姿侧蹬跑

分解动作：双脚开立，与肩同宽，脚尖指向前方，微微下蹲，双手肘关节屈 90 度于身体两侧；支撑腿用力向侧蹬出，重心侧移，摆动腿脚尖落地缓冲。练习时间为 1 分钟。

2. 分腿团身跳

分解动作：双脚开立，与肩同宽，脚尖指向前方，微微下蹲，然后快速用力向上跳起，跳起同时双腿向胸部收起，之后落地缓冲。练习时间为 1 分钟。

3. 俯撑吸腿

分解动作：身体成俯撑姿势，向前吸左腿，大腿面尽量贴近腹部，脚尖绷直，还原左腿，继续吸右腿重复。练习时间为 1 分钟。

（四）发展全身肌群力量

练习哑铃操可以发展全身肌群力量，具体步骤如下。

1. 哑铃弓步上举

分解动作如下。

第 1 个八拍：1~2 拍，左腿向前迈出，变成弓步，同时两臂前平举，拳心相对；3~4 拍，左臂侧平举，拳心向前，右臂胸前平屈，拳心向后，头左转 90 度；5~6 拍，两臂经体侧上举，拳心相对，抬头向上看；7~8 拍，收手收脚，还原成立正姿势。

第 2 个八拍：同第 1 个八拍，但方向相反。

第 3 个八拍：同第 1 个八拍。

第 4 个八拍：同第 2 个八拍。

2. 哑铃提拉上举

第 1 个八拍：1~2 拍，左脚向左一步，与肩同宽，同时两大臂侧提至水平，拳心向后；3~4 拍，以肘关节为轴心上举前臂，拳心向前；5~6 拍，两手上举，拳心相对；7~8 拍，收手收脚，还原成立正姿势。

第 2 个八拍：同第 1 个八拍，但方向相反。

第 3 个八拍：同第 1 个八拍。

第 4 个八拍：同第 2 个八拍。

3. 哑铃拍拉侧举

分解动作如下。

第 1 个八拍：1~4 拍，向左并步两次，同时双手胸前屈肘两次，拳心向下；5~6 拍，左脚向后迈出成弓步，同时两臂侧平举，拳心向下；7~8 拍，收手收脚，还原成立正姿势。

第 2 个八拍：同第 1 个八拍，但方向相反。

第 3 个八拍：同第 1 个八拍。

第 4 个八拍：同第 2 个八拍。

4. 哑铃屈臂绕环

第 1 个八拍：1 拍，左脚向前迈出，同时两臂弯举，拳心相对；2 拍，左脚收回，同时两手放下；3~4 拍同 1~2 拍；5~8 拍，右臂于体侧画圆，并回到立正姿势。

第 2 个八拍：同第 1 个八拍，但方向相反。

第 3 个八拍：同第 1 个八拍。

第 4 个八拍：同第 2 个八拍。

5. 哑铃平转

第 1 个八拍：1~2 拍，左脚向侧迈出，与肩同宽，同时身体前屈，两臂自然下垂，拳心相对；3~4 拍，身体端正，两臂侧平举，拳心向下；5~6 拍，身体左转 90 度，右手并左手成前平举；7~8 拍，收手收脚，还原成立正姿势。

第 2 个八拍：同第 1 个八拍，但方向相反。

第 3 个八拍：同第 1 个八拍。

第 4 个八拍：同第 2 个八拍。

6. 哑铃拉弓上举

第 1 个八拍：1~2 拍，左腿向侧迈出，成弓步，同时左臂胸前平屈，拳心向后，右臂侧平举，拳心向前；3~4 拍，收左腿，成半蹲姿势，同时左手叉腰，右臂前屈，拳心向左；5~6 拍，两腿伸直，同时右手上举，拳心向左；7~8 拍，双手放下，还原成立正姿势。

第 2 个八拍：同第 1 个八拍，但方向相反。

第 3 个八拍：同第 1 个八拍。

第 4 个八拍：同第 2 个八拍。

7. 哑铃马步冲拳

第1个八拍：1~2拍，左腿向侧迈出，成马步，同时两臂前平举，拳心相对；3~4拍，收左腿，还原成立正姿势，同时两拳收于腰间，拳心向上；5~8拍，左脚侧点地两次，左手向右前方45度冲拳两次，还原成立正姿势。

第2个八拍：同第1个八拍，但方向相反。

第3个八拍：同第1个八拍。

第4个八拍：同第2个八拍。

8. 哑铃屈臂冲拳

第1个八拍：1~2拍，由右脚开始向前踏一步，同时两臂前平举，拳心相对；3~4拍，向前迈左脚并右脚，同时两臂屈肘，拳心相对；5~6拍，两脚跟提起，同时双手向上冲拳，拳心相对；7~8拍，两脚跟落下，还原成立正姿势。

第2个八拍：同第1个八拍，但方向相反。

第3个八拍：同第1个八拍。

第4个八拍：同第2个八拍。

探索与思考

1. 综合操作类职业体能的训练方法有哪些？
2. 根据自己未来想从事的职业，制订职业体能提升计划。

模块二　球类运动

模块导读

球类运动作为深受人们喜爱的体育运动项目，在世界各地得到广泛开展。球类运动可以跨越年龄、性别乃至种族和地域的限制，且运动方式灵活多样，魅力无穷。它不仅可以满足人们的日常休闲娱乐需求，经常参加球类运动还有助于促进身体素质全面发展，培养团结协作、努力拼搏的精神，去赢得比赛胜利。它集观赏、健身、娱乐、竞技于一体，给参与者带来健康与快乐。

本模块主要介绍篮球、足球、排球、羽毛球、乒乓球和网球运动的起源与发展、基本知识、基本技术和战术、比赛规则，使同学们感受球类运动的魅力，学会更好地欣赏球类赛事，并了解球类运动的锻炼价值，帮助同学们享受竞技运动的乐趣，养成终身锻炼的习惯。

单元 2.1 篮　球

学习目标

1. 了解篮球运动的起源与发展。
2. 学习和掌握篮球的基本知识、基本技术和战术。
3. 更好地欣赏和参与篮球运动。

一、篮球运动概述

篮球运动在校园有着广泛的群众基础，是深受广大学生喜爱的运动项目之一。篮球运动是一项技能类同场对抗的集体运动项目，其基本活动方式是围绕着悬于离地面3.05米、直径0.45米的球篮，周长75~78厘米、重600~650克的球展开空间和时间的争夺，运用多种方法和手段力求将其投中对方球篮，并极力阻止对方投篮，从而展开激烈的攻守对抗的一项体育活动。

（一）篮球运动的起源

1891年冬，美国的马萨诸塞州斯普林菲尔德市基督教青年会训练学校的教师詹姆士·奈史密斯博士，根据学校指示要设计一个冬季可以在室内运动的体育活动。受儿童向桃子筐内投石游戏的启发，詹姆士·奈史密斯发明了篮球游戏。

詹姆士·奈史密斯先生找来了两只桃篮，分别钉在健身房内看台的栏杆上，桃篮上沿距离地面的高度为10英尺①，用足球作为比赛工具，将全队分成两组进行比赛，向篮内投掷，投球入篮得一分，按得分多少决定胜负。以后逐步将竹篮改为活底的铁质球篮，后又在球篮上挂了线网。到1893年，形成了近似现在的篮板、篮圈和篮网。因起初使用的是桃篮和球，遂取名为“篮球”。

经过几次在体育课上的试验后，1891年12月25日圣诞节之夜，詹姆士·奈史密斯博士将培训班的18名学生分成两队，用足球作游戏工具进行了表演比赛，并把游戏

① 1英尺=0.3048米。

介绍给观众。从此，篮球运动诞生了。

（二）篮球的传播与发展

篮球运动产生后，很快传播起来，先是在美国许多地方开展，1892 年传入墨西哥，1893 年传入法国，1895 年传入英国、中国，1896 年传入巴西，1897 年传入捷克斯洛伐克等国。1904 年，第三届夏季奥运会在美国圣路易斯举行，美国青年会男子篮球队首次进行了表演。此后，篮球运动逐步在中美洲、亚洲、欧洲和大洋洲开展起来。

篮球运动在向世界传播的同时，美国人不仅极力探索发展篮球技术、战术，而且在篮球市场的开拓上进行着尝试和努力。1898 年，美国新泽西州特伦顿的一支球队用 25 美元租用了当地的礼堂进行比赛并向观众售票。赛后队长库伯首先领到 1 美元，然后每名队员都分到了 15 美分。这场"有偿篮球赛"被不列颠大百科全书认定为第一场"职业篮球赛"，而库伯则成为第一个从篮球比赛中得到收入的"职业选手"。

1932 年 6 月 18 日，国际业余篮球联合会（简称国际篮联，FIBA）在瑞士的日内瓦成立，由葡萄牙、阿根廷等 8 个国家组成，现已发展到 213 个成员国，遍布五大洲。1936 年，第十一届夏季奥运会将男子篮球列入正式比赛项目。

1946 年 6 月 6 日，由美国 11 家冰球馆和体育馆的老板们共同发起成立了一个全美篮球协会（Basketball Association of America，BAA）。其目的，一是使体育馆在没有冰球比赛的时候不至于空闲；二是争夺当时由成立于 1937 年的、最好的职业篮球联盟——国家篮球联盟（National Basketball League，NBL）占据的职业篮球市场。BAA 在经营不到两年的时间里终于合并了 NBL，更名为国家篮球协会（National Basketball Association，NBA）。如今，NBA 已经家喻户晓，风靡世界，无论是 NBA 的技术和战术，还是 NBA 的经营理念都为当今篮球的发展树立了楷模，领导着篮球运动的发展潮流，使篮球运动成为最受人喜爱的体育运动项目之一。

二、篮球运动的基本技术

篮球技术是篮球比赛所必需的专门动作方法的总称，它是完成战术配合质量的重要因素。

篮球技术分为进攻和防守两大部分，包括脚步动作、传球、接球、投篮、运球、持球突破、防守对手、抢篮板球等。

（一）脚步动作

篮球的基本脚步动作包括以下几种。

1）基本站立姿势和起动，如图 2-1 所示。

(a)　(b)　(c)

图 2-1　基本站立姿势和起动

(a) 基本站立姿势；(b) 向前起动；(c) 向侧起动

2）跑和跳，如图 2-2 所示。

3）急停和转身，如图 2-3 所示。

图 2-2　跑和跳

(a)

(b)

图 2-3　急停和转身

(a) 跨步急停；(b) 跳步急停

（c）

（d）

图 2-3 急停和转身（续）
（c）前转身；（d）后转身

4）防守步法：滑步和后撤步，如图 2-4 所示。

图 2-4　滑步和后撤步

（a）侧滑步；（b）前滑步；（c）后撤步

（二）传球、接球

双手胸前传球、接球是最基本和最实用的传球、接球方法，在高水平的篮球比赛中也比较常用，是学习打篮球必须掌握的传球、接球技术。

持球时，两手五指自然分开，拇指相对成八字形，如图 2-5 所示，用指根以上部位握球的侧后方，手心空出，两肘自然弯曲于体侧，将球置于胸前。肩、臂、腕肌肉放松，两眼注视传球目标，身体成基本姿势。传球时，如图 2-6 所示，后脚蹬地，身体重心前移，同时两臂前伸，手腕由下向上翻转，同时拇指用力下压，食、中指用力弹拨，将球传出。出球后手心和拇指向下，其余手指向前。

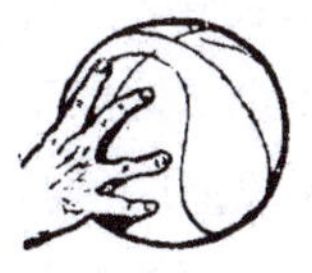
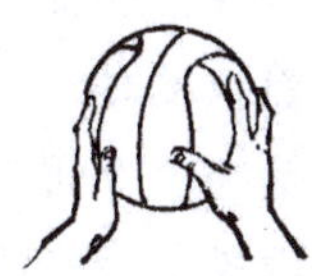

图 2-5　持球手势

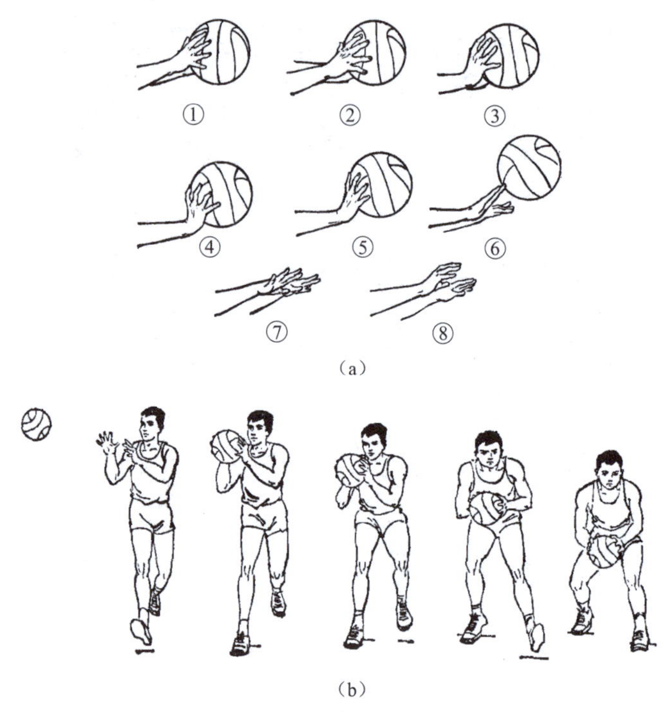

（a）

（b）

图 2-6 传球

（a）传球手势；（b）传球动作

双手胸前传球、接球易犯错误和纠正方法如下所述。

易犯错误：在传球时手腕翻腕时，两肘支起。

原因：手腕力量不够，两手用力挤压球。

现象：影响传球的准确性。

纠正方法：增强手腕力量，多做传球练习。

注意：因手指受到强烈的冲击而产生手指戳伤。

防治方法：要充分地做好手指的准备运动。手指的戳伤，依程度可分 5 种：扭伤、脱臼、骨折、腱断裂、挫创伤（皮肤裂开）。若发生扭伤，其治疗方法同其他部位的扭伤一样，先进行冷敷，2~3 天之后再进行热敷、按摩。脱臼时要能忍受疼痛，让医疗人员将手指拉直，恢复原状，然后和前面描述的扭伤相同处置。若手指严重戳伤、骨折、腱索断裂，则应避免手指活动，并迅速前往医院医治。

（三）投篮

投篮的方式多种多样，要提高投篮命中率就必须了解投篮的技术结构，正确掌握投篮技术。在学习投篮技术时，必须注意掌握以下技术要素。

投篮技术动作包括两个方面：一是投篮时的身体姿势；二是持球手法。

原地投篮时，要两脚前后自然开立，两膝微屈，上体稍前倾，重心落在两脚之间。

这样既便于投篮集中用力，也利于变换其他动作。移动中接球跳投、运球急停跳投或行进间投篮时，跨步接球与起跳动作既要连贯衔接，又要迅速制动，使身体重心尽快移到支撑面的中心点上，以保证垂直起跳。身体姿势正确就能保证身体重心移动与投篮出手的方向一致，就能保持身体平衡。控制身体平衡是保证出球方向准确的基本条件。

投篮时，无论是单手还是双手，持球时五指都应自然张开，掌心空出，用指根及指根以上部位触球，增大对球的接触面积，以保持球的稳定性，控制球的出手方向，原地投篮。

原地投篮是最基本的投篮方法，是行进间投篮和跳起投篮的基础。原地投篮易于保持身体平衡，便于全身协调用力，比较容易掌握。一般在中、远距离投篮和罚球时运用较多。

1. 原地双手胸前投篮

这种投篮虽然出球点较低，但出手前稳定性好，出手力量大，便于传球、突破相结合，多用于远距离投篮。

双手持球基本同双手胸前传球。两肘自然下垂，将球置于胸前，目视瞄准点。两脚前后或左右开立，两膝微屈，重心落在两脚之间，如图 2-7 所示。

图 2-7　原地双手胸前投篮

投篮时，两脚蹬地，腰腹伸展，两臂向前上方伸出，两手腕同时外翻，拇指稍用力压球，食指、中指拨球，使球从拇指、食指、中指指端飞出。球出手后，脚跟提起，身体随投篮出手方向自然伸展。注意：投篮时，蹬伸踝、膝、髋，双手用力均匀，手腕外翻，手指拨球。

2. 原地单手肩上投篮

由双手持球开始，然后将球引至右肩前上方，右臂屈肘，肘关节稍内收，上臂与肩关节约成水平，前臂与上臂大约呈 90 度。右手五指自然张开，手腕后屈，掌心空出，用手掌外缘和指根以上部位托住球的后下方，左手扶球的左侧。单手肩上投篮时，随着下肢蹬伸和腰腹伸展，投篮臂向前上方抬肘伸臂，最后力量集中到手腕和手指上，由手腕前屈和手指拨球的动作，使球通过食指、中指的指端柔和地飞出。出手后，全身随球跟送，手臂自然伸直，如图 2-8 所示。通常距离越近，身体其他部分用力越小，多以手腕和手指用力为主；投篮距离越远，身体协调用力越大，对手腕、手指调节力量的能力要求也越高。

图 2-8　原地单手肩上投篮

3. 行进间单手肩上投篮

行进间单手肩上投篮又称行进间单手高手投篮，是在比赛中切入篮下时，常用的一种投篮方法。以右手投篮为例，右脚向前跨一大步时接球，接着上左脚蹬地起跳，右腿屈膝上抬，同时双手举球于右肩前上方。腾空后，上体稍后仰，当接近了高点时，向前上方抬肘伸臂，用手腕前屈和手指拨球力量将球投出。跨步一大二小向上跳，节奏要清楚。出手时，腕、指用力要柔和，如图 2-9 所示。

图 2-9　行进间单手肩上投篮

单手肩上投篮易犯错误和纠正方法如下所述。

易犯错误：单手肩上投篮时手臂容易外展。

原因：手指手腕力量不好，手腕柔韧度不好。

现象：影响投篮的准确度。

纠正方法：上臂与肩关节约成水平，前臂与上臂大约呈 90 度。右手五指自然张开，手腕后屈，对照镜子多做徒手的投篮模仿练习。

4. 行进间单手低手投篮

行进间单手低手投篮是在快速跳动或运球超越对手后，在篮下的一种投篮方法。它具有伸展距离远和出球平稳的优点。以右手投篮为例，右脚向前跨出一大步的同时接球，左脚跨第二步时用力蹬地向前上方起跳，右腿屈膝自然上提。腾空到最高点，右手五指自然张开，掌心向上，托球的下部，右臂向前上方伸展。接近球篮时，用手腕上挑和手指的拨动，使球向前旋转进入球篮。腾空时身体向前上方充分伸展，举球后保持托球的稳定，腕、指上挑动作柔和协调，如图 2-10 所示。

图 2-10　行进间单手低手投篮

（四）运球

1. 高运球

运球时，球反弹的高度在腰、胸之间称为高运球。它是在没有防守队员阻挠的情况下，为了加快向前推进的速度或在进攻中调整进攻速度和攻击位置时，所采用的一种运球方法。上体稍前倾，抬头看前方，以肘关节为轴，用手拍按球的后上方，把球的落点控制在身体侧前方，如图 2-11（a）所示。手脚协调配合，使球有节奏地向前运行。注意：手拍按球的部位正确，手脚协调配合。

2. 低运球

运球时，球反弹的高度在膝关节以下的运球称为低运球。当受到对手紧逼或接近防守队员时，常采用这种运球方法保护球和摆脱防守。两膝迅速弯曲，重心降低，抬头看前方，上体前倾，靠近防守队员一侧，用上体和腿保护球，如图 2-11（b）所示。同时，用手腕、手指力量短促地拍按球，以便更好地控制球和摆脱防守，继续前进。注意：两膝弯曲迅速，降低重心，上体前倾；拍按球短促有力，手脚协调配合。

3. 运球急停急起

运球急停急起是运球时利用速度的突然变化来摆脱防守的一种方法。多用在对手防守较紧的情况下，在快速运球中突然停止前进，迫使对方防守队员被动减速停住，趁其重心不稳时，再突然加速起动运球，摆脱防守。运球急停时，用手快速拍按球的前上方，同时，两脚做跨步急停，并转入低运球，用臂、上体和腿保护球，如图 2-11（c）所示。运球急起时，后脚用力蹬地，同时拍按球的后上方加速超越对手。注意：拍按球部位正确，停得稳、起得快。

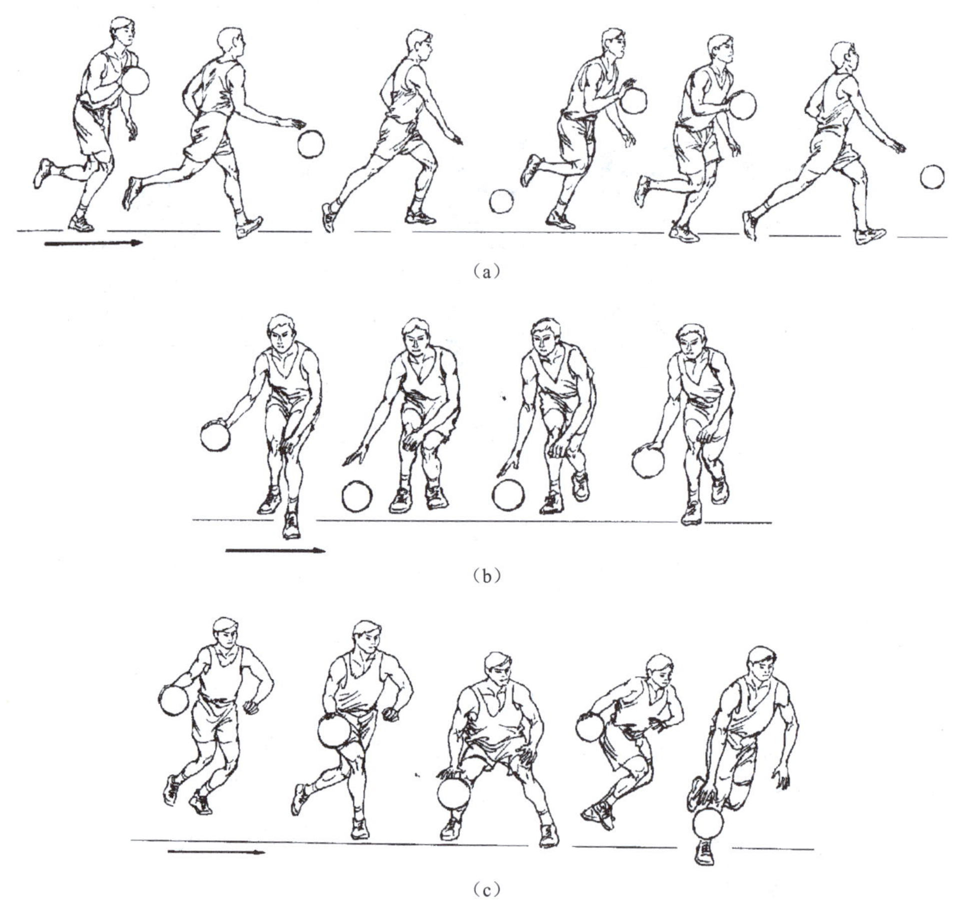

图 2-11　运球

（a）高运球；（b）低运球；（c）运球急停急起

（五）持球突破

持球突破是持球队员运用合理的脚步动作与运球技术相结合，快速超越对方防守队员的一项攻击性很强的进攻技术。在比赛中，及时地把握突破时机，合理地运用突破技术，是直接切入篮下得分的重要手段。持球突破还可打乱对方的防御部署，为同伴创造更多更好的投篮机会。突破若能巧妙地与投篮、传球等结合运用，使突破技术灵活多变，就能更好地发挥突破技术的攻击力。根据持球突破采用的步法，可分为交叉步突破和同侧步突破两种。

1. 原地持球向侧步突破

原地持球向侧步突破也称顺步突破，如图 2-12 所示，其优点是突破时起动突然，初速度快，但球暴露较多，容易被对手将球打掉。以左脚做中枢脚从对方防守队员左侧突破为例。突破时，上体积极前倾的同时，右脚迅速向右前方跨一大步，同时上体右转，左肩积极下压。左脚内侧用力蹬地，在左脚离地前，用右手推按球于右脚外侧前方，然后左脚迅速跨步抢位，加速运球超越对手。注意：起动要突然，跨步、运球要快速连贯，中枢脚离地前球要离手。

图 2-12　原地持球向侧步突破

2. 原地持球交叉步突破

原地持球交叉步突破这种突破方法的优点是跨步后与对方防守队员接触面较小，能更好地利用跨步抢位保护球。以右脚做中枢脚从对方防守队员左侧突破为例。突破时，左脚向左侧前方迈出一小步，把对方防守队员引向自己左侧的同时，用左脚前掌内侧迅速蹬地，向右侧前方跨一大步，上体稍右转，左肩向前下压，重心向右前方移动，将球推引至右侧，用右手推按球于左脚右侧前方，接着右脚蹬地加速超越对手。注意：积极蹬地，起动突然；转体探肩应与跨步相连；推按球离手必须在中枢脚离地之前；跨步脚尖指向突破方向。整个动作协调连贯，如图 2-13 所示。

练习前以胶布（绊创膏、绷带）缠绕脚踝，可预防扭伤。然而最有效的方法是：做脚踝准备操，一脚侧踢球运动，同时也能强化该部位肌肉。若不幸扭伤，先对伤患部位冷敷，再施加适当的压力。冷敷时只可用冰水，加压时则先垫以海绵，再从海绵上方用具有弹性的绷带包扎。

（六）防守对手

防守对手，是防守队员合理地运用脚步移动和手臂动作积极抢占有利位置阻挠和破坏对手投篮、传接球、突破等进攻意图以争夺控球权，转守为攻。防守对手包括对无球对手的防守和持球对手的防守。

图 2-13　原地持球交叉步突破

1. 防守无球对手

根据对手、球、球篮位置，选择有利位置，有球紧，无球松；近球紧，远球松；积极移动，控制对手。

防守时应以人（各自防守的对手）为主，人球兼顾，时刻注意球、对手、球篮等的方位，随时调整自己的防守位置，并注意协助同伴防守，干扰和破坏自己附近的球和对方进攻队员，加强防守的集体性。

全队要有良好的配合意识，思想统一，配合默契，前后呼应，行动迅速，积极抢占有利位置，争取在气势上占据主动。

防守无球对手时，以防止或减少对手接球为主，特别要防止对手在有威胁的区域内接球，人球兼顾，及时准备补防和断球。

2. 防守持球对手

首先要防止对手的投篮和突破，干扰其传球。对手运球时，要迫使其向边、角方向移动并使其停球。对手停球后，要立即贴近进行紧逼防守，封堵传球。在整个防守持球对手的过程中，要积极利用抢、打、封、抹、盖等技术和各种假动作，破坏和夺取对方的控球权，如图 2-14 所示。

图 2-14　防守持球对手

（a）打掉原地持球对手手中的球；（b）打掉运球对手手中的球；（c）打掉上篮对手手中的球；（d）纵断球；（e）横断球

图 2-14 防守持球对手（续）
（f）盖帽

（七）抢篮板球

抢篮板球分为抢前场篮板球和抢后场篮板球，如图 2-15 所示。抢篮板球时注意以下几点。

1. 抢占位置

要设法抢占对手与球篮之间的有利位置。抢进攻篮板球时要判断球的落点，利用各种假动作冲抢；抢防守篮板球时要注意用转身挡人的动作先挡人后抢篮板球。不论抢进攻还是防守篮板球，都要抢占对手与球篮之间的位置。

2. 起跳动作

起跳前两腿微屈，重心降低，上体稍前倾，两臂屈肘举于体侧，重心置于两脚之间，注意观察判断球的反弹方向，及时起跳。起跳时两脚用力蹬地，同时两臂上摆，手臂上伸，腰腹协调用力，充分伸展身体，并控制身体平衡。

3. 抢球动作

分双手、单手和点拨球。双手抢篮板球时，指端触球瞬间，双手用力握球，腰腹用力，迅速将球拉入胸腹部位，同时两肘外展，以保护球。单手抢篮板球，跳起达到最高点时，指端触球后，迅速屈指、屈腕、屈肘收臂，将球下拉，另一只手扶球护球于胸腹部位。点拨球是在跳起到最高点时，用指端点拨球的侧方、侧下方或下方。进攻抢到篮板球时，或补篮，或投篮，或迅速传球给同伴重新组织进攻；防守抢到篮板球，或在空中将球传出，或落地后迅速传出，或运球突破后及时传给同伴。

(a)

(b)

图 2-15 抢篮板球

(a) 抢前场篮板球；(b) 抢后场篮板球

三、篮球运动的基本战术

篮球运动的基本战术是比赛中队员的个人技术的合理运用和全体队员相互协调配合的组织形式和方法。一切战术的目的都是争夺控球权而投篮得分。篮球战术对比赛胜负有重要作用，战术对发挥本队之长、抑制对手之短有积极作用，可以使本队掌握主动，去争取比赛的胜利。篮球战术基础配合，是在篮球比赛中，队员两三人之间有目的、有组织、协调行动的简单攻守配合方法。进攻战术基础配合是进攻队员两三人之间有目的、有组织、相互协同行动的配合方法。进攻基础配合包括传切配合、突分配合、策应配合和掩护配合。防守战术基础配合是防守队员两三人之间破坏对方进攻的配合方法。防守战术基础配合包括夹击配合、关门配合、挤过配合、穿过配合、绕过配合、补防配合和交换防守配合等。

（一）进攻战术的基本配合

1. 传切配合

进攻队员之间利用传球和切入技术所组成的简单配合。它包括一传一切和空切配合。切入队员首先要掌握切入时机，根据对方的防守情况，利用假动作摆脱，及时、快速切入篮下，并随时准备接球。传球队员要利用假动作吸引、牵制对手，并采用合理的传球方法及时、准确地将球传出，如图 2-16 所示。

2. 突分配合

持球队员持球突破后，主动地或应变地利用传球与同伴配合的方法。队员突破时要快速、突然，在突破过程中要随时观察场上攻守队员位置的变化，及时准确地传球。接球队员要把握时机，及时摆脱对手，迅速抢占有利位置接球投篮，如图 2-17 所示。

图 2-16　传切配合

图 2-17　突分配合

3. 策应配合

策应配合是指进攻队员背对球篮或侧对球篮接球，由他作枢纽，与同伴空切相配合而形成的一种里应外合的方法。策应队员要及时抢位要球，两手持球护于胸前或头上，接球后结合转身、跨步等动作协助同伴摆脱防守或个人进行攻击。外围传球队员要根据策应者的位置和机会，及时准确地传给策应队员，做到人到球到，传球后迅速摆脱对手切入篮下，创造进攻机会，如图 2-18 所示。

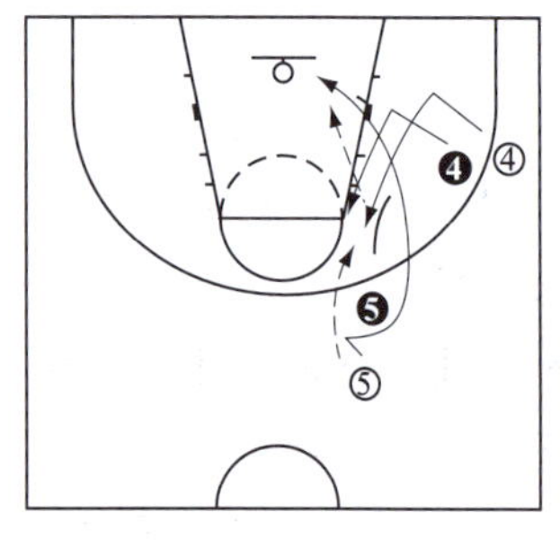

图 2-18　策应配合

4. 掩护配合

掩护队员采用合理的行动，用自己的身体挡住同伴防守者的移动路线，使同伴借以摆脱防守，或利用同伴的身体和位置使自己摆脱防守的一种配合方法。

掩护要符合规则的规定，掩护队员动作要突然，被掩护队员要用假动作吸引自己的防守队员，不让对方发现同伴的掩护意图。掩护时同伴之间的配合时机非常重要，掩护配合时队员配合要默契，注意动作果断，并根据临场变化，争取第二次机会，如图 2-19 所示。

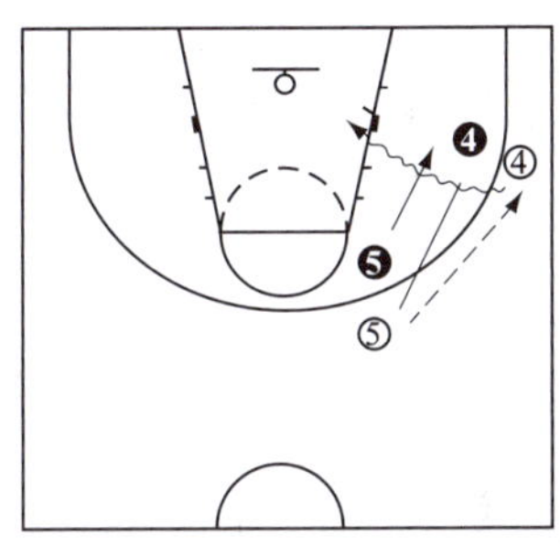
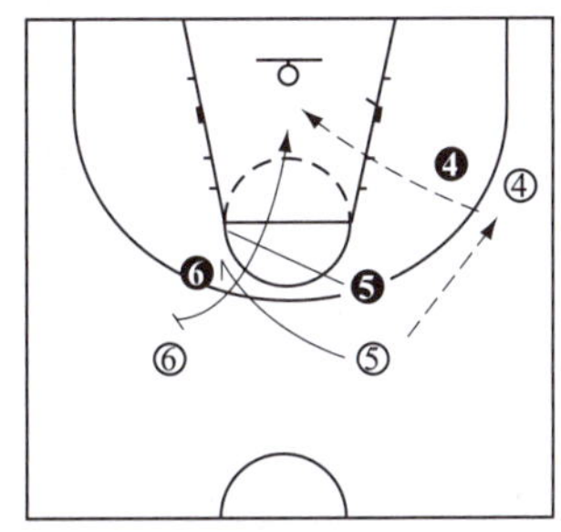

图 2-19　掩护配合

（二）防守战术的基本配合

1. 夹击配合

两名防守队员有目的地同时采取突然的行动，封堵和围夹持球者的一种配合方法。首先要选择好夹击的位置和时机。运用夹击时，贴近对方身体要适度，不能犯规。

已形成夹击后，其他队员要随时轮转补位，严防对方近球区队员接球，远球区的防守队员要以少防多，选好断球位置，如图 2-20 所示。

图 2-20　夹击配合

2. 关门配合

两名防守队员靠拢协同防守突破的配合方法。防守队员应积极堵截突破的移动路线，临近突破一侧的防守者要及时向同伴靠拢进行关门，不给突破者留有空隙，如图 2-21 所示。

图 2-21　关门配合

3. 挤过配合

防守者在掩护队员临近自己时，要积极向前跨出一步，贴近自己的防守对手，从掩护者前面挤过去，继续防住自己的对手。抢过时要贴近对手，向前抢步要及时，动作要突然，防掩护的队员要相互提醒，如图 2-22 所示。

图 2-22　挤过配合

4. 穿过配合

当进攻队员进行掩护时，防守去做掩护的队员要及时提醒同伴并主动后撤一步，让同伴及时从自己和掩护队员之间穿过，以继续防住各自的对手。运用穿过时，要及时提醒同伴并主动让路，调整防守位置和距离，如图 2-23 所示。

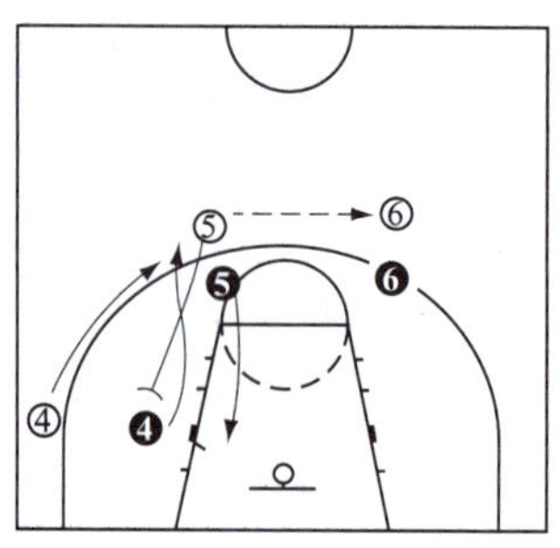

图 2-23　穿过配合

5. 绕过配合

当进攻队员进行掩护时，防守做掩护的队员主动贴近对手，让同伴从自己的身旁绕过，继续防住各自的对手，如图 2-24 所示。

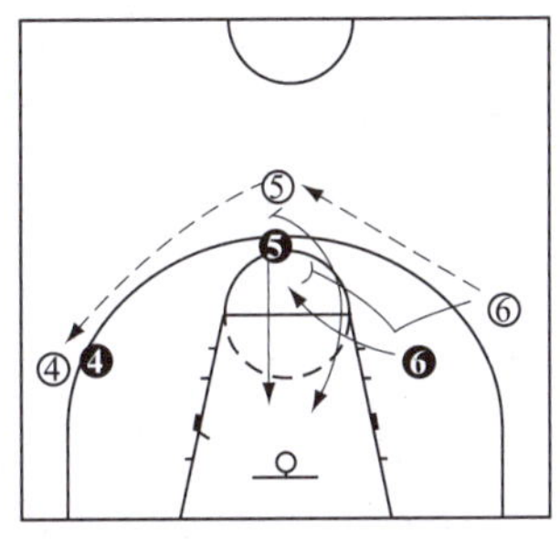

图 2-24　绕过配合

（三）快攻

快攻是由防守转入进攻时，进攻队以最快的速度、最短的时间，将球推进至前场，争取造成人数上和位置上的优势，以多打少，果断合理进行攻击的一种进攻战术。快攻可分为发动与接应、推进、结束三个阶段和以下三种形式。

1）长传快攻：队员在后场获球后，立即把球长传给迅速摆脱对手的快攻队员。

2）短传（结合运球推进快攻）：防守队员获球后，立即以快速的短距离传球的方式，直逼对方篮下进攻的一种快攻形式。

3）运球突破快攻：防守队员获球后，利用运球技术超越防守，自己投篮得分或传球给比自己投篮机会更好的队员进行攻击的方法。

快攻发动的时机有：抢到后场篮板球时发动快攻，掷后场界外球发动快攻，抢、断球后发动快攻，跳球时发动快攻。

（四）防守快攻

防守快攻是在攻守转换过程中，队员有组织地运用个人战术行动和几个人之间的协同配合，主动堵截对手，积极抢断，破坏其快攻战术，力争控制对手转攻的速度，以达到稳定防守，迅速组织起各种不同形式的全队防守战术的目的。

防守快攻是由攻转守的刹那间，快速抢占有利的防守位置，利用强有力的个人防守行动和配合，限制对手的速度、破坏对方攻击，使对方转入阵地进攻的一种防守战术。最根本的方法是提高本队进攻的成功率，减少对方发动进攻的机会，减少不必要的失误，组织拼抢篮板球，以利于本队部署防守。

防守快攻战术是一个有机的整体，必须根据快攻攻势的展开，有针对性地去防守，力求延缓对方进攻的速度，打乱对方进攻的节奏，推迟对方进攻的时间，以利于迅速组织阵地防守。

防守快攻常用的方法和手段如下。

1）提高进攻成功率，防守快攻首先应提高进攻成功率，要特别注意减少进攻中的失误和违例，这是控制对手进攻速度，减少其发动快攻机会的重要手段。

2）积极拼抢前场篮板球，比赛实践证明，当进攻投篮不中时，有组织地积极拼抢前场篮板球，是控制对手抢篮板球发动快速反击最有效的方法。即使防守队获得篮板球，由于近篮区攻守人员密集，攻守争夺激烈，所以不容易发动快攻。

3）封堵一传和截断接应，有组织地堵截快攻的第一传和接应，是制止对方发动快攻的关键。破坏对方发动快攻的路线也取决于封堵一传和接应。当对手获球转攻时，邻近的防守队员，要迅速紧逼积极封堵一传；与此同时，其他防守队员要主动迫使接应队员改变预定的接应区，截断其联系，从而延缓其发动快攻的时间，使同伴迅速抢占有利位置，以便更好地按照规定的防守战术要求进行防守。

4）退守时要“堵中卡边”，防止长传快攻，防守快攻除积极拼抢篮板球，堵截一传和接应外，还应在退守过程中防止对方从中路突破，并要防守快下队员。

5）具备以少防多的能力，赛中，由于攻防变换频繁，情况复杂多变，等对方快攻推进时，往往形成以少防多的局面，出现以少防多的情况时，防守队员应积极移动，选择和占据有利的防守位置，保护篮下，并运用假动作来干扰，给进攻队员制造错觉和困难，迫使对手在传球中出现失误。在此基础上延缓其进攻速度，为同伴争取退防的时间，以便重新组织起阵地防守战术。

（五）人盯人防守

人盯人防守是指以盯人为主兼顾球位，做到人球兼顾，每名防守队员都积极盯住自己的进攻对手，并与同伴进行共同协防的全队防守战术。人盯人防守根据双方队员身高、位置和技术水平合理进行防守分工。由攻转守，迅速找人，积极抢断，夹击补防。防守有球队员紧逼，积极防其运突传投。防守无球队员，要近球贴近防守，切断对方传球路线，远球要回缩防守，始终保持人球兼顾，如图 2-25 所示。

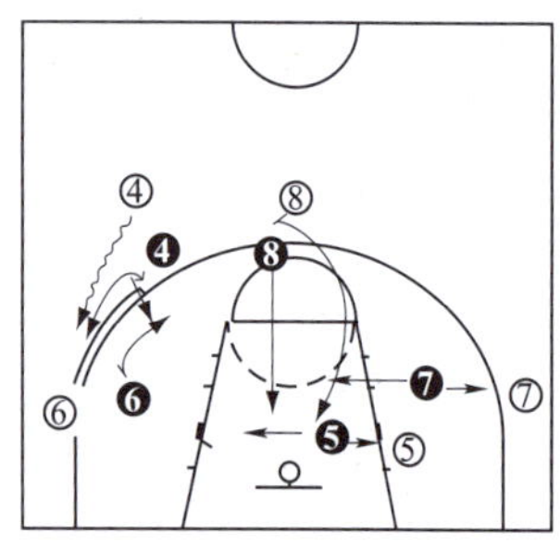

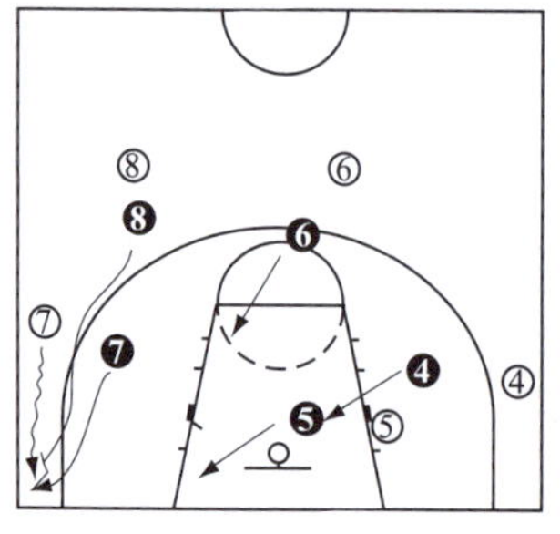

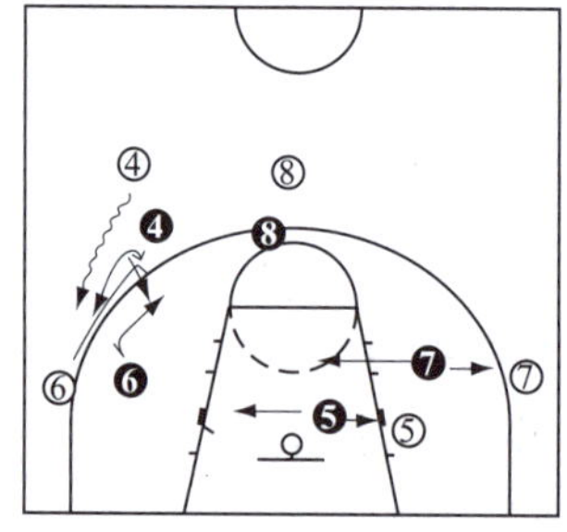

图 2-25　人盯人防守

（六）区域联防与进攻区域联防

1. 区域联防

区域联防是由进攻转入防守时，防守队员退回后场，每个队员分工负责防守一定的区域，严密防守进入该区域的球和对方进攻队员，并与同伴协同防守，用一定的队形，把每个防守区域有机地联结起来，组成区域联防战术。

（1）区域联防的基本要求

1）每个队员必须认真负责自己的防区，积极阻挠进入该防区的对方进攻队员的行动，并联合进行防守。

2）要以防球为重点，随球的转移而经常调整位置，做到人球兼顾，不让持球对手突破和传球给内线防区。

3）对进入罚球区附近或穿过罚球区的对方进攻队员，必须严加防守，切断其接球路线，不让其轻易接球、传球或投球，加强篮下区域防守。

4）每个防守队员要彼此呼应，随时准备协防、换位、越区、“护送”等，相互帮助，加强防守的集体性。处于远离球的后线防守队员，要起指挥防守的作用。

（2）区域联防的形式和特点

区域联防的站位队形有“2-1-2”“2-3”“3-2”“1-3-1”等，图中黑线区为联防的薄弱区。“2-1-2”区域联防如图 2-26 所示；“2-3”区域联防如图 2-27 所示。

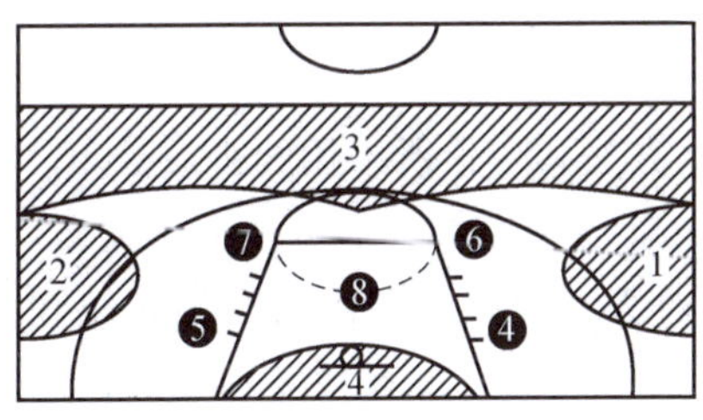

图 2-26 “2-1-2”区域联防

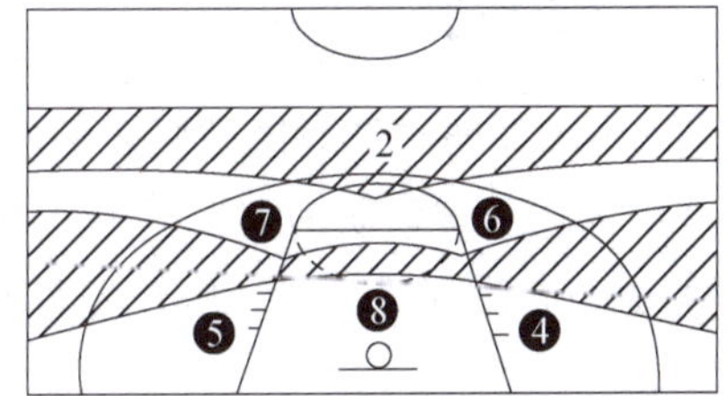

图 2-27 “2-3”区域联防

在“2-1-2”区域联防中，五个防守队员分布比较均衡，移动距离近，便于相互协作，并能根据进攻队员的特点防守位置，变换防守队形，所以它是区域联防的基本形式。这种防守队形便于控制篮下，有利于抢篮板球和发动快攻。但有薄弱地区，不利于防守这些区域内的中远距离投篮，不利于在球场底角进行“夹击”防守配合。

（3）区域联防的方法

示例一：球在外围左侧时防守移动的配合，如图 2-28 所示。⑬传球给⑪，⓫移向⑪，⑬稍向下移动，协助⑫防守，⓬站在⑪的侧后方，切断⑪与⑫的传球路线，并防⑫向篮下空切。⓯站在⑮的侧前方，注视⑪与⑮的传球路线，减少⑮接球。⓫稍向

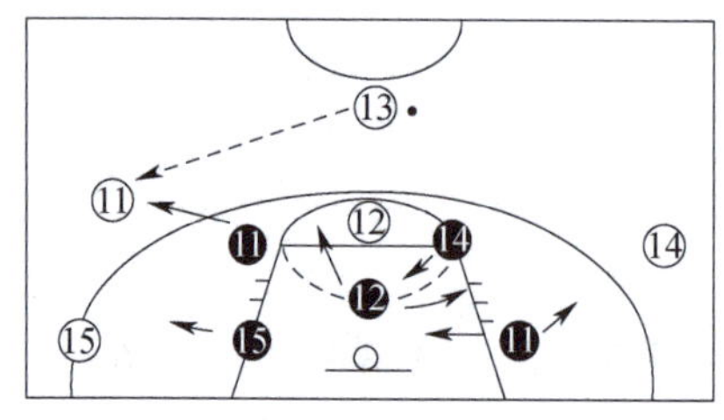

图 2-28　区域联防方法（一）

球区移动，既要协助防守篮下，又要堵⑭背插，还要准备断⑪给⑭的横传球。当⑪投篮时，⑫、⑪、⑮拼抢篮板球。

示例二：堵截后卫向中锋传球移动的配合，如图 2-29 所示。⑥正要向⑤传球时❺和❼围守⑤，不让其接球，❹向罚球线中间移动，防⑧空切，❽向罚球区内移动，防④横插和溜底线，保护篮下。

示例三：防左前锋中投与攻中锋球结合的移动配合，如图 2-30 所示。当⑧持球时，❽上前防守⑧，❹和❼围守④，不让其接球，❻向罚球区移动，防⑥空切和保护禁区腹地，❺移动到篮下，防⑤空切和溜底线并保护篮下。

图 2-29　区域联防方法（二）

图 2-30　区域联防方法（三）

2. 进攻区域联防

进攻区域联防是针对区域联防的特点、队形、方法和变化所采用的进攻战术。

（1）进攻区域联防的基本要求

1）由防守转入进攻时，应首先争取快攻。趁对方立足未稳，尚未组织好防守之时进行攻击。

2）根据对方区域联防队形，采用针对性落位队形，组织对薄弱地区的攻击。

3）运用传球转移、中远距离投篮等进攻技术，通过“人动”“球动”打乱对方防守队形。运用声东击西、内外结合、以多打少等方法，创造投篮机会进行攻击。

4）要组织拼抢篮板球，争夺二次进攻机会，同时还要保持攻守平衡，准备及时退防。

（2）进攻区域联防的形式和特点

进攻区域联防常用的进攻队形有“1-3-1”“2-1-2”“2-2-1”“1-2-2”“1-4”等。

在“1-2-2”进攻队形中，队员分布面广，攻击点多，便于内外联系，左右配合，有利于组织抢篮板球和保持攻守平衡。在“2-1-2”进攻队形中，队员站位有针对性，用来进攻“1-3-1”，便于内外联系，有利于突破和外线。

（3）进攻区域联防的方法

示例一："1-2-2"落位进攻"2-3"区域联防，如图2-31所示，⑥、⑧互相传球吸引❻、❼上来防守，⑤插至罚球线准备接球，防守❽也跟上防守，底线拉空，⑥突然将球传给⑦，这时有三个攻击点，第一个是⑦本身投篮，若❹上防⑦，④就是空档，⑦可传给④投篮，同时，⑧从背后插入罚球区，形成⑦、④、⑧进攻❹、❽的以多打少的有利局面，⑦根据情况决定自己投篮或传球给④或⑧投篮。

示例二："2-1-2"阵形落位进攻"1-3-1"区域联防，如图2-32所示，⑦、⑥相互传球，吸引防守，当❻上防⑥时，⑥将球传给⑧；⑧接球后转身投篮。若❽上防，⑧将球传给底线的④，④接球后投篮，若❺上来防守，⑧迅速切入篮下，准备接球进攻，同时，⑤插入罚球区，④根据防守情况，将球传给⑤或⑧投篮。

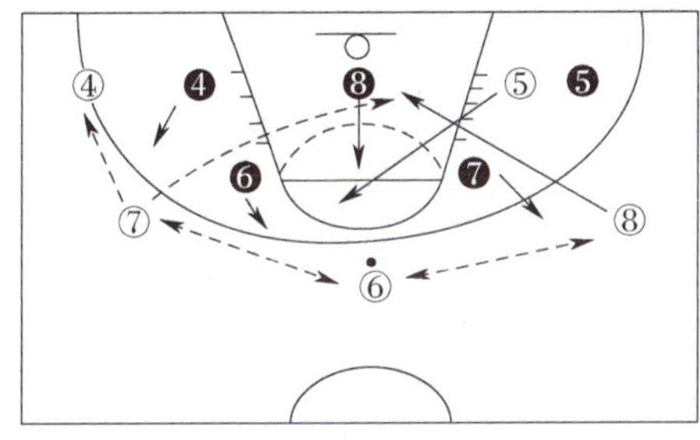

图2-31　进攻区域联防（一）

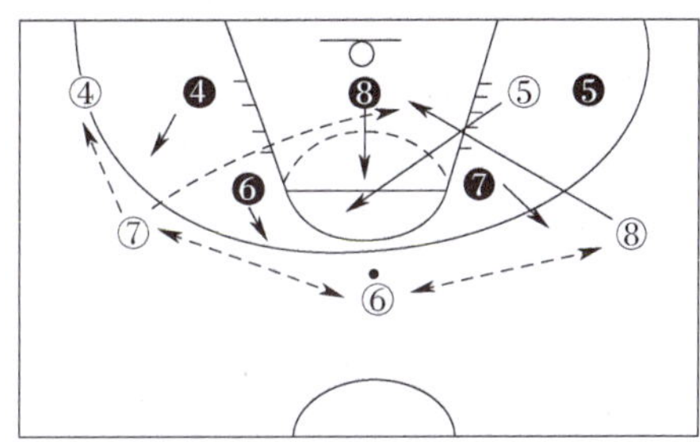

图2-32　进攻区域联防（二）

四、篮球比赛规则简介

（一）场地和器材

1. 篮球场地

篮球场是一个长方形的坚实平面，无障碍物。对于国际篮联主要的正式比赛，球场尺寸为：长28米，宽15米，篮球场的丈量是从界线的内沿量起。对于所有其他比赛，国际篮联的适当部门，如地区委员会对地区或洲的比赛，或国家联合会对所有国内的比赛，有权批准符合下列尺寸范围内的现有球场：长度减少4米，宽度减少2米，只要其变动互相成比例。天花板或最低障碍物的高度至少7米。篮球场照明要均匀，光度要充足。灯光设备的安置不得妨碍队员的视觉。所有新建球场的尺寸，要与国际篮联的主要正式比赛所规定的要求一致。篮球场线条要用相同颜色画出，宽度为0.05米（5厘米），如图2-33所示。

2. 篮板

篮板横宽1.80米，竖高1.05米，篮板下沿距地面2.90米。

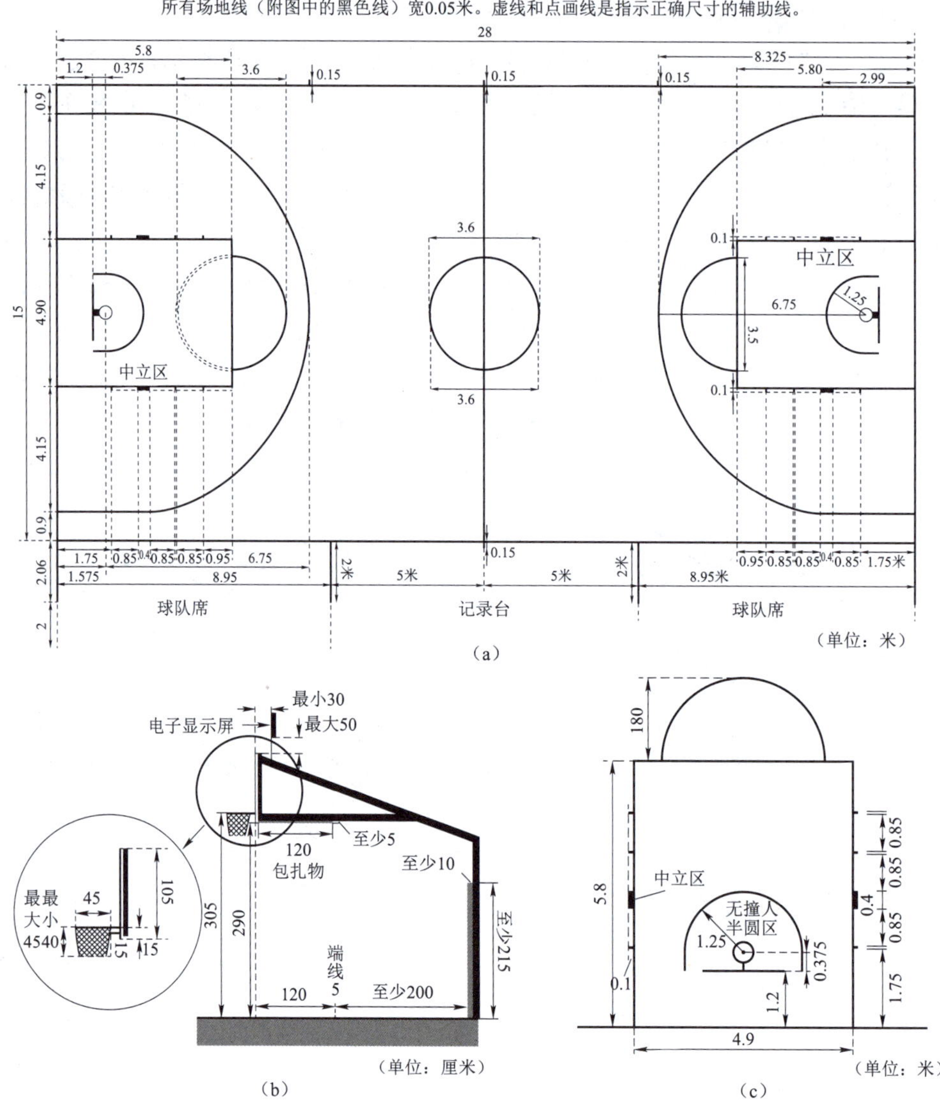

图 2-33　篮球场示意

3. 比赛用球

比赛用球充气后，从 1.80 米的高度落到地面上，反弹高度不得低于 1.20 米，也不得高于 1.40 米。

（二）比赛规则

1. 一般规则

1）比赛人数。每场篮球比赛由两个队参加，每队出场 5 名队员，目的是将球投入对方球篮得分，并阻止对方获得球或得分。

2）比赛时间。每场篮球比赛分为两个半时共四节，每节 10 分钟。第一节和第二节之间、第三节和第四节之间、每节决胜之前休息 2 分钟，两半时之间休息 15 分钟。如第四节结束时比分相等，则打若干个决胜局直至决出胜负。

3）暂停。第一节、第二节每节准予两次暂停，第三节、第四节准予两次暂停。每一决胜局准予一次暂停。

4）换人。每当死球时停表，停表即可换人。如果是甲队发生违例则甲队不能换人，而如果此时乙队先换人，也可以给予甲队换人机会。换人的次数没有限制。

2. 常见的违例

违例是指队员违犯了比赛中关于时间或技术等方面规则的行为，触犯以下规则的行为均为违例。

1）3 秒。场上控制活球的队的队员不得在对方限制区内停留超过 3 秒。

2）5 秒。罚球时，不得超过 5 秒；掷界外球时，不得超过 5 秒；在场上，持球队员被对方严密防守并停步时开始计算，须在 5 秒内出手。

3）8 秒。每当一名队员在他们的后场控制活球时，他的队必须在 8 秒内使球进入他们的前场。

4）24 秒。每当一名队员在场上控制活球，他的队须在 24 秒内投篮。

5）球回后场。当某队在前场控制球时，不能使球回后场。

6）带球走。篮球技术的特殊特点之一是队员一旦持球，就必须确立中枢脚。中枢脚离地后再次落地前，球必须离开队员的手，否则是“带球走”。

7）两次运球。队员在一次运球结束后不得再次运球。

8）罚球时的违例。罚球时，罚球队员除了须遵守 5 秒规则外，还要遵守：脚不得触及限制区（罚球线是限制区的一部分）；投出的球必须触及篮圈；不得做假动作。

3. 常见的犯规

犯规包括有身体接触的侵人犯规和没有身体接触的技术犯规两大类。

（1）侵人犯规

常见的有拉人、推人、撞人、阻挡、背后非法防守、非法用手、非法掩护等。

（2）没有身体接触的技术犯规

1）违反体育道德的犯规。当裁判员判断某队员不是在规则的精神和意图范围内合法地去抢球而发生侵人犯规，则判为“违反体育道德的犯规”。取消比赛资格的犯规是一种恶劣的违反体育道德的犯规。无论是队员、替补队员，还是教练员、随队人员，裁判员均有权判罚。双方犯规是两个队的两名队员同时的相互间的犯规。罚则是不判给罚球。

2）队员技术犯规。当一名队员不顾裁判员的警告或与裁判员、记录台人员、技术代表、对方队员交涉时没有礼貌，使用冒犯或煽动观众的言行，戏弄对方，阻碍掷界外球的迅速进行，等等，将被判技术犯规。

练习小贴士

游戏：听哨运球追人。

器材：篮球若干、指定一位鸣哨同学。

方法：两人一组，一人一球，约定甲方为长哨音，乙方为短哨音。游戏开始，鸣哨，若长鸣哨音则甲方运球追拍乙方，乙方运球快跑；若鸣短哨音，则乙方立即急停转身，运球反追甲方。在规定时间内被对方追拍到的次数少者为胜。

规则：只准运球相互追逐，不得持球跑；“拍”到即有效。

探索与思考

1. 试述移动技术包括的内容。
2. 详述急停与前后转身的动作方法。
3. 试述现代篮球运动中投篮技术的发展趋势与特点。
4. 如何确定持球队员的中枢脚？

单元 2.2 足　球

学习目标

1. 了解足球运动的起源与发展。
2. 学习和掌握足球的基本知识、基本技术和战术。
3. 更好地欣赏和参与足球运动。

一、足球运动概述

足球运动的发展源远流长，根据相关史料，古代足球最早出现于中国，早在公元前的殷代，中国就有了用脚踢球的游戏，到了战国时期（公元前 475 年—公元前 221 年）我国就有了足球运动的文字记载。

我国古代的足球运动称为“蹴鞠”或“蹋鞠”，“蹴”和“蹋”都是踢球之意，“鞠”是用皮革做的一种足球。汉朝时“蹴鞠”开展得比较普遍，到了唐朝，“蹴鞠”也在场地器材方面逐渐完善。开始设立“充气的门”，并发展到以射门为目标的两队对抗性比赛。到了宋、元、明三个朝代，逐渐建立起球会的组织，宋朝民间的球会称为“齐云社”。清朝时已把足球运动作为王室军事训练的休育活动之一。

现代足球起源于 19 世纪的英国。有关资料记载，1857 年英国成立了第一个足球俱乐部。1863 年 10 月 26 日在伦敦成立了第一个足球运动组织——英格兰足球协会，制定了现代世界足球史上第一部较为统一的足球比赛规则，后来足球界把这一天定为现代足球运动的诞生日。

现代足球运动自 1840 年鸦片战争以后传入我国，到 19 世纪末 20 世纪初开始在我国发展起来。当时的香港和上海开展得最早，以后才在几个大城市（北京、天津、南京）学校，特别是教会学校中开展起来。

当前，世界上规模最大、水平最高的足球比赛是奥运会足球赛和世界足球锦标赛（世界杯赛），以上两大比赛均为 4 年举行 1 次。

1991 年 11 月在中国广东举行了首届世界女子足球锦标赛，开创了世界女子足球运动的新纪元。

现代女子足球运动起源于16世纪初的英格兰，并于1894年建立了女子足球俱乐部。20世纪70年代初期，欧洲凭借其雄厚的经济实力和广泛的群众基础，成为发展女子足球运动的先锋。亚洲现代女子足球运动，从20世纪50年代起在新加坡盛行，在中国台湾地区、泰国和印度随之相继开展，1968年，亚洲女子足球协会在中国香港成立。

我国女子足球历史悠久，起源于东汉时期。唐和五代时，女子足球游戏日趋普遍，北宋时，演变成2人或多人游戏，直到明朝末年，由于受封建社会歧视，至清代之后，逐渐衰落。

现代女子足球在我国开始于20世纪二三十年代（当时上海建立了第一支女子足球队）。我国的女子足球运动发展于20世纪70年代，与欧洲同步。

二、足球运动的基本技术

（一）踢球技术

踢球是指运动员有目的地用脚的某一部位把球击向预定的目标。踢球的方法有脚内侧踢球、脚背正面踢球、脚背内侧踢球、脚背外侧踢球等。

1. 脚内侧踢球

用脚内侧部位（跖趾关节、舟骨和跟骨所构成的三角部位）击球，其特点是脚与球接触面积大、出球平稳准确，多用于短距离传球和射门。

动作要领：踢定位球时，直线助跑，支撑脚踏在球的侧方15厘米左右处，膝关节微屈，两臂自然张开。在支撑脚着地的同时，踢球腿以髋关节为轴由后向前摆动，在前摆过程中屈膝外转，踢球腿的内侧正对击球方向，小腿加速前摆，脚头稍翘起，脚掌与地面平行，用脚内侧部位击球后中部，如图2-34所示。向左（右）侧踢球时，支撑脚踏在球的后方，用右（左）脚脚弓对准击球方向，提起大腿，并用右腿由右（左）向左（右）进行横摆，同时身体重心向出球的相反方向移动，用推送动作将球踢出。

图2-34　脚内侧踢球

2. 脚背正面踢球

用脚背的正面（楔骨和跖骨的末端）击球，其特点是踢球腿摆幅大、摆速快、踢球力量大，多用于长距离传球和射门等。

动作要领：踢定位球时，直线助跑，最后一步稍大，并积极着地，支撑脚踩在球的侧方 12~15 厘米处，脚尖正对出球方向，膝关节微屈，两臂自然张开。踢球腿在支撑脚前跨和助跑的最后一步离地面时，顺势向后摆起，膝弯曲，在支撑脚着地同时，以髋关节为轴，大腿带动由后向前摆动，当膝盖摆至接近球的正上方的一刹那，小腿做爆发式的前摆，脚背绷直，脚趾扣紧，以脚背的正面踢球后中部，踢球腿随球继续前摆，如图 2-35 所示。

图 2-35　脚背正面踢球

(a) 侧视；(b) 后视

踢反弹球时，要判断好球的落点，当球落地时，踢球腿的小腿急速前摆，在球刚反弹离地时，踢球的后中部。

3. 脚背内侧踢球

用脚背内侧部位几个楔骨、趾骨末端击球，其特点是踢球腿的摆幅大、摆速快、踢球的力量大。由于助跑方向、支撑脚选位的灵活性较大，出球方向变化幅度较大，因此可踢出平球、远距离弧线球等，也便于转体踢球。在比赛中多用于中长距离的传球和射门等。

动作要领：踢定位球时，斜线助跑，助跑方向与出球方向呈 45 度。支撑脚以脚掌外沿积极着地，踏在球的侧方 20~25 厘米处，屈膝，脚尖指向出球方向，身体稍向支撑脚一侧倾斜。在支撑脚着地的同时，踢球腿以髋关节为轴，大腿带动由后向前摆，在身体转向出球方向、膝盖摆到接近的内侧正上方一刹那，小腿做爆发式的前摆，脚尖稍向外转，脚面绷直，脚趾扣紧，脚尖指向斜下方，以脚背内侧部位击球的后中部（踢高球时，击球的中下部），然后踢球脚继续前摆，如图 2-36 所示。

（a）　　　　（b）

图 2-36　脚背内侧踢球

（a）侧视；（b）后视

踢过顶球时，支撑脚可踏在球的侧后方，踢球脚不必过于绷直，踢球的后下部，稍有下切的动作。踢球后，脚不随球前摆，使球产生向后的旋转，以控制球速，使球成抛物线下落，这种球可使接球人便于接球。

转身踢球时，助跑最后一步略带跨跳动作，支撑脚的脚尖和膝关节要尽可能地转向传球方向，利用腰的扭转协助摆腿和踢球。

4. 脚背外侧踢球

脚背外侧踢球与脚背正面踢球的动作基本相同，只是用脚背的外侧触球，在踢球的一刹那，脚背要绷直，脚趾用力下扣，脚尖内转，踢球的后中部，如图 2-37 所示。

图 2-37　脚背外侧踢球

踢弧线球时，支撑脚踏在球两侧左右处，身体稍向支撑脚一侧倾斜，踢球脚的脚腕用力，并以外脚背切削球的侧后方。踢球后，踢球腿向支撑脚一侧的前上方摆出，以加大旋转的力量。

（二）停球技术

停球是指运动员有目的地用身体的合理部位把运行中的球停在所需要的控制范围内。在比赛中停球不是最终目的，而是为传球、运球、过人和射门做准备。常用的停球方式有脚内侧停球、脚底停球、脚背正面停球、胸部停球、大腿接球和腹部接球等。

1. 脚内侧停球

脚内侧停球特点是：脚接触球的面积大，易将球停稳，并且便于改变方向和结合下一个动作，多用来停地滚球、停反弹球和停空中球。

（1）停地滚球

支撑脚正对来球，膝关节微屈，停球腿屈膝外转并前迎，脚尖稍翘起，当脚与球接触前的一刹那开始后撤，在后撤过程中用脚内侧接触球，缓冲来球力量，把球控制在衔接下一动作所需要的位置上。

（2）停反弹球

支撑脚踏在球落点的侧前方，膝关节弯曲，上体稍向前倾并向停球方向微转，同时停球腿提起，踝关节放松，用脚内侧对准来球的反弹路线，当球落地反弹刚离地面时，用脚内侧踢球的中上部。

（3）停空中球

一种方法是，根据来球的高度，将停球脚前迎，脚内侧对准来球路线，在脚与球接触前的刹那开始后撤。在后撤过程中用脚内侧触球，缓冲来球力量，把球控制在所需要的位置上；另一种方法是，将脚提起稍高于选择的停球点，在脚与球接触的一刹那开始下切，在下切过程中用脚内侧切于球的侧上部，将球停在地上。接空中球时，先提大腿，腿弓正对来球。触球时，小腿放松下撤。

2. 脚底停球

脚底停球的特点是：脚底接触面积大，易将球停稳。比赛中此技术多用于停正面来的地滚球和反弹球。

（1）停地滚球

支撑脚站在球的侧后方，膝关节微屈，停球脚提起，膝关节自然弯曲，脚尖翘起高过脚跟（脚跟离地面稍低于球高），踝关节放松，用前脚掌触球的中上部。

（2）停反弹球

支撑脚踏在球落点的侧后方，当球着地的一刹那，用前脚掌对准球的反弹路线，触球的后上部。

3. 脚背正面停球

脚背正面接球适用于接高处下落的球。身体正对来球，接球腿屈膝提起，以脚背对准来球，当球与脚接触的一刹那，小腿和脚跟放松下撤，缓和来球力量，使球落在身前；或在球接近地面时，用正脚背触球，随球下撤落地。

4. 胸部停球

胸部停球面积大、有弹性、位置高，适用于停高球和平直球。胸部停球有挺胸停球和收胸停球两种方法。

图 2-38　挺胸停球

（1）挺胸停球

挺胸停球一般用来停高于胸部的下落球。身体正对来球，两脚前后开立，重心落在两脚之间，两膝微屈，两臂自然张开，上体稍后仰，收下颌，当球与胸部接触前的一刹那，脚跟提起，向上挺胸，使球弹起，然后落于体前，如图 2-38 所示。

（2）收胸停球

收胸停球一般用来停胸部高度的水平球。身体正对来球，两脚前后开立，两臂自然张开，挺胸迎球。当球与胸部接触的刹那间迅速收胸、收腹以缓冲来球力量，把球停在身前。

5. 大腿接球

大腿接球适用于接高球。接球时，大腿抬起迎球，当与球接触的一刹那即随球下撤，使球落在身前，也可用大腿上抬垫球，使球平稳弹下，如做转体接球时，以支撑腿为轴向左（右）转体，把球接到身体左（右）侧。

6. 腹部接球

腹部接球适用于接反弹球。身体正对来球，两脚平行站立，当球从地上弹起时，两臂张开，上体前倾，提气，收腹，缓冲来球力量，将球接在身前，如图 2-39 所示。

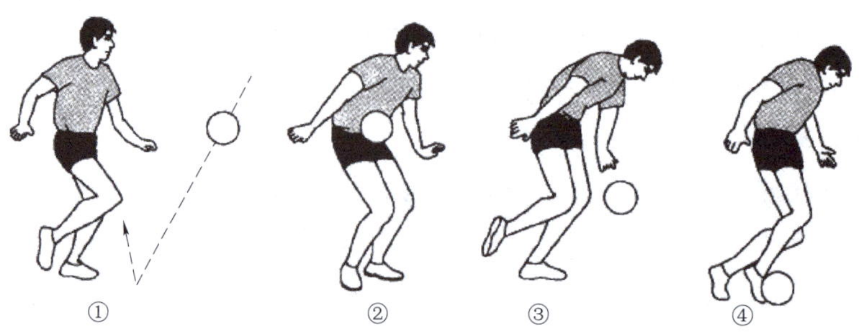

图 2-39　腹部接球

（三）运球技术

运球是运动员在跑动中用脚连续推拨球，使球处于自己的控制范围内的动作，是完成个人突破与战术配合必不可少的技术。常用的运球方法有脚背正面运球、脚背内侧运球和脚背外侧运球等。

脚背内侧和外侧运球灵活，便于迅速奔跑和改变方向，是比赛中常用的运球方法。跑动时身体自然放松，上体前倾，步幅可大可小。脚背外侧运球时，运球脚提起，脚尖稍内转，以脚背外侧推球前进；脚背内侧运球时，运球脚提起，脚尖稍向外摆，以脚背内侧推球前进。

（四）头顶球技术

头顶球是运动员在比赛中为了争取时间和取得空中优势，用头部的前额部位击球的动作，常用来传球、抢截球和射门，是进攻和防守中不可缺少的重要技术之一。头顶球时可用前额正面和前额侧面顶球，这两个部位都可以做原地顶球、跑动中顶球、跳起顶球和鱼跃顶球等。

1. 原地前额正面顶球

身体正对来球，两脚前后开立，膝关节微屈，两臂自然张开，上体稍向后仰，眼睛注意来球。当球运行到身体垂直部位前的一刹那，后脚用力蹬地，身体重心由后脚跟移向前脚的同时，迅速向前摆体，颈部紧张、快速摆头，用前额正面顶球的后中部，接着上体随球继续前摆，如图 2-40 所示。

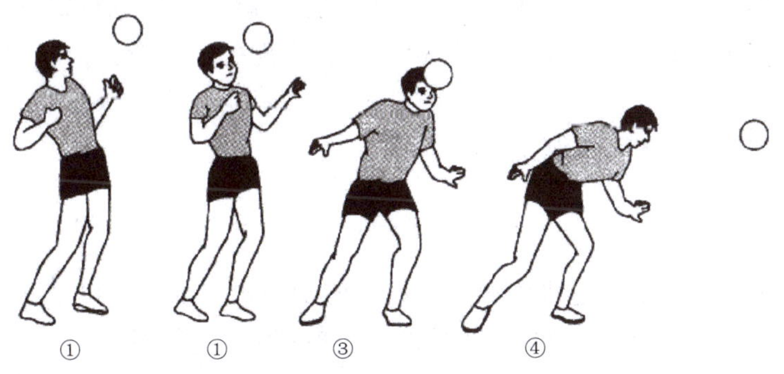

图 2-40 原地前额正面顶球

2. 原地前额侧面顶球

两脚前后开立，出球方向的同侧脚在前，两膝微屈，上体和头部稍向出球的相反方向侧屈，身体重心放在后脚上，两臂自然张开，两眼注视来球。当球运行到出球方向同侧肩上方的一刹那，脚用力蹬地，上体迅速向出球方向扭摆，同时颈部紧张地摆头，以前额侧面顶球的后中部。

（五）抢截球技术

抢截球是防守中的主要行动，是转守为攻的积极手段。抢截球包括抢球和截球两个内容。

1. 正面跨步抢球

面向对手两脚前后开立，两膝微屈，在对手运球脚触球后即将着地或刚着地时，支撑脚立即用力后蹬，抢球脚以脚内侧对着球跨出，膝关节弯曲，上体前倾，身体重心移至抢球脚上，另一脚立即前跨，如双方脚同时触球时，则要顺势向上提拉，使球从对方脚背滚过，同时身体重心要迅速跟上，把球控制好，如离球稍远可用脚尖抢截，如图 2-41 所示。

图 2-41　正面跨步抢球

2. 侧面冲撞抢截

当与对方平行跑争球时，身体重心要降低，两臂紧贴身体。当对方后侧脚着地时，可用肩和上臂做合理冲撞动作，使对方失去平衡，从而截获其球。侧面冲撞抢截用于抢截者和运球者平行跑动时抢截球。

3. 侧后铲球

防守人追到距运球人侧后 1 米左右，可用脚掌或脚背外侧进行铲球。当运球人将球拨动时，先蹬腿，抢球腿跨出，以脚掌或脚掌外侧在地面滑行，将球踢出，小腿、大腿、臂部、上体依次着地。

侧后铲球适用于对手运球刚越过防守者时。

（六）假动作

假动作必须在接近对方适当距离时进行，假动作慢，真动作快、突然，真假的动作衔接要快速、适当，做到真真假假，使对方捉摸不定，防不胜防。

1. 踢球假动作

传球前可假向左（右）方做踢球动作，诱使对方向该方向堵截，待其重心移动后，突然向右（左）方踢球突破。

2. 接球假动作

接球前，如对方上前抢截，可假做向左（右）接球，诱使对方堵截左（右）侧，然后突然改为向右（左）接球。

3. 运球假动作

对方迎面抢截球时，可采用身体虚晃动作，使对方捉摸不定，从而越过对手。如果对手侧面抢截，则可以先快速带球前进，诱使对方追赶，这时带球人可突然降低速度或做假动作停球，使对手也放慢速度，然后突然加速甩开对手，带球切进，运球射门。

（七）守门员技术

守门员的技术高低、反应敏捷程度、竞争意识，直接影响全队最后一道门户的牢固。

1. 接地滚球

接地滚球分直立接球和单膝跪立接球两种。直立接球时，两脚要自然并拢不留空隙，脚尖对准来球，上体前屈，两臂自然下垂近地，手指自然张开，手心向前，两手接球底部。接球后，两臂同时弯曲，并互相靠拢，将球提前紧抱。单膝跪立接球时两腿向侧前方开立，前腿弯曲，后腿跪立，膝关节触地面，并靠近前脚跟，不留中空，上体前倾，两臂下垂，掌心对准来球方向，两手接球底部，并将球抱至胸前，如图 2-42 所示。

图 2-42　接地滚球

2. 接高球

手指自然张开，拇指相对，食指与拇指成“桃形”，当手触球时，手腕和手指适当用力将球接住，同时屈肘，回缩并下引，顺势翻掌将球抱于胸前。要求判断球路与落点要准，跑动、起跳要准，控制高度要快。

3. 接平球

接球前，两臂屈肘置于胸前两侧，在球接触胸前的一瞬间，两臂夹紧，收缩两手，抱住球的侧上部，迅速置于胸前。

（八）掷界外球技术

掷界外球时要充分发挥蹬地力量、腰腹和手腕力量，整个动作过程要连续不断。

1. 原地掷界外球

手指自然张开，持球的后半部，两脚前后或左右站立，膝微屈，将球举在手后，上体后仰，掷球时两脚蹬地，收腹屈体，两臂快速前摆将球掷出，如图 2-43 所示。

图 2-43　原地掷界外球

2. 助跑掷界外球

助跑时将球持于胸前，在迈到最后一步的同时，将球举至头后，蹬地、收腹、向前快速摆臂，并用扣腕力量将球掷出。

三、足球运动的基本战术

（一）进攻战术

1. 个人进攻战术

（1）摆脱与跑位

本方队员一旦得球，就要发动一次进攻，本队其他队员的任务就是摆脱对手的紧逼，以便在没有干扰的情况下获得本队队员的传球，完成战术配合，把进攻推向对方球门，争取射门进球。

（2）传球

传球是战术配合的基础，是完成战术配合、创造射门机会的主要手段。

传球的战术因素：传球的目标、传球的时机、传球的力量。

传球的目标：一般分为脚下传和空中传两种，但向前、向空位传球是主要的。

传球的时机：比赛中传球有两种情况，一种是传球在先，跑位在后，传球指挥跑位；另一种是跑位在先，传球在后，以跑位促使传球。

传球的力量：一般来说，传球的力量应该适度，有利于接球者处理球，并且位置要准确。

2. 局部进攻战术

（1）两人的局部进攻战术

两人的局部配合是集体配合的基础，在任何场区、任何位置都可以采用，而运用较多的是前场，在后场尤其在本方罚球区，或罚球区附近，后卫间，应尽量减少不必要的传球配合。

（2）两人传球配合对队员的要求

抓住战机：由于场上局部地区出现好的传球时机或二过一的局面往往是一刹那的时间，稍一迟缓，防守队员就会退守到位，变成二打二的局面，因此进攻队员必须抓住这一战机完成进攻战术配合。

合理采用：应根据防守队员的位置、场上空位以及接应队员的位置等情况合理采用两人传球配合方法。

随机应变：在进行两人传球配合过程中，控球队员一定要做传球配合或运球突破两手准备，一旦同伴接应发生困难或出现控球队员突破的良好时机，应采用运球突破，这样才能得到良好的效果。

（二）防守战术

1. 个人防守战术

（1）选位

防守队员选择的位置，原则上是站在对手与本方球门中心所构成的一条直线上，与对手的距离要根据场区以及球所处的位置来决定。

（2）盯人

盯人是指防守者本身所处的位置能够限制对手活动，及时封堵对手接球或传球路线。盯人有两种：紧逼盯人和松动盯人。紧逼盯人是贴近对手不给其从容活动的机会。松动盯人是与对手保持一定距离，以便随时上前抢截对手的球或在对手得球后能立即逼近对手进行紧逼盯人。

2. 局部的防守配合

保护与补位：保护与补位是局部地区集体防守的基础，保护是补位的前提，没有保护也不可能有有效的补位。防守队员补同伴在防守中出现的漏洞称为补位，它是防守队员间相互协助的集体防守战术。

3. 整体防守战术

全局防守战术包括：盯人防守、区域防守和混合防守三种。

混合防守战术就是盯人防守和区域防守相结合的防守方法。混合防守是目前世界各国普遍采用的一种防守战术，它集中了盯人防守和区域防守两者的优点，从而在防守中能够根据场上情况进行逼抢、盯人、补位，以达到稳固防守的目的。延缓对方进攻，快速退守到位，保持防守层次，紧逼盯人。球门前 30 m 范围是全队集体防守的关键。

四、足球比赛规则

（一）场地和器材

1. 场地尺寸

场地的长度为90~120米，宽度为45~90米；国际比赛长度为100~110米，宽度为64~75米，如图2-44所示。

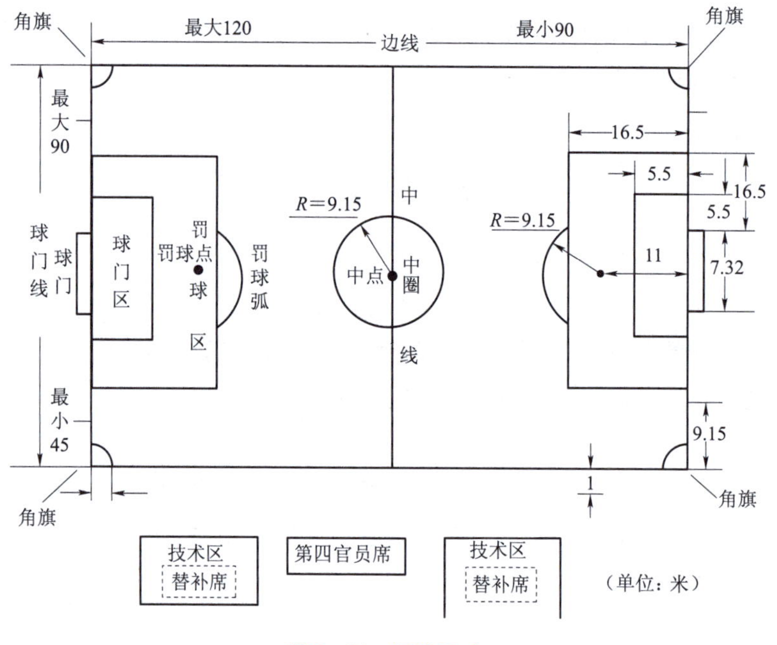

图2-44　场地尺寸

2. 场地标记

比赛场地是用线来标明的，这些线作为场内各个区域的边界线应包括在区域之内。两条较长的边界线叫边线，两条较长的线叫球门线。所有线的宽度不超过12厘米，比赛场地被划分为两个半场。在场地中线的中点处做一个中心标记，以距中心标记9. 15米为半径画一个圆圈。

3. 球门区

在距每个球门柱内侧5. 5米处，画两条垂直于球门线的线。这些线伸向比赛场地内5. 5米，与一条平行于球门线的线相连接。由这些线和球门线组成的区域范围是球门区。

4. 罚球区

在距每个球门柱内侧 16.5 米处，画两条垂直于球门线的线。这些线伸向比赛场地内 16.5 米，与一条平行于球门线的线相连接。由这些线和球门线组成的区域范围是罚球区。在每个罚球区内距球门柱之间等距离的中点 11 米处设置一个罚球点。在罚球区外，以距每个罚球点 9.15 米为半径画一段弧。

5. 旗杆

在场地每个角上各竖一根不低于 1.5 米的平顶旗杆，上系小旗一面。

6. 角球弧

在比赛场地内，以距每个角旗杆 1 米为半径画一个 1/4 圆，该扇形弧线即为角球弧。

7. 球门

两根柱子之间的距离是 7.32 米，从横梁的下沿至地面的距离是 2.44 米。

8. 球

球圆周不长于 70 厘米、不短于 68 厘米，重量在比赛开始时不重于 450 克、不轻于 410 克，压力在海平面上等于 0.6~1.1 个大气压。

（二）比赛规则

1. 队员人数

一场比赛应有两队参加，每队上场队员不得多于 11 名，其中必须有 1 名守门员。如果任何一队少于 7 人则比赛不能开始。在由国际足联、洲际联合会或国家协会主办的正式比赛中，每场比赛最多可以使用 3 名替补队员。被替补下场的队员不得再次参加该场比赛。替补队员只能在比赛停止时从中线处进场。

2. 比赛时间

比赛分为两个半场，每半场 45 分钟。中场休息 15 分钟。

3. 场地选择

通过掷币决定上半场比赛的进攻方向和开球队伍。猜中的队决定上半场比赛的进攻方向，另一队开球开始比赛。下半场换为猜中的队开球开始比赛，两队交换比赛场地。

4. 计胜方法

得分：当球的整体从球门柱间及横梁下越过球门线，而此前未违反比赛规则，即为进球得分。

获胜的队：在比赛中进球数较多的队为获胜者。如两队进球数相等或均未进球，则比赛为平局。

加时赛：规定时间内未分出胜负而又必须分出胜负，采取的上下半场各 15 分钟的比赛。上下半场间无休息时间，交换场地后继续比赛。在加时赛中，任何一方先进球就为胜方，即为金球制胜法。

点球制胜法：在规定时间和加时赛后仍未分出胜负后采取的互罚点球，先由每队各派 5 人依次罚完点球，进球数多者获胜，如未分出胜负，每队再派一人罚球，若未分出胜负，再派一人，直至分出胜负（任何场上队员不得在本方尚有队员未罚点球时第二次罚球）。

5. 越位

判罚越位条件：一球员在越位位置，只有在同队球员触球时，裁判认为他介入比赛。影响比赛或影响对方球员；在越位位置而获得利益。

不判罚越位（球员在以下情形直接得球不判罚越位）：球门球、掷界外球、角球。

越位违规及判罚：对于任何越位，裁判应判由对方在越位发生地点，罚间接任意球。

6. 踢球门球要点

由防守方从球门区内的任何一点踢球；对方应在罚球区外直至比赛继续进行；踢球队员在其他队员触球前不得再次触球；当球被直接踢出罚球区，防守方队员才能碰球。

7. 掷界外球要点

面向比赛场地内掷球方向；任何一只脚的部分站在边线上或站在边线外的地上；使用双手将球从头后经头上掷出；在其他队员触球前不得再次触球。

8. 罚点球要点

防守方守门员留在本方球门柱间的球门线上，面对主罚队员，直至球被踢出；除主罚队员外的队员处于比赛场地内、罚球区外、罚球点后、距罚球点至少 9. 15 米。

9. 犯规与不正当行为

判罚直接任意球的十种情况：

1）踢或企图踢对方队员；

2）绊摔对方球员；

3）跳向对方球员；

4）冲撞对方球员；

5）打或企图打对方球员；

6）推对方球员；

7）为了得到球的控制而抢截对方球员时，触球前触及对方球员；

8）拉扯对方球员；

9）向对方球员吐唾沫；

10）故意手球（不包括守门员在本方罚球区内）。

判罚间接任意球的八种情况：

1）守门员用手控制球后，在发出球之前持球超过 6 秒；

2）守门员在发出球之后未经其他队员触及，再次用手触及球；

3）守门员用手触及同队队员故意踢给他的球；

4）守门员用手触及同队队员直接掷入的界外球；

5）队员动作具有危险性；

6）队员阻挡对方球员；

7）队员阻挡对方守门员从其手中发球；

8）因以前未提及的任何其他犯规而停止比赛，被警告或罚令出场。

被警告并出示黄牌的七种情况：

1）出现非体育道德行为；

2）以语言或行动表示异议；

3）持续违反规则；

4）延误比赛重新开始；

5）当以角球或任意球重新开始比赛时，不退出规定的距离；

6）未得到裁判员许可进入或重新进入比赛场地；

7）未得到裁判员许可故意离开比赛场地。

被罚令出场并出示红牌的七种情况：

1）严重犯规；

2）暴力行为；

3）向对方或其他任何人吐唾沫；

4）用故意手球破坏对方的进球或明显的进球机会（不包括守门员在本方罚球区内）；

5）用可判为任意球或点球的犯规，破坏对方向本方球门移动着的明显的进球得分机会；

6）使用无礼的、侮辱的或辱骂性的语言及动作；

7）在同一场比赛中得到第二张黄牌。

练习小贴士

器材：标志物、足球若干。

人数：约 10 人一组，可考虑指定一名小组长。

场地：约 15 米×10 米，可视实际情况略作调整。

方法：每组两人，两人一球，相距 3 米，面对面，持球学生先在原地用双脚交替踩球、用脚内侧来回推球、单脚踩在球上、横向和纵向来回滚动球，每个动作持续 30 秒，然后交换轮流练习。

探索与思考

1. 足球比赛的特点和价值有哪些？

2. 为什么说足球运动是世界第一运动？

3. 为什么要在青少年中积极开展足球运动？

4. 一场正式的足球比赛时间是多长？每方参赛队员多少人？每队可以换多少人？

单元 2.3 排　　球

学习目标

1. 了解排球运动的起源与发展。
2. 学习和掌握排球的基本知识、基本技术和战术以及比赛规则。
3. 更好地欣赏和参与排球运动。

一、排球运动概述

（一）世界排球运动的起源

排球运动于 19 世纪末始于美国。1895 年，美国马萨诸塞州霍利奥克市基督教男子青年会体育干事威廉·摩根（William Morgan）认为当时流行的篮球运动过于激烈，于是创造了一种比较温和的、老少皆宜的室内游戏。1896 年，美国普林菲尔德市立学校的艾特哈尔斯戴特博士把摩根游戏起名为 Volleyball，并沿用至今。1896 年在斯普林费尔德体育专科学校举行了世界上最早的排球比赛。1897 年，摩根制定了排球比赛规则，它有力地推动了排球运动的发展。1905 年排球运动传入中国，1906 年一名美国军官约克把排球带到了古巴，1908 年传到日本，1910 年传入菲律宾。亚洲最早的排球比赛是在 1913 年在菲律宾马尼拉举行的。1947 年，排球运动世界性组织——国际排球联合会成立。随着技术水平的不断提高，规则也逐步完善。1964 年排球被列为奥运会正式比赛项目。

沙滩排球在 20 世纪 20 年代初在加利福尼亚州圣莫尼卡海滩兴起。1930 年，圣莫尼卡举行了第一场双人配合的沙滩排球赛，并形成了现在最普及的打法。1996 年沙滩排球首次成为奥运会的比赛项目。

（二）我国排球运动发展概况

排球运动在 20 世纪初就传入我国广东等地。1913 年在菲律宾马尼拉举行的第一届远东运动会上排球被列为比赛项目，远东运动会对亚洲排球的推广和提高起到积极作用。1914 年排球列为全国性比赛项目。1921 年女子排球在广东运动会上出现。中华人民共和国成立以后，排球运动和其他运动项目一样，有了较快的发展。下面按我国排球运动发展的情况和技术、战术的演变，分为 6 个阶段加以叙述。

1）继承学习阶段（1951—1956 年）。在这一阶段，主要是继承我国 9 人排球的技术、战术打法，特别是继承了 9 人排球的上手传球、大力勾手发球、正面及勾手扣球、快球和快攻等技术、战术。1950 年我国男排学习了苏联的高打强攻、倒地防守等技术和“两次球”进攻战术。

2）探索发展阶段（1957—1965 年）。在这一阶段，各省、市、自治区队，根据各自的特点，开始发展各自不同的风格和打法。在 1959 年的第一届全运会上，广东男排发展了快攻，上海男排体现了战术的灵活多变，解放军女排发扬了勇敢顽强的作风，北方各队发展了高打强攻。20 世纪 60 年代初，学习了日本队的训练经验，提出了“三从一大”（从难、从严、从实战出发，坚持大运动量训练）等号召。我国男排创造了“盖帽”拦网的技术和“平拉开快球”扣球的技术，推动了我国排球运动的发展。

3）低潮阶段（1966—1972 年）。在这一阶段，由于我国的排球运动受到 10 年浩劫的严重干扰，运动技术水平普遍下降，运动队伍出现了青黄不接的现象。

4）恢复阶段（1972—1978 年）。1972 年恢复了排球比赛，建立了漳州排球基地。男排创造了前飞、背飞、拉三拉四的打法；女排发展了快速反击的打法，运动水平有了进一步的提高。

5）高峰阶段（1979—1988 年）。1979 年年底，我国男、女队双获亚洲冠军，并取得了参加奥运会的资格。1981—1986 年，我国女排五次荣获世界冠军，实现了中华人民共和国运动员的愿望。

6）坦途曲折阶段（1988 年至今）。女排在 1988 年汉城奥运会失利之后，比赛成绩有所影响。男排未进入决赛圈。

二、排球运动的基本技术

排球基本技术是指运动员在比赛中采用的各种合理击球动作和为完成击球动作必不可少的其他配合动作的总称。

发球、垫球、传球、扣球和拦网是排球运动中五项完整的击球动作，又称有球技术。凡是没有触及球的各种准备姿势、移动、起跳以及前仆、滚翻、鱼跃、倒地等均为配合动作，或称无球动作。合理的击球动作和配合动作，首先要符合规则的要求，符合人体解剖学和运动生物力学的原理，同时要结合个人的特点。完成动作时要做到协调、轻松、正确、省力，能够充分发挥人的体能和技能，充分运用时间和空间的变化。

（一）准备姿势和移动

1. 准备姿势和移动的作用

准备姿势和移动是排球基本技术之一，是完成发球、垫球、扣球和拦网等各项击球技术的前提和基础。准备姿势是为及时地移动和完成击球动作做好准备。移动是为了及时接近球，调整人与球的位置关系，便于完成击球动作。

2. 准备姿势和移动步法

（1）准备姿势

准备姿势分半蹲准备姿势、稍蹲准备姿势和低蹲准备姿势三种，如图 2-45 所示。

1）半蹲准备姿势：两脚左右开立稍比肩宽，一脚在前，两脚尖稍内收，两膝弯曲成半蹲。脚跟稍提起，身体重心稍前倾，两臂放松，自然弯曲，双手置于腹前。身体适当放松，两眼注视来球，两脚始终保持微动。

2）稍蹲准备姿势：稍蹲准备姿势比半蹲准备姿势身体重心稍向前移，两膝弯曲程度小于半蹲准备姿势。动作方法与半蹲准备姿势基本相同。

3）低蹲准备姿势：两脚左右、前后开立的距离比半蹲准备姿势更宽一些，两膝弯曲的程度更大一些，身体重心更低、更靠前，膝部的垂直线超过脚尖，两手臂置于胸腹之间。

(a)

(b)

(c)

图 2-45 准备姿势

（a）半蹲；（b）稍蹲；（c）低蹲

（2）移动步法

排球比赛中使用最多的是短距离移动。常用的移动步法如下。

1）滑步：当来球距离身体较近、弧线较高时，可采用滑步。其动作方法是向右滑步时，右脚先向右迈出一步，左脚迅速并上，落在右脚的左面。连续做并步即为滑步。向前滑步时，前脚先向前迈出一步，后脚迅速跟上落在前脚之后，如此连续做。滑步主要用于完成传球、垫球、拦网等。

2）交叉步：当来球距身体 2 米左右时，可采用交叉步移动。其动作方法是向右移动时，上体稍向右转，左脚从右脚前面向右迈出一步，右脚再迅速向右迈出一步落在左脚的右边，同时身体向来球方向转动，做好击球前的准备姿势。交叉步主要用于完成防守、一传、拦网等。

3）跨步：当来球较低且距身体较近时，可采用跨步。首先向移动方向跨出一大步，同时屈膝，上体前倾，身体重心移至跨出的腿上。可向前、向侧或向侧前方跨步。

4）跑步：采用跑步移动时，两臂要配合摆动，应根据来球的方向，边跑边转身。

5）综合步法：将以上各种步法结合起来综合运用。如跑步之后再滑步，滑步之后再交叉步或跨步等。

3. 学习准备姿势和移动技术注意事项

1）准备姿势要自然放松，便于及时起动和移动。

2）准备姿势和移动相结合进行练习。

3）移动步法要轻松自然，身体重心不能起伏，以免影响移动速度。

4）以短距离的移动练习为主。

5）以视觉信号反应进行准备姿势和移动的练习。

6）准备姿势和移动与其他技术结合进行练习。

（二）传球

1. 传球技术在比赛中的作用

传球是排球运动中最基本、最重要的一项技术。它的主要作用是把防起的球传给前排队员进攻。传球的好坏直接影响着全队的战术配合质量，因此，各队越来越重视二传队员的培养。

2. 传球技术的动作方法

（1）正面传球

1）准备姿势：看清来球，迅速移动到球的落点，对正来球，两脚左右开立，约同肩宽，左脚稍前，后脚脚跟稍提起，两膝微屈，上体稍前倾。两臂弯曲置于胸前，两肘自然下垂，两手成传球手型，眼睛注视来球方向。

2）击球点：击球点在额前上方约一球距离处。

3）传球手型：当手触球时，手腕稍后仰，两手自然张开，手指微屈成半球状。两拇指相对成“一”字形或“八”字形，两拇指间的距离不能过大，以防漏球，如图 2-46（a）所示。

4）击球用力：当来球接近额前时，开始蹬地、伸膝、伸臂，两手微张迎球，以拇指内侧，食指全部，中指的二、三指节触球的后下部，无名指和小指触球两侧。手触球时，指腕保持适当紧张，以承担球的压力。用手指的弹力、手臂和身体协调的力量将球传出，如图 2-46（b）所示。

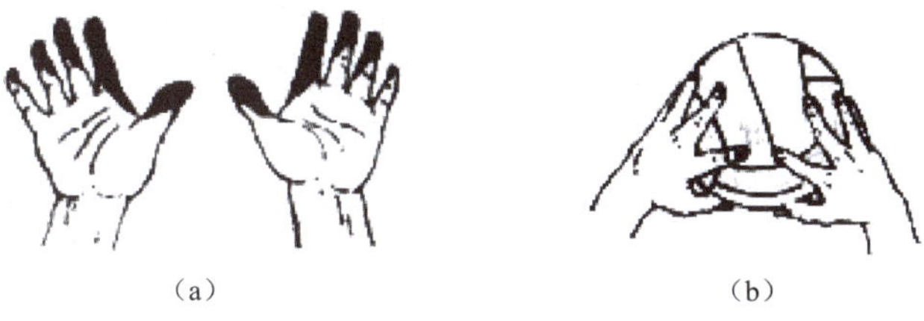

（a）　（b）

图 2-46　传球、击球手型

（a）传球；（b）击球

（2）背传

向后上方的传球，称为背传。背传的准备姿势比正传时稍直立，身体重心在两脚之间，不要前倾，双手自然抬起，放松置于脸前。当判断一传来球之后，迅速移动到球下，双手抬起，手触球时，手腕适当后仰，掌心向上，在额上方击球的下部。传球时，用蹬地、展腹、抬臂、向后翻腕及手指的弹力把球向后上方传出。

（3）跳传

跳起在空中传球叫跳传。跳传的起跳最好是向上垂直起跳，要掌握好起跳的时间，起跳过早或过晚都会影响传球的质量。根据一传球的高低，及时起跳，两手放在脸前，当身体上升到最高点时，靠伸臂动作和手指手腕的弹击力量将球传出。由于在空中无支撑点，用不上蹬地力量，只有靠伸臂动作将球传出，因此，必须在身体下降前传球出手，才能控制传球力量，如图 2-47 所示。

图 2-47　跳传动作

（4）传球技术中易犯错误与纠正方法

1）传球手型不正确，手型不成半球状，影响传球效果。

纠正方法：

示例一：一抛一接轻实心球，接住时自己检查手型。

示例二：对墙 40 厘米左右连续传球，并不断检查手型。

2）击球点过高或过低。击球点过高是因为传球时两臂近似伸直；击球点过低主要是肘关节过于外展所致。

纠正方法：

示例一：反复做原地抛接球练习，逐渐体会正确手型和正确击球点，练习熟练以后，将球抛离身体，通过快速移动，人至球下将球接住。

示例二：多做自传、平传、平传转自传、自传转平传。

3）上下肢传球时用力不协调。

纠正方法：

示例一：多做简单抛传动作，体会传球正确动作和全身协调用力。

示例二：传球时固定击球点后，肘关节应自然下垂。

示例三：多观察别人动作，改进自己动作。

4）传球时臀部后坐，用不上蹬地力量。

纠正方法：讲解协调用力的重要性；一人手压球，另一人做传球的模仿练习。

5）传球时身体后仰。

纠正方法：两人对传，球出手后，立即用手触及地面。

6）传球时有推压或者拍打动作。

纠正方法：多做原地自传或对墙传球，增加指腕力量，体会触球感觉。

7）背传翻腕太大，身体过多后仰。

纠正方法：自传中穿插背传，距墙 3 米左右，自抛做背传练习，近距离背传过网。

8）起跳过早或过晚。

纠正方法：多做跳起接球练习。

9）侧传时身体侧倒太大。

纠正方法：多做三人三角传球，有意练习侧传。

（5）传球技术的运用

传球技术在比赛中的运用主要体现在二传。所谓二传是把一传接起来的球传到网前一定的高度，供其他队员扣球进攻。由于来球的方向不定，又对传出球的落点要求较高，因此，二传难度大。

1）一般正面二传。一般正面二传是二传中最简单、最常用的技术。这种传球的动作与正面传球基本相同，只是传球前身体不要正对来球，也不要正对传球方向，而要边迎球边转身，将击球点放在靠传球方向一侧，身体随传球动作向传球方向转动。

2）调整二传。将一传不到位、离网较远的球传给扣球队员进攻，这种传球叫调整二传。调整二传与正面二传动作相同。当传球距离较远时，要充分利用蹬地、伸臂和手指手腕等全身协调力量。调整二传时，应注意选择传球的方向，传球方向与网的夹角越小越有利于扣球，尽量避免垂直向网前传球。调整二传球应比一般传球稍高，不要太拉开，这样有利于扣球队员观察和上步扣球。

3）背向二传。背向二传能充分利用网的全长，增加进攻点，具有很大的隐蔽性、突然性。传球前要移动插到球下，背对传球方向，要明确身体所处的位置及离标志杆的距离。传球时，要利用向后上方展体、抬臂伸肘动作将球传出。

4）传快球。传出的球弧线低、节奏快，这样的传球叫传快球。传快球主要是依靠手指手腕的弹击动作和适当的伸臂动作来控制传球力量。要传好快球，二传队员必须主动与扣球队员配合，要根据一传的弧线、速度和扣球队员的助跑速度、起跳时间、击球点的高度和挥臂速度等情况，来决定传球的速度、高度、距离和出手时间，把球主动送到扣球队员手上。

5）传短平快球。传出的球速度快、弧线平，落点距二传手 2~3 米处，这种球叫短平快球。传球时，击球点应保持在脸前或额前，上体前倾，充分利用伸肘和压腕动作，传出快速的平弧线球。

6）传平拉开球。传出的球速度快、弧线平，落点距二传手 6~7 米处，这种球叫平拉开球。平拉开传球与短平快传球动作基本相同，但要充分利用蹬地、伸臂、压腕伴随动作将球传出。如果来球低，要稍屈膝，降低重心，使击球点保持在脸前。如来球较高，可采用跳传。传球时，利用伸肘和主动加大屈指、屈腕的力量把传球路线压平。

（三）垫球和发球

1. 垫球

（1）正面垫球

正面垫球姿势，如图 2-48 所示。

图 2-48　正面垫球姿势

1）准备姿势：正面对正来球方向，两脚开立稍宽于肩，一脚在前，两脚跟提起，前脚掌着地，两膝弯曲微内收，重心稍前倾，双臂自然弯曲置于腹前。

2）手型、击球点和触球部位：当球接近腹前时，两手重叠，掌根靠拢，合掌互握，两拇指平行朝前，手臂伸直，手腕下压，用前臂旋外形成的平面靠近手腕的部分击球后下方。击球点在腹前一臂左右距离，便于控制用力大小并可根据垫球的方向，调整手臂的角度，如图 2-49 所示。

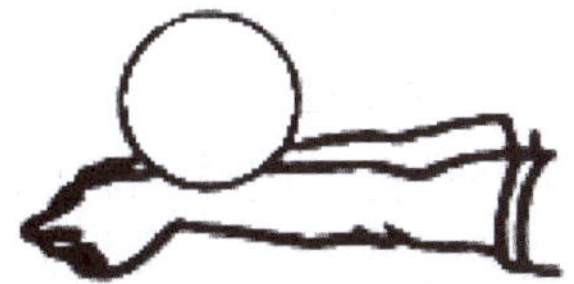

图 2-49　手型、击球点和触球部位

3）击球用力：两臂靠拢前伸插入球下，靠手臂上抬力量增加球的力，同时配合趴地跟腰动作，使身体重心向前上方移动。击球时，两臂要形成一个平面，身体和两臂要有自然的随球伴送动作，以便控制球的落点和方向。

垫球时，还应根据来球的力量控制手臂的动作，垫轻球时采用上述动作。垫中等力量的来球时，由于来球有一定速度，因此，垫球时的抬臂动作要小，速度要慢，主要靠来球本身所造成的反弹力将球垫起。垫重球时，应采用收腹含胸的动作，手随来球屈肘、手臂随球后撤，并适当放松，以缓冲来球力量，控制垫球的距离。球距离身体稍远、击球点较低时，手臂在缓冲用力过程中，要采用屈肘翘腕的动作把球垫在手腕部位的虎口处。

（2）侧面双手垫球

当球向左侧飞时，右脚前脚掌内侧蹬地，左脚向左跨出一步，左膝弯曲，重心随即移至左脚上，两臂夹紧向左伸出，右肩微向下倾斜，用向右转腰和提左胯的动作，使两臂击球面截住球的飞行路线，垫击球的后下部，如图 2-50 所示。侧垫时，不要随球伸臂，这样会造成球触臂后向侧方飞出。应使两臂先伸向侧方截击来球，还应注意两臂不要弯曲，以保持手臂击球，避免因手臂动作影响垫球效果。

图 2-50　侧面双手垫球姿势

（3）背垫球

背垫球就是背向垫出球方向，从体前向背后的垫球。当球飞出较远而又无法进行正面调整传球时，或第三次被动击球过网时采用。背垫时，判断好球的飞行方向，先要迅速移动到球的落点处，背对出球方向，两臂夹紧伸直，插在球下。击球时，蹬地抬头挺胸，展腹后仰，直臂向后上方摆动抬臂。在背垫低球时，也可以有屈肘、翘腕动作，以虎口处将球向后上方垫起。

（4）跨步垫球

队员向前或向体侧跨一步的垫球称跨步垫球。跨步垫球主要运用在接发球和防守中。

1）前跨垫球：当来球低而远时，看准来球落点，向前跨出一大步，屈膝深蹲，重心落在跨出腿上，上体前倾，臀部下降，两臂前伸插入球下，用前臂垫击球的后下方，如图 2-51 所示。

2）侧跨垫球：当来球至右侧时，右脚向右侧跨出一大步，屈膝制动，重心移至跨出腿上，上体前倾，臀部下降，两臂插入球下，用前臂垫击球的后下方。

图 2-51　跨步垫球姿势

（5）单手垫球

当来球低、速度快、距离远，来不及用双手垫球时，可采用单手垫球方式。这种垫球动作快，手臂伸得远，可扩大控制范围，但由于手臂击球面积小，不容易控制球。当球在右侧，向右跨出一大步，上体向右倾斜，重心移至右腿上，右臂伸直，自右后方向前摆动。用前臂内侧、掌根或虎口处垫击球后下部。

（6）易产生错误及纠正方法

1）击球时屈肘，两臂并不拢。原因是动作概念不清楚。

纠正方法：

示例一：徒手模仿练习。压手腕做双臂上抬练习，体会抬臂用力动作。

示例二：多做固定球练习。

示例三：自垫。要求直臂向上抬。

2）移动慢，对不正来球，击球点不在两臂之间。原因是概念不清，注意力不集中，动作过度紧张。

纠正方法：

示例一：做移动的模仿练习。做集中注意力，提高运动意识的练习。

示例二：对墙自垫，或向上自垫。

示例三：做好准备姿势，由另一人向其手上抛球，使其对正来球向前垫。

示例四：抛来不同角度、不同距离的球，要求判断，移动，对准球进行击球练习。

3）两臂用力不当，蹬腿抬臂分解，身体不协调。原因是动作不熟练，身体协调性差。

纠正方法：

示例一：离墙 4~5 米对墙自垫或向前移动自垫。

示例二：接不同弧度的来球，垫到规定的目标。

示例三：利用固定球进行垫球动作练习，体会协调用力。

4）垫击球的时间不准。原因是垫击球的时间过早或过晚。

纠正方法：

示例一：多做有信号的垫击练习，也可一人在身旁帮助掌握时机，加以体会。

示例二：多做垫固定球找垫击点的练习，两人一组，一抛一垫，互相纠正垫球练习。

示例三：结合球对墙有抬臂角度的垫击练习，认真体会击球时机。

5）侧面垫球时容易使球垫飞。原因是没有形成迎击球的斜面。

纠正方法：

示例一：多做徒手向左右两侧伸臂的练习，并随时检查迎击球的平面是否合适。

示例二：多做快速平球的截击侧面垫球练习。

6）背垫球用力不协调，击球不准。原因是下肢没蹬地，全身用力不协调，击球部位不准。

纠正方法：

示例一：模仿练习。反复体会背垫球技术动作要领，使全身用力协调、连贯。

示例二：击固定球练习。反复体会动作要领，认真对准击球部位，做背垫球击球动作。

示例三：教师抛球，学生做背垫球练习。要求动作规范，随时指导和纠正。

（7）垫球技术的运用

垫球技术在比赛中主要运用于接发球、接扣球和接拦回球等。

1）接发球垫球：接发球垫球是比赛的重要环节，是组织一攻的基础。比赛中接发球主要采用正面双手垫球，但根据各种发球的性能不同，接发球的动作方法稍有不同。

① 接大力发球：大力发球的特点是力量大、速度快、球旋转力强，但球运行轨迹较固定，容易判断。接这种球时，要对准来球，迅速降低身体重心，手臂插入球下保持不动，让球自己弹起。如击球点低时，也可用翘腕动作击球。

② 接飘球：飘球的特点是飞行速度快、不旋转、飞行轨迹飘忽不定，接发球时很难判断球的落点。接这种球时，首先要判断好来球落点，快速移动取位，对准来球，主动伸臂插入球下击球。击球时，要配合蹬地、提肩、送臂的全身协调力量将球击出。

③ 接侧旋球：侧旋球的特点是球的飞行轨迹呈弧线，落点偏向旋转方向一侧。接这种球时，要快速移动，对正来球，重心要靠向球旋转飞行的一侧，用前臂控制球的旋转方向。如接左侧旋球，要靠向右侧，右臂抬，以便截住球向右侧的飞行路线，控制球的反弹方向。

④ 接高吊球：高吊球的特点是弧线高，球从空中垂直下落，速度快。接这种球时，首先要判断好球的落点，两臂要向前平伸，等球下落到胸腹间再垫击，击球点不要太低。击球时，抬臂动作要适当，主要靠球的反弹力量将球击出。

2）接扣球垫球：接扣球是防守反攻的基础，防守反攻又是得分的主要手段。比赛中接扣球的次数最多，根据来球不同，接扣球防守动作也有所不同。

① 接重扣球：采用半蹲或低蹲准备姿势，两手臂放在腹前，手型和正面垫球相同，只是击球时的动作有所不同。要利用含胸收腹动作，帮助手臂随球屈肘后撤，并适当放松以缓冲来球力量，以手臂和手腕动作控制垫球的方向和角度。如击球点稍高并靠近身体时，同样可用前臂垫击；如击球点较低又距离身体较远时，可利用屈肘翘腕的动作把球垫在手腕部位的虎口处。

② 接轻扣和吊球：已做好接重扣球的准备姿势，当对方突然改用轻扣和吊球时，往往来不及向前移动，这时可采用原地前扑垫球或鱼跃垫球。

③ 接快球：快球因速度快、线路短，一般落点靠前。取位应适当靠前，重心要降低，手臂不要太低，要做好高球挡、低球垫的准备。

④ 接拦网触手的球：拦网触手的球，由于改变了原来的扣球路线、方向，落点变化不定。接这种球时，要做好向各个方向移动的准备，根据来球的高低、远近，采用不同的击球手法。

3）接拦回球：接拦回球也叫“保护”。拦回球的落点多数在扣球人附近，因此，取位应适当靠前场区，采用低蹲姿势，手臂插入球下，接球的动作要小，以翘腕或屈肘抬臂动作将球垫起。

2. 发球

（1）正面下手发球

这种发球动作简单易学，但球速慢、力量小、攻击性较弱，适用于初学者，如图 2-52 所示。

图 2-52　正面下手发球姿势

1）准备姿势：发球前，面对球网，两脚前后开立，左脚在前，两膝微屈，上体前倾，重心偏后脚，左手持球于腹前，右臂自然下垂。

2）抛球：左手将球平稳地抛在体前右侧，离手一球多的高度。

3）在抛球的同时，右臂伸直，以肩关节为轴向后摆动。击球时，右腿蹬地，身体重心随着右手向前摆动前移，在腹前用掌根击球的后下部。重心随击球动作前移，迅速进场比赛。

（2）正面上手发球

这种发球由于面对球网站立，便于观察对方，容易控制球的落点，如图 2-53

所示。

图 2-53　正面上手发球姿势

1）准备姿势：面对球网站立，两脚自然开立，左脚在前，左手持球于体前。

2）抛球：左手将球平稳地垂直抛于右肩的前上方，高度适中，抛球的同时，右臂抬，并屈肘后引，肘与肩平行，手掌自然张开，上体稍向右侧转动，抬头、挺胸、展腹、身体重心移到右脚上。

3）挥臂击球：击球时，利用蹬地上体向左转动，迅速收腹带动手臂向前上方挥动，伸直手臂在右肩前上方的最高点，用全手掌击球的后中部。手触球时，手指自然张开与球吻合，手腕要迅速向前做推压动作，使击出的球呈上旋飞行，如图 2-54 所示。击球后，随即重心前移，迅速进场比赛。

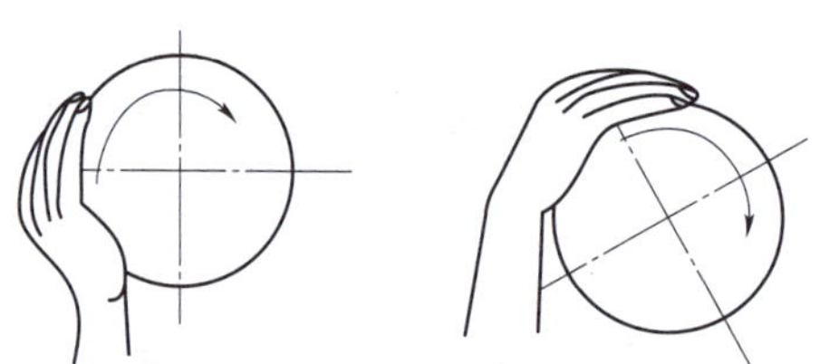

图 2-54　正面上手发球挥臂击球手型

（3）正面上手飘球

这种发球不旋转，但球不规则地向前飘晃飞行，使接球队员难以判断球的飞行路线和落点。这种发球由于面对球网站立，便于观察对方和控制发球方向。上手发球的成功率高，攻击性强，在各种水平的比赛中普遍采用，如图 2-55 所示。

图 2-55　正面上手飘球姿势

1）准备姿势：同正面上手发球。

2）抛球：同正面上手发球，但抛球的高度稍低并靠前。

3）挥臂击球：击球时，利用蹬地、向左转体和收腹的力量，带动手臂向前做直线运动，身体重心随之从右脚过渡到左脚。手触球时，五指并拢，手腕稍后仰，用掌根平面击球后中下部，作用力通过球体重心。击球瞬间，手指手腕保持紧张，手型固定，用力要突然、短促。击球结束，手臂要有突停动作，如图 2-56 所示。击球后，迅速进场比赛。

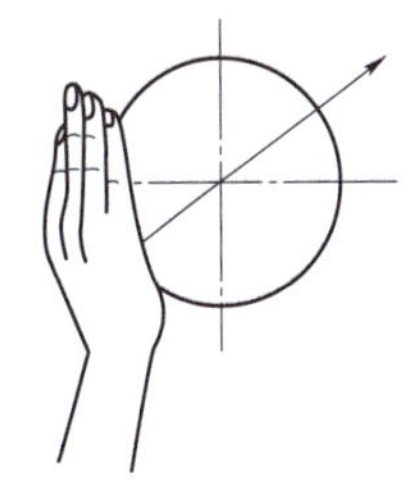

图 2-56　正面上手飘球挥臂击球手型

（4）勾手发飘球

这种发球与正面上手发飘球一样，发出的球不旋转而是在空中飘忽不定，给接球队员造成错觉，同样具有较强的攻击性。发球队员由于侧面站立，可充分利用腰部扭转带动手臂加速挥动，如图 2-57 所示。这种发球比较省力，但动作较复杂。

图 2-57　勾手发飘球姿势

1）准备姿势：左肩对网，两脚自然开立，左手持球于体前。

2）抛球：将球平稳地抛在左肩前上方约一臂高。抛球的同时，上体顺势向右倾，身体重心右移，右臂自然向侧后摆动。

3）挥臂击球：击球时，右脚蹬地，上体向左转动发力，身体重心向左脚偏移，同时带动伸直的手臂向左上方挥动，手臂做直线运动。手触球时，五指并拢，手腕稍后移，并保持紧张，用掌根或半握拳击球的后中下部。击球用力短促、突然，并通过球的重心。击球后，迅速进场比赛。

（5）勾手大力发球

这种发球力量大、速度快、弧线低，球的旋转力强，如图 2-58 所示。

1）准备姿势：左肩对网，两脚自然开立，两膝微屈，左手持球于体前。

2）抛球：左手将球平稳地抛在左肩前上方约一臂高度，抛球的同时，两腿弯曲，上体向右倾斜，重心移至右脚上，右臂向右侧后方摆动。

3）挥臂击球：随着右腿用力蹬地，利用转体动作带动手臂做直臂弧形挥动，在右肩前上方手臂的最高点击球。击球时，手指自然张开包住球，利用手腕的推压动作，

图 2-58 勾手大力发球姿势

用力击球的后中下部，使球向前上旋飞行。

（6）跳发球

跳发球是利用助跑起跳在空中击球的一种发球方法。这种发球可提高击球点，加大发球力量，增强发球的攻击性。

队员面对球网，距端线 3~4 米处站立。利用双手或单手将球抛向前上方，抛球的高度可根据自己的起跳高度而定。抛球的同时向前助跑（两步或三步）起跳，利用收腹转体动作带动手臂挥动，在身体升至最高点时以全手掌击球的中下部。击球时，手腕要有推压动作。

（四）扣球和拦网

1. 扣球

（1）正面扣球

正面扣球是扣球中的一种基本方法。正面扣球面对球网，便于观察，准确性较高，运动员可根据对方防守布局，随时改变扣球路线和力量，有利于控制击球落点，因而是最好的进攻方法。

1）准备姿势：站在离网 3 米左右处，两脚自然开立，两膝微屈，上体稍前倾，两臂自然下垂，观察二传来球，随时准备向各个方向助跑起跳。

2）助跑：助跑是为了获得一定的水平速度，增加弹跳高度，并且选择适当的起跳点。助跑的时机、方向、步法、速度、节奏是根据来球的方向、速度和弧线决定的。因此，要全面熟练掌握一步、两步、三步及多步助跑的步法。

以两步助跑为例，助跑时，左脚先向前迈出一步，接着右脚再迅速跨出一大步，左脚及时并上，落在右脚侧前方，两脚尖稍内收准备起跳。

助跑的第一步要小，目的是对正上步的方向，使身体获得向前的水平速度，第二步要大，目的是接近球和提高助跑的速度，右脚落地支撑点在身体重心之前，这样有利于制动。

3）起跳：在助跑跨出最后一步的同时，两臂绕体侧向后引，左脚在落地制动的过程中，两臂自后积极向前摆动，随着双腿蹬地向上起跳，两臂配合起跳用力上摆，如图 2-59 所示。

图 2-59　起跳姿势

4）空中击球：起跳后，挺胸展腹，上体稍向右转，右臂向后上方抬起，身体呈反弓形。挥臂时，以迅速转体、收腹动作发力，依次带动肩、肘、腕各部位关节成鞭甩动作向前上方挥动。击球时，五指微张成勺形并保持紧张，用全手掌包满球，以掌心为击球中心，击球的后中部，同时主动用力屈腕屈指向前推压，使扣出的球加速上旋。击球点在起跳和手臂伸直最高点的前上方，如图 2-60 所示。

图 2-60　空中击球姿势

5）落地：空中完成击球动作后，身体自然下落，为了避免腿部负担过重，应双脚的前脚掌先着地，同时顺势屈膝，缓冲身体下落的力量。

（2）快球

快球是扣球队员在二传传球前或传球同时起跳，并迅速把球击入对方场区的扣球方法。快球是我国传统的打法，它的特点是速度快、突然性大、牵制能力强，有利于争取时间和空间，达到突然袭击的目的。

1）近体快球：在二传队员附近约 50 厘米处扣的快球，叫近体快球。近体快球主要是进攻速度快，常常使对方来不及拦网和防守。近体快球不但进攻效果好，而且具有较强的掩护作用，是副攻手必须掌握的技术。近体快球的助跑路线一般同网的夹角保持在 45 度左右为宜，助跑时要随一传传出的球同时到网前，当球落在二传队员手上时，扣球队员应在二传手体前约一臂距离处迅速起跳，快速挥臂，将刚传出网口（球网上沿）的球扣过网。击球时，利用含胸收腹动作带动前臂和手腕迅速挥动，以全手掌击球的后上方，如图 2-61 所示。

图 2-61　近体快球姿势

2）半快球：半快球是在二传队员附近起跳，扣超出网口两个半球高度的球。半快球比一般扣球速度快，比快球速度慢，队员可利用高点看清对方拦网者的手，以便改变扣球手法和扣球路线。半快球的助跑路线一般同球网夹角呈 45 度左右，起跳一般在二传出手后快速跳起。击球动作与近体快球基本相同，主要利用前臂和手腕加速甩动去击球。

3）短平快球：扣球队员在二传手体前 2 米左右，扣二传队员传过来的平快球，叫短平快。这种球由于速度快、弧线平，因而进攻节奏快，在网上进攻点多，有利于避开对方拦网，具有较强的牵制和掩护作用。扣短平快球的助跑路线与球网的夹角应小于 45 度，要在二传出手的同时起跳，在空中挥臂截击平飞过来的球。击球时，要迅速地以含胸动作带动前臂和手腕加速挥动，以全手掌击球的上方。可根据对方拦网手臂的位置，在球平飞过程中寻找击球点。

4）平拉开扣球：扣球队员在 4 号位标志杆附近，扣二传队员传来的长距离的平快球。这种扣球，因为二传球弧线低而平，飞行速度快，所以进攻的突然性大，进攻区域宽，容易摆脱对方的集体拦网。平拉开扣球的助跑路线应采用外绕助跑，在二传球出手后，在标志杆附近起跳，在空中截击球。击球动作与短平快扣球基本相同。根据击球部位的不同，可扣出小斜线球或直线球。

5）调整快球：在一传不到位、离网较远时，二传把球调整到网口进行快球进攻，叫调整快球。调整快球要根据二传的位置和传球的方向、出手的时间，选择好助跑的角度、路线和起跳时间。应边助跑边观察，助跑的路线与球网的夹角要小，以便观察球的飞行路线和落点，使起跳点与二传球的飞行路线形成交叉点。起跳时，左肩斜对网，右臂随来球顺势向前追击球。击球时，利用含胸收腹动作，带动手臂向前上方挥动，以全掌击球的后上方。手触球时，手腕要有明显的推压动作，使球上旋。

（3）自我掩护扣球

自我掩护扣球是扣球队员用扣各种快球的假动作来掩护自己第二个实扣的半高球进攻。这种扣球有“时间差”扣球、“位置差”扣球和“空间差”扣球三种。

1）“时间差”扣球：扣球队员做扣快球或短平快球的助跑和摆臂起跳动作，但实际并不跳起，以欺骗对方拦网队员起跳，在拦网队员下落时，再迅速原地起跳扣半高球或弧线低的球，造成自己扣球与对方拦网时间上的明显差异，这种扣球称为“时间差”扣球。“时间差”扣球运用的关键在于假动作要逼真，为了骗取对方拦网队员起跳，有时可把摆臂起跳动作做得夸大逼真一些。

2）“位置差”扣球：扣球队员在助跑后假做起跳，但并不跳起，待对方拦网队员起跳时，扣球队员突然向体侧跨出一步，用双脚或单脚起跳扣球，造成自己扣球与对方拦网位置上的明显错位，这种扣球称为“位置差”扣球，又称“错位”扣球。“位置差”扣球的变化很多，常用的有短平快球向 3 号位错位扣、近体快球向 2 号位或 3 号位错位扣、背快球向 2 号位错位扣等。

① 短平快球向 3 号位错位扣：扣球队员假做扣短平快球助跑，但助跑后不起跳，等对方队员起跳拦网时，扣球队员突然向右侧跨步起跳扣近体半快球。若采用单脚错位起跳，在假跳动作之后，左脚向右跨出一大步起跳，右腿积极向上摆动配合起跳，并向左转体挥动手臂击球。

② 近体快球向 2 号位错位扣：扣球队员假做扣近体快球助跑，助跑后不起跳，等对方队员起跳拦网时，扣球队员突然向右跨步到二传手身后起跳扣背传半高球。若采用单脚错位起跳，在假跳动作之后，右脚先向二传手侧面跨出一大步，左脚再向二传身后跨步起跳，右腿积极向上摆动配合起跳，同时向左转体挥动手臂击球。

③ 近体快球向 3 号位错位扣：扣球队员假做扣近体快球助跑，助跑后不起跳，等对方队员起跳拦网时，扣球队员突然向左侧跨出一步起跳，扣弧线稍高、速度稍慢的短平快球。

④ 背快球向 2 号位错位扣：扣球队员假做扣背快球助跑，助跑后不起跳，等对方队员起跳拦网时，扣球队员突然向右侧跨步起跳，扣背传低平球。若采用单脚错位起跳，在假跳动作之后，左脚向右跨出一步起跳，右腿积极向上摆动配合起跳，并向左转体手臂击球。

3）“空间差”扣球：扣球队员利用助跑的向前冲跳技术，使身体在滞空中有一个位移过程，将起跳点和击球点错开的扣球，称为“空间差”扣球，又称空中移位扣球和冲飞扣球。它是中国运动员的创新技术，这种扣球不仅速度快，而且有较强的掩护作用。常用的“空间差”扣球有前飞、背飞、拉三、拉四等。

① 前飞：队员假打短平快球，突然利用向前冲跳，“飞”到二传手前扣半高球，这种扣球叫“前飞”，如图 2-62 所示。助跑右脚起跳的前飞扣球，助跑路线与球网的夹角很小，接近顺网助跑，右脚最后一步前脚掌着地，身体重心仍继续前移，左脚跟着落在右脚之前 60~80 厘米处，有明显的制动动作。踏跳同时，两臂由后经体侧用力向前上方摆动，随之右脚先蹬离地面，左脚再蹬离地面，由于起跳动作的向前冲力，身体腾空后有明显的位移，当身体接近球时，已摆脱了对方的拦网。击球时，利用向左转体和收胸动作带动手臂挥动击球。助跑左脚起跳的前飞扣球，可以充分利用助跑速度，加速助跑的最后一步跨出左脚蹬地，同时右腿和两臂配合向前上方摆动，使身体向前上方冲跳。击球时，利用向左转体动作带动手臂挥动击球。击球后，双脚同时落地，以缓冲身体下落的力量。

图 2-62　前飞姿势

② 背飞：扣球队员假打近体快球，突然冲跳二传手背后标志杆附近和背传平快球，这种扣球叫“背飞”，如图 2-63 所示。背飞扣球的动作与前飞相同，只是步点在二传手的体侧。击球时，在空中有随球飞行的感觉，击球区域较宽，可选择有利的突破口。

图 2-63　背飞姿势

③ 拉三：队员按扣近体快球助跑，而二传手将球向 3 号位传得稍拉开一些，扣球队员侧身向左起跳追球，在左前方扣快球，这种扣球叫“拉三”扣球。拉三扣球的助跑起跳，右脚要有意识地踏在靠右侧一点，身体重心随之向左倾斜，两脚用力向右下

方蹬地，使身体向左上方腾起，利用向左转体、转腕动作，将球从对方网手右侧击过网。

④ 拉四：队员在扣短平快球的位置上起跳，而二传手将球向 4 号位传得拉开一点，扣球队员侧身向左起跳追球，在左侧前方扣短平快球。起跳方法和扣球动作与“拉三”相同。

2. 拦网技术

（1）准备姿势

面对球网，两脚平行开立约同肩宽，距网 30～40 厘米，两膝微屈，两臂自然弯曲置于胸前。随时准备起跳或移动。

（2）移动

为了对准对方进攻点，拦网队员需要及时移动。常用的移动步法有以下几种。

1）并步移动：这种移动适合于近距离使用。动作方法是单脚向右（左）迈一步，另一脚并步靠拢，如图 2-64 所示。

图 2-64　并步移动

2）滑步移动：相距 2 米左右可采用滑步移动，连续的并步移动即是滑步。

3）交叉步移动：这种移动速度快，制动能力强，移动范围大，适用于中、远距离。动作方法是：向右移动时，身体稍向右转，重心移向右脚，接着左脚从右脚前面向右交叉一大步，然后右脚再向右边跨出一步，右脚落地时，脚尖内转，使两脚平行站立，身体正对球网。移动时，也可右脚先向右迈一小步，其他动作与并步、滑步相同，如图 2-65 所示。

图 2-65　交叉步移动

4）跑步移动：移动距离较远时采用。动作方法是向右移动时，身体先向右转，左肩对网，顺网跑至起跳点时，左脚跨出一步制动，右脚再向前迈出一步，同时脚尖内转，尽量和双脚保持平行，接着屈膝起跳。

（3）起跳

起跳时，重心降低，两膝弯曲，弯曲程度因人而异，两脚用力蹬地，两臂在体侧划小弧用力上摆，带动身体向上垂直起跳。起跳后稍收腹，控制身体平衡。

拦网起跳的时间必须掌握好，应根据对方二传球的高低、远近、快慢以及扣球队员的起跳时间和动作特点来决定。拦高球时，一般应比扣球队员晚跳；拦快球时，可以和扣球队员同时起跳或提前起跳。

（4）空中击球

空中击球起跳同时，两手从额前贴近并平行球网，向网上沿的前上方伸出两臂，两臂要伸直，前臂靠近网，两手肘伸向对方上空接近球，两手自然张开，屈指屈腕呈“勺”形。两手之间距离不能超过一个球，以防止球从两手间漏过。当手触球时，两手要突然紧张，手腕要用力下压盖住球的上方。站在靠近边线的拦网队员，为了防止对方打手出界，外侧手掌心在拦击球时要内转。

拦远网扣球时，要尽量向上伸直手臂，不要采用压腕动作，以提高拦击点，如图 2-66 所示。

图 2-66　拦远网扣球姿势

（5）落地

如已将球拦回，则面向对方，屈膝缓冲，双脚落地。如未拦到球，在身体下落时要随球转身向着球飞出的方向准备做接应救球。

（6）拦网的判断

判断是拦网技术的关键环节，在拦网的全过程中都要贯穿着判断能力。应从以下几个方面进行判断：判断对方的战术打法；判断对方一传情况；判断对方二传的方向、弧线、速度和落点；判断对方扣球队员的助跑方向、起跳的时间以及起跳后人与球的关系和空中挥臂击球动作。同时，还要判断对方扣球队员的个人技术特点。

（7）集体拦网的配合

集体拦网有双人拦网和三人拦网。集体拦网的目的是扩大拦网的截击面。集体拦网除按个人拦网技术的要求外，更重要的是拦网队员之间的配合。集体拦网配合时应注意以下几个问题。

1）集体拦网要确定以谁为主，密切协同配合，防止各行其是。

2）主拦队员确定拦网中心，配合队员要及时选好起跳点，起跳时应避免互相冲撞和干扰。

3）起跳后，手臂在空中要保持适当距离，尽量扩大拦击面，但手与手之间距离不要过大，以免造成漏球。

4）不同身高的队员要加强起跳时间的配合，一般来说，高个子队员起跳时间应稍晚于矮个子队员。

5）把身材高、弹跳力强、拦网好的队员换到3号位或换到对方扣球威力大的位置上，以加强本方拦网的威力。

三、排球运动的基本战术

（一）集体战术

集体战术是指两个或两个以上队员之间有组织、有目的的集体协同配合。

1. 进攻战术

任何集体进攻战术的变化都建立在进攻阵形和进攻打法的基础之上。

（1）进攻阵形

进攻阵形，就是进攻时所采用的基本阵形。合理地选择进攻阵形是各种进攻变化的基础。

1）中二传进攻阵形及其变化。中二传是指由一名前排或后排队员在前排中间位置做二传，其他队员参与进攻的阵形。中二传进攻阵形是最基本的进攻阵形，其特点是二传队员在中间，一传容易到位，战术可简可繁，适合不同战术水平的球队。其站位及其变化如下。

① 大三角站位，如图2-67所示。

② 五边形站位，如图2-68所示。这是最基本的站位方法，其变化主要以2号、4号位进攻为主，辅以后排进攻等。

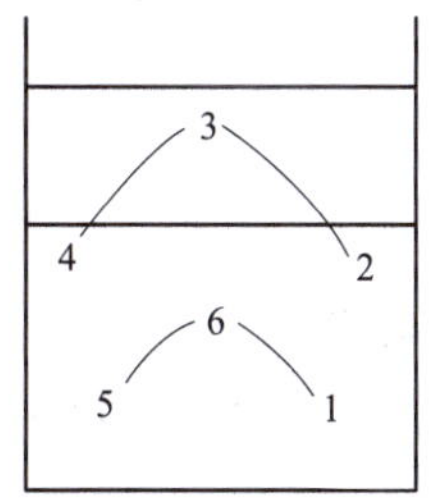

图2-67 大三角站位

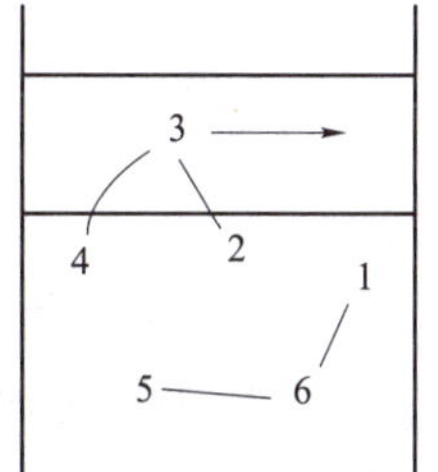

图2-68 五边形站位

③ 换位成中二传进攻阵形，如图2-69所示。

④ 插上成中二传进攻阵形，如图2-70所示。

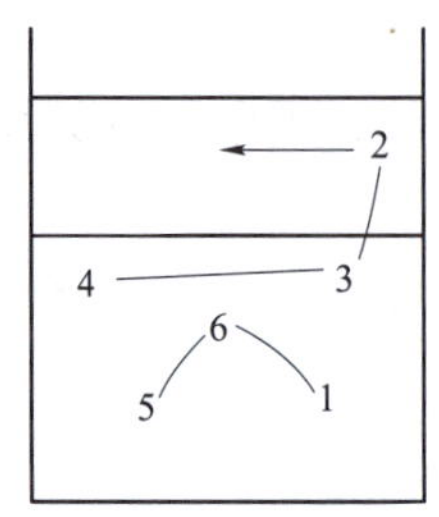

图 2-69　换位成中二传进攻阵形

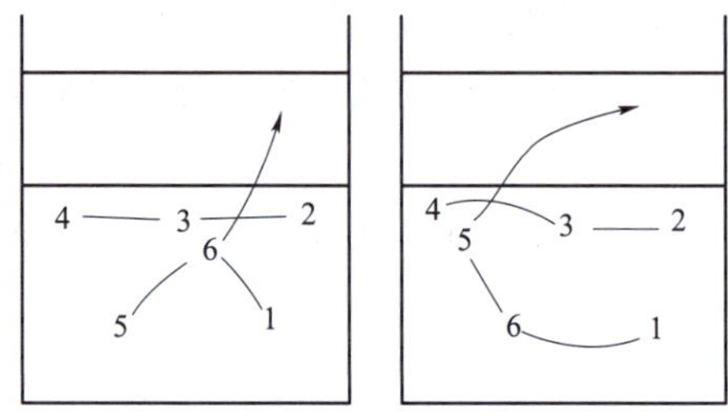

图 2-70　插上成中二传进攻阵形

2）边二传进攻阵形及其变化。边二传是指由一名前排或后排队员在前排 2 号位做二传，其他队员参与进攻的阵形。边二传进攻阵形也是基本的进攻阵形，其特点是二传队员在边上，对一传的要求较高。折中阵形的战术比中二传进攻阵形变化得多，战术可简可繁，同样适合不同水平的球队。

① 边二传阵形：2 号位队员站在网前担任二传，3 号、4 号位前排进攻，其他队员参与后排进攻，如图 2-71 所示。

② 反边二传阵形：4 号位队员站在网前做二传，其他队员参与进攻，如果 3 号位队员是左手扣球，采用这种阵形比较有利，如图 2-72 所示。

③ 换位成边二传阵形：通常采用反边二传换位成边二传。插上成边二传阵形，后排队员都可以插上做二传。如 1 号位队员从 2 号位队员右侧插上成边二传阵形，其他队员分别进行前排或后排进攻，如图 2-73 所示。

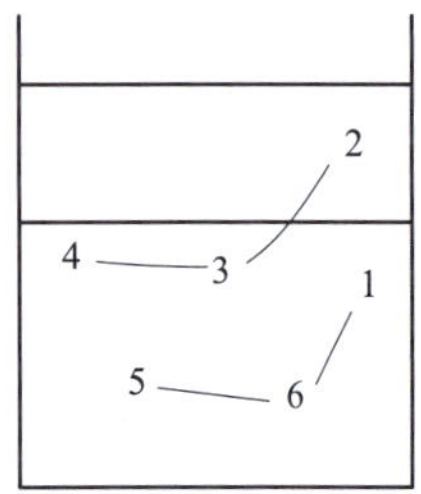

图 2-71　边二传阵形

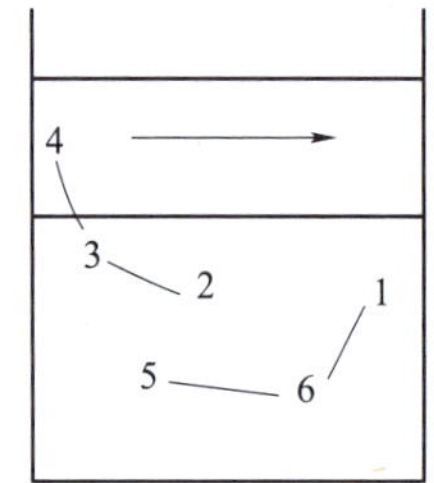

图 2-72　反边二传阵形

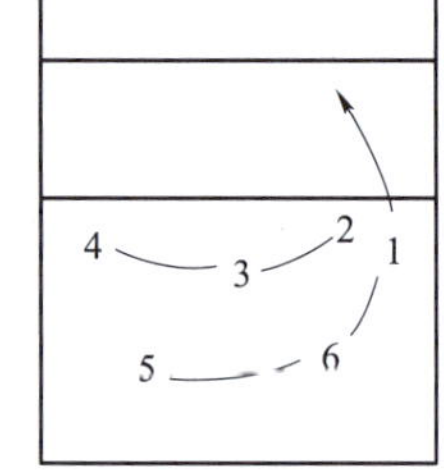

图 2-73　换位成边二传阵形

（2）进攻打法

进攻打法是指二传队员与扣球队员之间所组成的各种配合。

1）强攻：在无掩护或掩护较小的情况下，主要依靠个人力量、高度和技巧等强行突破对方的拦防。

① 集中进攻：在 2 号、4 号位组织比较集中的高球进攻，或在 3 号位扣一般高球。这种打法易掌握，也易被拦，适用于初学者或水平较低的球队。

② 围绕进攻：围绕跑动换位是为了发挥自己的扣球特长，避开对方拦网的有效区域。进攻队员从二传队员前面绕到后面或从后面绕到前面去扣球，称为围绕进攻。

2）调整进攻：当一传或防起的球不到位，球的落点离限制线较远时，由二传队员或其他队员把球调整到网前有利于扣球的位置进行强攻的打法称为调整进攻。调整进攻在反击中运用较多，并占有比较重要的地位。

3）两次攻：当一传接起的球直接垫到了限制线附近，而且比较平稳，适合进攻队员扣球，可以不经过二传，直接进行进攻。

2. 防守战术

1）接发球阵形。一般采用1-2-2阵形主二传突出靠网前，以左右两点（人）进攻为主，后排两点（人）进攻为辅，如图2-74所示。该阵形进攻位置清楚，二传给球有规律、易掌握，为大多数所采用。

2）后排防守阵形。与对方扣球队员相对应位置队员拦网的防守阵形或固定3号位队员拦网的防守阵形，如图2-75所示。

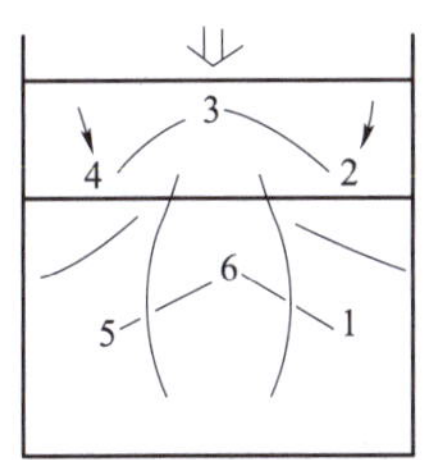

图2-74 接发球阵形

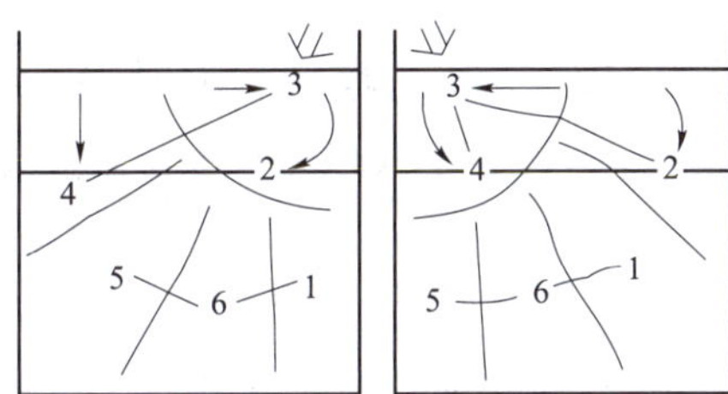

图2-75 后排防守阵形

3）双人拦网时防守阵形及其变化，如图2-76、图2-77所示。

① 活跟：在对方扣球路线变化多，而且打吊结合的情况下，应采取活跟。

② 后排跟进：根据实际情况，后排1号、5号位跟进。

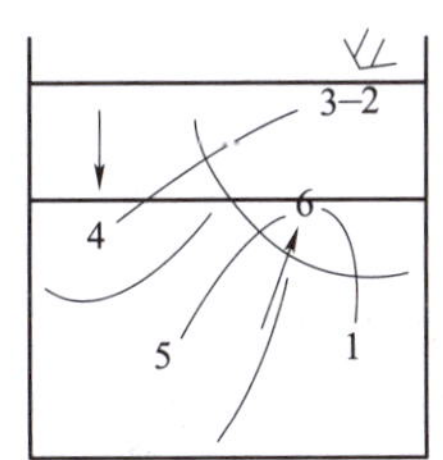

图2-76 双人拦网时防守阵形

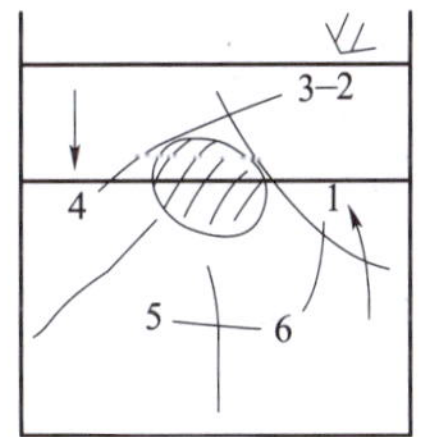

图2-77 双人拦网时防守阵形变化

（二）个人战术

个人战术是队员根据临场比赛的情况，有目的、有针对性地运用个人技术的过程。

1. 发球个人战术

1）攻击性发球。尽量地发出速度快、力量大、旋转强、弧度平的攻击性发球以及发出轻、重、平冲、下沉等飘度大的飘球。

2）控制落点的发球。控制落点的发球即找薄弱区域发球：将球发到对方前区、后区、两个队员之间的连接区、三角地区、一传差的队员。

3）变化性的发球。突然加快发球的节奏，使对方措手不及，或突然放慢发球节奏，如发高吊球，利用球体下落的速度变化，使对方不适应，还可以时而发长线球，时而发短线球，调动对方。

2. 二传个人战术

1）隐蔽传球。二传队员尽可能地以相似动作，传出不同方向的球，使对方难以判断传球的方向。

2）高复二传。二传队员在跳起的最高点直臂传球，以提高击球点，加快进攻速度。

3）选择突破点。根据对方拦网的部署，避开拦网强的区域，二传队员选择薄弱环节作为突破口，在局部形成以多打少、以强攻弱的优势。

3. 扣球个人战术

1）路线变化。扣球时，运用转体、转腕动作扣直线、斜线或小斜线的球，避开对方的拦网。

2）轻重变化。扣球时，重扣强行突破与轻扣打点有机结合。

3）超手和打手。充分利用弹跳力，采取超手扣球，从拦网队员手的上面突破，还可以利用平扣、侧旋扣球、推打等手法，造成拦网队员的打手出界。

4）打吊结合。在对方严密的拦网下，先佯作大力扣杀，突然由扣变吊，将球吊入对方空当。

4. 一传个人战术

1）组织快攻战术。一传的弧度要平、速度稍快，以加快进攻的节奏。

2）组织两次球进攻战术。一传弧度要高，接近垂直下落，以利于两次进攻或转移。

3）组织交叉进攻战术。3 号、4 号位交叉，一传落点要靠近球网中间；2 号、3 号位交叉，一传点要落在 2 号、3 号位之间。

4）组织突袭战术。比赛中，如发现对方场区有较大空当或对方队员无准备时，一传可直接用垫、挡等动作将球击向目标区域，突袭对方。

5. 拦网个人战术

1）假动作。拦网队员可灵活地运用站直拦斜、站斜拦直、正拦侧堵，迷惑对方。

2）变换手型。拦网队员起跳后，根据进攻队员的动作随机应变地改变拦网手型。

3）撤手。在发现对方要打手出界或平扣球时，可在空中及时将手撤回，造成对方扣球出界。

四、排球比赛规则

（一）比赛规则

1. 发球规则

必须在发球区内将球抛起后，用一只手臂将球击出，运动员不得踏出发球区，在8秒内将球发出，发出的球必须由标志杆组成的网上过网区进入对方场区。

2. 4次击球犯规

一个队连续触球4次（拦网除外）为4次击球犯规。

3. 持球和连击犯规

没有将球击出，使球产生停滞，为持球犯规。同一人连续击球为连击犯规，但拦网时的连续触球以及全队第一次击球时同一动作中球连续触及身体部位除外。

4. 过网击球犯规

在对方空间触击球为过网击球犯规，但拦网在对方进攻性击球后触球除外。

5. 过中线犯规

比赛进行中队员整只脚和手掌、身体的其他任何部位越过中线接触对方场区，为过中线犯规。

6. 触网犯规

比赛进行中，队员触及9米以内的球网和标志杆、标志带为触网犯规。但队员未试图进行击球而轻微触网和被动触网除外。

7. 拦网犯规

1）从标志杆外进行拦网并触球。

2）当对方队员击球前或击球时，在对方场区空间内触球或妨碍对方击球。

3）后排队员参加拦网并起到拦网作用，包括球触及前排队员。

8. 进攻性击球犯规

1）后排进攻犯规：后排队员在3米限制区内或踏及进攻线及其延长线，将整体高于球网的球击入对方场区。

2）击发球犯规：在3米限制区内对发来的、整体高于球网的球进攻性击球（如扣发球等）为犯规。

3）自由人进攻性击球犯规：自由人在3米限制区内用上手传球方式进行二传球，进攻队员将此高于球网的二传球击入对方场区，或自由人在3米线后的场区内将高于球网的球击入对方场区，均为自由人进攻性击球犯规。

（二）辅助性体育游戏

1. 喊号接球

喊号接球需一个排球，所有学生围成一圈，依次报数，大家记住自己的报数序号。出来一个学生把球垂直往空中抛，同时喊出一个数字，被喊的那个学生马上出来接球，如果接住球，其继续喊别的数字，如果没接住必须把球捡起，挑选一个目标，用球去打对方。其间其他学生可以任意跑动，目的就是不要让捡球的学生打到自己。要是没碰到（只要球碰到对方即可），则捡球的学生做俯卧撑；否则被打到的那个学生做俯卧撑。

全体学生按逆时针行走，1~4报数，每人记牢自己的数字。当教师喊2时，所有数2的学生立即向前跑去，追赶前面一个数2的同伴，跑一圈后仍回原位。具体规则如下。

1）追跑时一律在圈外1~2米内进行，不得在圈内或穿梭跑，不得跑向远方。

2）手触到前者的任何部位都算捉到，但不得对同伴猛击。

要求：不参加追赶的学生，仍保持一定距离，不干扰其他人追赶。

2. 播种

在排球或篮球场地上，在两半场内中心处和四角处，画直径为1米的圆圈5个。

小沙包8个，每4个一组分别放在两个中心圈内。教师可将学生分成人数相等的两个队，各成纵队面向场内，分别站在两条端线中心点的线外。游戏开始，听到教师发令后，排头跑至中心圈拿起1个沙包，用垫步加跨步的跑法把沙包放入角上的1号圈内；然后回到中心圈再拿1个沙包，按照前面的跑法将沙包放入2号圈内，以此类推，把4个沙包放完后要跑进中心圈再返回本队，拍第2人手后站至队尾。第2人按照前面的顺序将沙包收回中心圈后，跑回本队，全队依次将沙包分放和收回，最后先完成的队获胜。具体规则如下。

1）沙包必须放入圈内，不准抛掷，如未能放入，必须放好后，才准继续进行下一步。

2）每次拿、放沙包时，必须有一只脚踩到圈内。

3）换人时，必须在击掌后，第 2 人才准起动。

3. 蛇战

根据学生的人数，平均分成几个组，使每组有 5～10 人。每组站成一排，后面的人抱住前面人的腰组成一个整体。游戏开始的命令下达后，各组之间相互混战，如有一组排头抓到另一组蛇尾时，被抓到的一组立刻淘汰出局。最后，没有被抓到尾巴的一组，即是优胜者。

规则：被抓尾巴时，则淘汰出局。蛇腰脱节时，排头抓到另一组排尾无效。

练习小贴士

器材：平整墙面一面、排球若干。

方法：对墙垫球练习时，练习者面对墙成基本站立姿势，先进行近距离练习，然后逐渐增加练习距离直至 2 米，如：先距墙 20～30 厘米处，让球在墙和前臂之间来回弹击进行练习，在这一动作掌握较好的情况下，再逐渐拉远距离，如 40 厘米、50 厘米……直至 2 米，从而体会垫球时用力大小不同的感觉。

探索与思考

1. 试述传球时的手型和触球部位。
2. 试述双手正面垫球的动作要点。
3. 正面下手发球、上手发球、上手飘球击球点有何不同？

单元2.4 乒　乓　球

学习目标

1. 了解乒乓球运动的起源与发展。
2. 学习和掌握乒乓球的基本知识、基本技术和战术。
3. 更好地欣赏和参与“国球”——乒乓球运动。

一、乒乓球运动概述

乒乓球运动19世纪末叶起源于英国，是从网球运动直接派生而来的。

最早关于乒乓球运动的文字记载是在1880年英国的一家体育器材用具公司刊登的乒乓球器材广告上，当时还不叫“乒乓球”，而是以“高西马”“弗利姆—弗拉姆”等奇特的名称在英国盛行。

1890年，英格兰的一位退休的越野跑运动员詹姆斯·吉布（James Gibb）到美国旅游时，偶然发现了一种用赛璐珞制成的空心玩具球，弹跳力很强，于是产生了用这种小球来替代软木球和橡胶球的想法。他把这种球带回英国后，就将这种球稍加改进，并逐步在英国和世界其他国家推广起来。或许因为赛璐珞球在桌上，被羔皮纸拍打来打去发出了“乒乒乓乓”的声音的缘故，英国一家体育用品公司模拟其声，首先用“乒乓”（ping-pong）二字作了广告上的商品名称。乒乓球由此得名。到了1926年，早已成立的英国乒乓球（pong-pong）协会发现“乒乓”二字是商业注册名称，加之原乒乓球协会缺乏代表性，因而便解散了原组织，重新成立了“桌上网球”（table tennis）协会。自此，“桌上网球”这个名字开始使用。国际乒联至今仍采用这个名称。汉语中的乒乓球是从声音上得名；日本称其为桌球则与“桌上网球”更为相近。

1904年，上海四马路一家文具店的经理王道平，从日本买来10套乒乓球器材，摆设在店中，还亲自表演打球并介绍在日本看到的打乒乓球的情况，从此我国开始有了乒乓球活动。

1926年12月，在英国伦敦举行的第一届欧洲乒乓球锦标赛期间，会议通过了正式成立国际乒乓球联合会的决议和国际乒联的章程，讨论了乒乓球规则，推选英国乒协的负责人伊沃·蒙塔古为国际乒联的第一任主席。

世界乒乓球锦标赛自 1926 年以后每年举行一次，1940—1946 年因“二战”而中断。1957 年以后，改为每两年举行一次，2003 年以后，正式改为单数年进行单项比赛，双数年进行团队比赛（但合并计算为一届比赛）。至 2024 年共举行了 57 届。

二、乒乓球的基本技术

乒乓球技术主要有握拍法、准备姿势、基本步法、发球与接发球、挡球与推挡球、攻球、搓球、削球、左推右攻、推挡侧身攻、发球抢攻等。

（一）握拍法

1. 直式握拍法

直式握拍法的特点是正反手都用球拍的同一面击球，一般情况下，不需两面转换，出手较快；正手攻球快速有力，攻斜、直线球时拍形变化不大，对手不易判断，便于从速度、球路和力量上取得主动；手腕动作灵活，发球可作较多变化。但反手攻球时，因受身体阻碍较难掌握，不易起重板；攻削交替时手法变化大，影响击球速度和准确性；防守时照顾面积较小。直式握拍法的手势如图 2-78 所示。

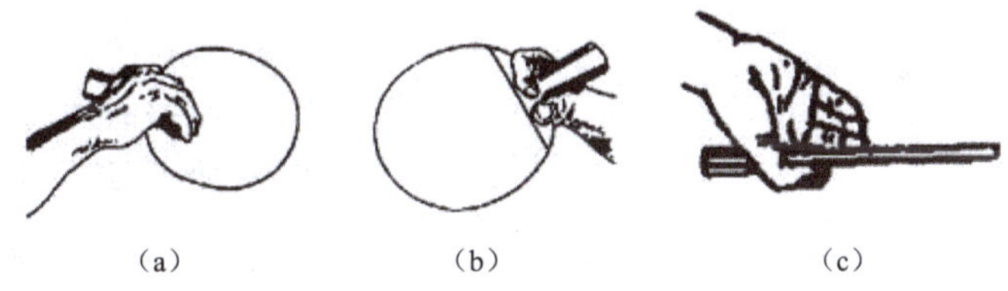

图 2-78　直式握拍法的手势

（a）背面图；（b）标准握法；（c）正面图

2. 横式握拍法

横式握拍法的特点是照顾的面积比直拍大，攻球和削球时握拍的手法变化不大；反手攻球不受身体阻碍，便于发力；削球时用力方便，便于发挥手臂的力量和掌握旋转变化。但在不定期击左右两面来球时，需要转动拍面，动作大，影响摆臂速度；攻直线球时，动作明显被对方识破；台内正手攻球较难掌握。横式握拍法的手势如图 2-79 所示。

3. 握拍注意事项

握拍应该注意的问题如下。

1）握拍不能过大、过小或太深、太浅，以免影响手腕动作的灵活性和击球的发力。

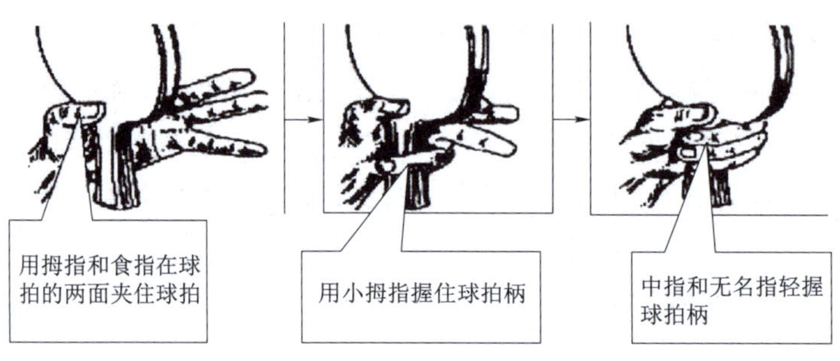

图 2-79　横式握拍法的手势

2）不论直握或横握，在准备击球前或击球后，手指不要用力握拍。这样，一方面便于使拍形恢复到准备击球的状态；另一方面也可使手的各部分肌肉及时放松，以免由于握拍过紧而造成手腕、前臂的僵硬。

3）握拍法易犯错误和纠正方法如表 2-1 所示。

表 2-1　握拍法易犯错误和纠正方法

编号	易犯错误	原因	现象	纠正方法
1	握拍过深	握拍概念不清	妨碍拍形调节	① 建立正确的握拍法概念；② 体会正确的握拍方法；③ 在挥拍练习时，强化正确动作
2	握拍过浅	握拍概念不清	① 不利于控制拍形；② 影响击球发力	① 建立正确的握拍法概念；② 体会正确的握拍方法；③ 在挥拍练习时，强化正确动作
3	拍后三指过屈	握拍概念不清	① 妨碍拍形调节；② 影响击球发力	练习时，在拍后适当位置做一标记，限定三指位置
4	拍后三指张开	握拍概念不清	① 妨碍拍形调节；② 不便于反手击球	① 建立正确的握拍法概念；② 体会正确的握拍方法；③ 在挥拍练习时，强化正确动作

（二）准备姿势

正确的准备姿势应该是：两脚平行站立，提踵，前脚掌内侧用力着地，两脚间距离比肩稍宽。两膝微屈并稍内扣，上体略前倾，重心置于两脚之间。两眼注视来球。以右手握拍为例，持拍向左成半横状，使手臂保持自然弯曲，置于身体右侧，肘略外张，手腕放松，将球拍向左成半横状，使拍形保持自然后仰。球拍置于腹前，离身 20~30 厘米，如图 2-80 所示。做到“注视来球，上体微倾，屈膝提踵，重心居中”。

两脚开立比肩略宽是为了保持身体重心的稳定性。两脚脚尖指向同一方向，对快速起动移动有着重要的作用，它可以直接蹬地起动，从而缩短了步法移动的时间。

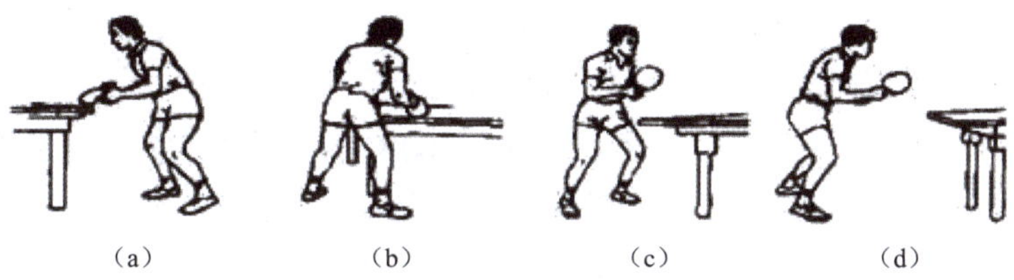

图 2-80 正确的准备姿势

(a) 直板侧面图；(b) 直板后面图；(c) 横板正面图；(d) 横板侧面图

准备姿势易犯错误和纠正方法如表 2-2 所示。

表 2-2 准备姿势易犯错误和纠正方法

编号	易犯错误	原因	现象	纠正方法
1	站位过近	站位概念不清	不利于还击长球	① 建立正确的站位概念； ② 进行多球、对打练习时，在台端地面上标明基本站位的范围
2	两脚距离过窄	基本姿势概念不清	① 不利于击球发力； ② 影响身体的稳定性	在挥拍、多球和对打练习中强化正确的基本姿势
3	两脚距离过宽	基本姿势概念不清	① 不利于快速引拍及挥拍击球； ② 影响身体的稳定性	在挥拍、多球和对打练习中强化正确的基本姿势
4	全脚掌着站立	基本姿势概念不清	① 身体重心太靠后； ② 影响身体的稳定性	在挥拍、多球和对打练习中强化正确的基本姿势
5	执拍手上臂与躯干过紧	基本姿势概念不清	① 肩膀肌肉过紧； ② 不利于正确完成引拍动作； ③ 影响身体的稳定性	练习时，在躯干右侧捆一块较轻的物体，防止夹上臂
6	执拍手前臂下垂	基本姿势概念不清	① 不利于及时起动和快速移动； ② 影响身体的稳定性	紧贴台端站立，进行各种挥拍练习，防止垂臂吊拍

（三）基本步法

1. 单步

击球时，以一脚的前脚掌为轴，另一脚向前或向左、向右移动一步，身体重心也随之移动到摆动腿上，然后挥臂击球。来球距身体较近时常用这种步法。

2. 跨步

击球时，以一脚向前、前后、向右的不同来球方向跨出一大步，身体重心随即移动到摆动腿上，另一脚迅速跟上，以便保持在最佳的距离上。一般在来球离身体较远，来球速度较快，可借助对方力量击球时使用这种步法。

3. 并步

移动时，先以与来球异方向的脚向另一只脚并一步，然后与来球同方向的脚再向来球的方向迈一步迎击来球。由于并步移动范围大，能保持重心稳定，一般在来球速度不算太快时可以使用。如削球的左右移动、快攻、拉弧圈球等，就常用这种步法。

4. 跳步

以与来球异方向的脚先起动，用力蹬地，两脚一同离地向左或向右移动。蹬地脚先落地，另一脚跟着落地，站稳后击球。这种步法照顾范围比单步大。小跳步还可用来作为还原步法，调整攻球的位置。它通常与单步、跨步综合使用。

5. 交叉步

击球时，以靠近来球方向的脚作为支撑脚，远离来球方向的脚迅速向来球方向在体前跨出一大步，腰和髋关节随势将支撑脚带向来球方向，在支撑脚落地前的瞬间击球，运用交叉步接短球或削突击来球较多。

基本步法易犯错误和纠正方法，如表 2-3 所示。

表 2-3　基本步法易犯错误和纠正方法

编号	易犯错误	原因	现象	纠正方法
1	起动移步时，身体重心未移至蹬地脚上	身体重心转移不及时	影响起动速度和位移速度	反复进行各种步法练习，体会身体重心转换
2	移动过程中身体重心起伏太大	身体移动时向下蹬地过大	移步时两脚离地太高，影响位移速度和击球的稳定性	反复进行各种步法练习，移动时两脚贴近地面，身体重心平衡

（四）发球

发球技术是乒乓球的重要技术，是乒乓球前三板技术之首，是唯一的由运动员完全根据自己意志，以任何适合的力量、速度、旋转、线路、角度击到对方台面任何合法位置的技术。发球技术的总体要求如下。

1）出手突然，且能用相似的手法发出不同落点、不同旋转的球。

2）落点准确，并将速度快、旋转强很好地结合起来。

3）要配套，发球要有与自己的打法特点和抢攻紧密结合起来。

1. 正手发平击球

特点：速度一般，基本不旋转或略有上旋，是掌握其他复杂发球的基础技术，初学者首先要学会的就是这种发球。

正手发平击球动作方法如图 2-81 所示。

图 2-81　正手发平击球动作方法

1）击球前动作如下。

① 选位：左脚稍前，身体略向右转，左手掌心托球置于身体右侧前方。

② 引拍：左手将球向上抛起，同时右臂内旋，使拍面角度稍前倾，向身体右后方引拍。

③ 迎球：右臂从身体右后方向右前方挥动。

2）击球时：当球从高点下降至稍高于球网时，击球中上部向左前方发力。球击出后第一落点在球台中间。

3）击球后：手臂继续向左前方随势挥动，迅速还原。

4）发力部位以前臂为主，动作过程中身体重心从右脚移至左脚。

2. 正手发下旋球

特点：球速较慢、旋转变化大。由于发球手法近似，能通过旋转变化迷惑对方，使其不易判断球的旋转强度，造成回击时下网、出界或出高球。正手发下旋球球路如图 2-82 所示。

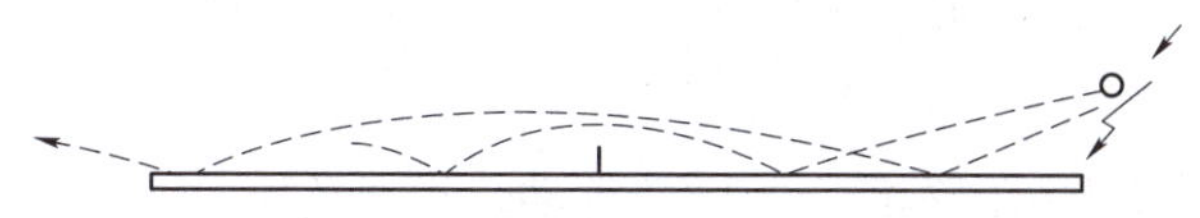

图 2-82　正手发下旋球球路

1）击球前动作如下。

① 选位：左脚稍前，身体略向右偏倾，左手掌心托球置于身体右前方。

② 引拍：左手将球向上抛起，同时右手直握拍臂腕作伸。横握拍手腕略向外伸展。

③ 迎球：右臂从身体右后上方向左前下方挥动。

2）击球时：当球从高点下降至稍高于或平于网高时，前臂加速向左前下方发力，同时直握拍手腕作屈同时内收，击球中下部向底部摩擦。球击出后第一落点接近于球网。

3）击球后：手臂继续向左前下方随势挥拍，迅速还原。

4）发力部位以前臂和手腕为主，动作过程中身体重心从右脚移至左脚。

3. 反手发球技术

1）击球前动作如下。

① 选位：右脚稍前或平站，身体略向左转，左手掌心，托球置于身体左侧前方。

② 引拍：左手将球向上抛起，同时右臂外旋，使拍面角度稍前倾，向身体右后方引拍。

③ 迎球：右臂从身体后方向前方挥动。

2）击球时：当球从高点下降至稍高于球网时，击球中上部向右前方发力。球击出后第一落点在球台中央。

3）击球后：手臂和手腕继续向右前方随势挥动，迅速还原。

4）发力主要部位以前臂为主，动作过程中身体重心从左脚移至右脚。

4. 反手发下旋加转球

特点：同正手发下旋加转球与不转球，多用于横拍。

1）击球前动作如下。

① 选位：右脚稍前或平站，身体略向左偏斜，左手掌心托球置于身体左前方。

② 引拍：左手将球向上抛起，同时右臂内旋，直握拍手腕作屈，横握拍手腕作外展，使拍面角度后仰，向身体左后上方引拍。

③ 迎球：右臂从身体左后上方向右后前下方挥动。

2）击球时：当球从高点下降至稍高于或平于网高时，前臂加速向左前下方发力，同时直握拍手腕作伸，横握拍手腕作内收，击球中下部向底部摩擦。球击出后第一落点接近球网右前下方。

3）击球后：手臂继续向右前下方随势挥动，迅速还原。

4）发力部位以前臂和手腕为主，动作过程中身体重心从左脚移至右脚。

发球技术动作易犯错误和纠正方法如表 2-4 所示。

表 2-4　发球技术动作易犯错误和纠正方法

编号	易犯错误	原因	现象	纠正方法
1	发球犯规	不懂规则，平时要求不严	判罚失分	学习规则，严格按照规则要求进行练习
2	击球点过高或过低	击球点的位置不清，击球动作与抛球动作配合不协调	发球准确性差，球易出界或下网	明确击球点的位置，反复进行正确练习
3	发球时的触拍部位不准确	抛球不稳定，调节控制拍形能力差	发球准确性差，发球质量不高	弄清各种发球的触拍部位，反复进行练习，提高触拍部位的准确性，加强手上调节
4	球发出后的第一落点位置不当	第一落点位置概念不清	发球不过网或发球出界	弄清第一落点位置，要求击球点正确，调节好击球时的拍面角度

（五）攻球

1. 反手攻球

随着当今乒乓球运动的发展，反手攻球已是各种打法的运动员，特别是进攻类型运动员不可缺少的一项技术。比赛中运用反手攻球，常可以发动威力强大的全台进攻，大大加强了攻势。虽然掌握起来比较困难，尤其是对直拍运动员，但展望乒乓球运动的未来，它将是必备的技术之一。

特点：站位近、动作小、球速快、路线活、带上旋，击球点在台内，回球具有突击性，是对付台内球并争取主动的一种攻球技术。

1）击球前动作如下。

① 选位：站位靠近球台。左大角度来球时，上左脚；中间或偏右开球时，上右脚。

② 引拍：手臂自然弯曲，前臂伸向台内，根据来球旋转强弱程度，手臂相应内旋或外旋，调整拍面角度。

③ 迎球：前臂向前挥动。

2）击球时：当球跳至高点期，下旋强时，前臂、手腕向前上方发力，拍面稍后仰击球中下部；下旋弱时，前臂、手腕向前发力，拍面垂直击球中部。

3）击球后：随势挥臂动作小，迅速还原成击球前的准备姿势。

4）发力主要部位以前臂、手腕为主，动作过程中身体重心放至迎球前上步脚上。

2. 正手攻球

正手攻球是乒乓球攻球技术的重要组成部分，如图 2-83 所示。具有快速有力的特点，能体现积极主动快速进攻的指导思想。比赛时，正手攻球运用得好，就能使自己处于主动，使对方陷于被动。因此，无论什么打法的运动员，都必须很好地掌握这项技术。

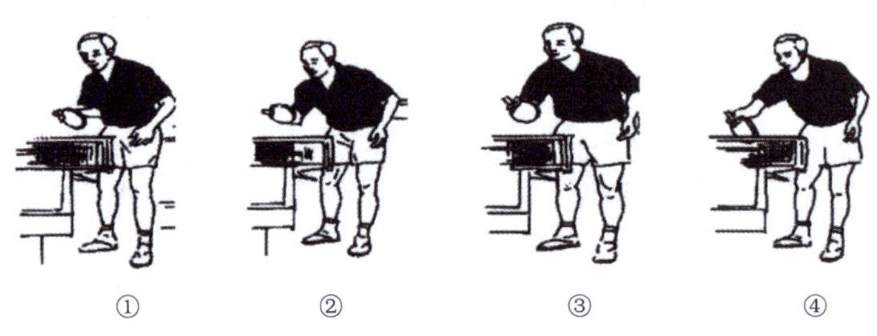

图 2-83　正手攻球动作方法

特点：站位近、动作小、球速快、路线活、带上旋，击球点在台内，回球具有突击性，是对付台内球并争取主动的一种攻球技术。

1）击球前动作如图 2-84 所示。

图 2-84　击球前动作

① 选位：站位靠近球台，右方大角度来球时上右脚，中间或偏左方向来球时上左脚。

② 引拍：手臂自然弯曲迎前，前臂伸向台内，根据来球旋转程度手臂相应地作内旋或外旋调整拍面角度。

③ 迎球：前臂、手腕向前挥动。

2）击球时：当来球跳至高点期，下旋强时拍面稍后仰，击球中下部，前臂、手腕向前上方发力。下旋时若拍面垂直，击球中部，前臂、手腕向前为主，适当向上用力。上旋时拍面稍前倾，击球中上部，手臂直接向前用力。

3）击球后：随势挥臂动作小，迅速还原。

4）发力主要部位以前臂、手腕为主，动作过程中身体重心放置迎前的上步脚上。

攻球技术动作易犯错误和纠正方法如表 2-5 所示。

表 2-5　攻球技术动作易犯错误和纠正方法

编号	易犯错误	现象	纠正方法
1	正手攻球时，手腕下垂使球拍与前臂成垂直	击球时，动作僵硬不协调	球拍拍柄向左，做徒手模仿练习
2	正手攻球时，手腕上挺使球拍与前臂成一条直线	击球时，动作僵硬不协调	握拍时，手腕放松，做徒手模仿练习
3	正手攻球时，抬肘关节	击球时，动作僵硬不协调	手臂放松，肘关节下垂，做近台快攻练习
4	判断球的落点不准，引拍动作不到位	击球落空	先做还击发球练习，再做还击连续挡球的练习
5	击球后，球拍立即停止不前	动作不协调	用多球练习改进动作

（六）搓球

搓球技术是近台还击下旋球的一种基本技术。一方面，由于回球路线较短，缺乏前进力，多在台内，因而可造成对方回球困难。另一方面，搓球又比较稳健，旋转和落点变化也较多，故可用作过渡技术，用以寻找进攻机会。搓球动作与削球相似，又比较易学，是削球必须掌握的入门技术。

反手快搓动作方法如图 2-85 所示。

1）击球前动作如下。

① 选位：右脚移前，身体离台 40 厘米。

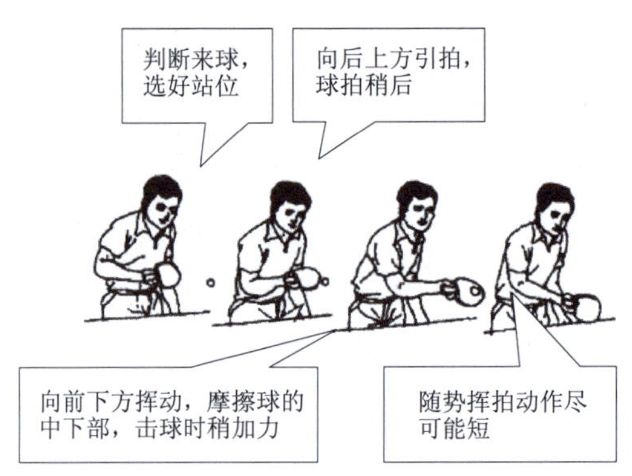

图 2-85　反手快搓动作方法

② 引拍：手臂自然弯曲并内旋使拍面角度稍后仰，后仰动作小，前臂向左上方提起，将球拍引至身体左前上方。

③ 迎球：手臂向右前下方迎球。

2）击球时：当前球跳至上升期，利用手臂前送的力量，借助对方来球前进力，前臂、手腕向右前下方用力，拍面稍后仰，击球中下部。

3）击球后：手臂继续向前下方随势挥动，迅速还原成击球前的准备姿势。

4）发力主要部位以手臂前送借力还击，运动过程中身体重心从左脚移至右脚。

搓球技术动作易犯错误和纠正方法如表 2-6 所示。

表 2-6　搓球技术动作易犯错误和纠正方法

编号	易犯错误	现象	纠正方法
1	球拍没有上引，击球时前臂由上向下动作不明显	回球下旋力不强	反复进行前臂和手腕先向上引再向下切的挥拍模仿练习
2	击球时，拍面后仰不够	球出界或下网	练习用慢搓回击对方发来的下旋球，体会拍面后仰前送
3	击球时，球拍与球接触的部位不准，没击到球的中下部	回球准确性差，质量不高	做对搓练习，体会拍面后在下降期击球中下部的动作
4	击球后，前臂前送不够	球不过网	两人做慢搓练习，体会击球后手臂前送动作

（七）弧圈球

弧圈球技术是一种带有强烈上旋的攻球技术，它能够制造适当的弧线，回击低而强烈的下旋球。命中率高，落台后前冲力大，攻击力强，比赛中既可主动攻击，又可在相持或被动时作为过渡技术。在回击低球和下旋球时比较稳健，故比快攻有更多的发力进攻时机。

高水平的弧圈球对快攻以及削球等各种打法，都具有较大的“杀伤力”。由于横拍正手、反手拉弧圈球都很方便，所以，以弧圈球为主打法的运动员多半执横拍，而直握拍反手拉弧圈球时，球拍的前倾角度较难达到要求。弧圈球根据击球位置的不同可划分为正手弧圈球，反手弧圈球，侧身弧圈球；根据击球方法和弧线高度的不同可划分为加转弧圈球（也叫高吊弧圈球）和前冲弧圈球。

1. 正手加转弧圈球

特点：与一般攻球相比较，站位稍远，动作稍大，球速稍慢，弧线曲度大、上旋特别强，第一弧线较高，第二弧线较低，落台后前冲并向下滑落。对方回击不当，容易出高球或出界。一般用它对付下旋球，可创造扣杀机会。

1）击球前动作如下。

① 站位离台约 60 厘米。左脚稍前，身体重心放在右脚上，两膝微屈，收腹含胸，身体略向右转。

② 引拍：右肩下沉，右臂自然弯曲，前臂后引并下沉，将拍引至身体右后下方，同时，前臂内旋，使拍面微前倾。

③ 迎球：待来球弹起飞到高点期时，在上臂带动下，以前臂为主向上兼向前挥拍迎球（与此同时，右侧腰、髋向左上方转动）。

2）击球时：在来球的下降期，以微前倾拍形击球的中部偏上。球拍击球瞬间，右脚前掌蹬地，右侧腰、髋向左上方转动、助力，前臂在上臂带动下向上兼向左前方发力摩擦击球。同时，还要充分利用手腕的力量，使球强烈上旋。

3）击球后：手和臂顺势向左前上方挥动，并迅速还原成准备姿势。动作过程中，身体重心从右脚移到左脚上。

2. 正手前冲弧圈球

特点：弧线低而长，上旋强、球速快、有一定力量，弹起后前冲力大，并向下滑，是弧圈球运动员的主要得分手段。

正手前冲弧圈球动作方法如图 2-86 所示。球拍自然引至身体与台面同高，拍形前倾与水平面呈 35~40 度夹角。当球从台面弹起还未达到高点时，腰部向左转动，手臂向前上方挥动，上臂带动下臂加速内收，手腕略微转动，在高点期用拍摩擦球的中上部，使之成为较低的弧线落至对方的台面上，击球后重心移至左脚上。

图 2-86 正手前冲弧圈球动作方法

弧圈球技术动作易犯错误和纠正方法如表 2-7 所示。

表 2-7 弧圈球技术动作易犯错误和纠正方法

编号	易犯错误	现象	纠正方法
1	引拍动作不够大，重心较高	回球上旋力不强	挥拍练习，主要引拍时要降低重心
2	击球时碰撞多摩擦少	回球上旋力不强	在接下旋发球中改进动作，注意体会摩擦击球动作
3	击球时，拍形掌握不好，球拍与球接触的部位不对	球下网或球出界	在接发球或多球练习中改进动作
4	击球时，判断来球路线不准或击球时间不对	击球落空	加强对来球的判断能力，利用多球练习改进动作

三、乒乓球的基本战术

（一）乒乓球基本战术

1. 发球、接发球抢攻战术

（1）发球抢攻战术

发球抢攻是我国乒乓球运动员的重要战术之一。近年来，世界各种类型打法的运动员都越来越重视这一战术。

发球抢攻的战术意识首先是尽量争取发球直接得分；其次是迫使对方回球质量不高，从而赢得有力进攻机会；最后是迫使对方接发球不具备杀伤力，从而自己进行抢攻。

发球抢攻是一种先发制人的战术，尤其是以攻为主的运动员常以此作为重要的得分手段。常用的发抢战术主要是发侧上、下旋球结合落点变化进行抢攻。

（2）接发球抢攻战术

特点：由某一单项攻（冲）球技术所形成，进攻性强，可变接发球的被动地位为主动地位，也可直接得分，是乒乓球运动各种打法特别是进攻型打法的主要战术。常用的接发球战术主要有以下几种。

1）用快拨、快推或拉球回击，争取形成对攻的相持局面。

2）用快搓摆短回接，使对方难以发力抢攻或抢位。

3）对各种侧旋、上旋或不强烈的下旋短球，可用“快点”技术回接。“快点”突然性强，回球速度快并且路线变化多，对付欧洲的弧圈型打法选手，往往效果明显。

4）接发球抢攻或抢位。

以上四种接发球抢攻战术，在比赛中可与场上具体情况结合起来运用。采用多种回接方法，给对方制造出各种困难，从而破坏其发球抢攻或抢位的站位意图。

2. 对攻战术

对攻是进攻型打法选手互相对垒时常采用的一项重要战术。快攻类打法，主要是依靠正手攻球、反手攻球、反手推挡或快拨技术，充分发挥快速多变的特点，以达到调动对方、有效攻球的目的；弧圈型打法，主要是依靠正、反手两面弧圈球技术，充分发挥旋转的威力，以达到牵制对方、增加攻击效力的目的。

常用的战术：攻对方两角；侧身攻；攻追身；轻与重的结合；攻防结合。

3. 拉攻战术

特点：连续正手快拉以创造进攻机会，机会出现后，采用突击和扣杀的手段来得分。拉攻战术是快攻打法对付削球型打法的主要战术之一。

动作方法如下。

1）正手拉球后过渡为扣杀。

2）反手拉球后过渡为扣杀（一般为两面进攻型运动员遇到反手位大角度的削球时所采用）。

4. 搓攻战术

搓攻战术是进攻型选手的一项辅助战术，主要是利用搓球的旋转和落点变化，为进攻创造机会。但搓球次数要适宜（不可过多），一般快搓一两板就行。

常用的搓攻战术如下。

1）搓球落点变化，伺机进行突击。

2）搓球转与不转相结合，变化落点伺机突击。

3）搓拉与落点变化相结合，伺机突击。

5. 削攻结合战术

削攻结合的特点是由削球和攻球结合而成，常以逼对方两个大角加转削球为主，伺机反攻；或以转、低、稳、变的削球，迫使对手在走动中拉攻，使其回球质量不高，从中寻找机会反攻。这种战术有稳、逼、变、凶、攻的特点，是攻削结合打法的主要战术。乒乓球战术类型如图 2-87 所示。

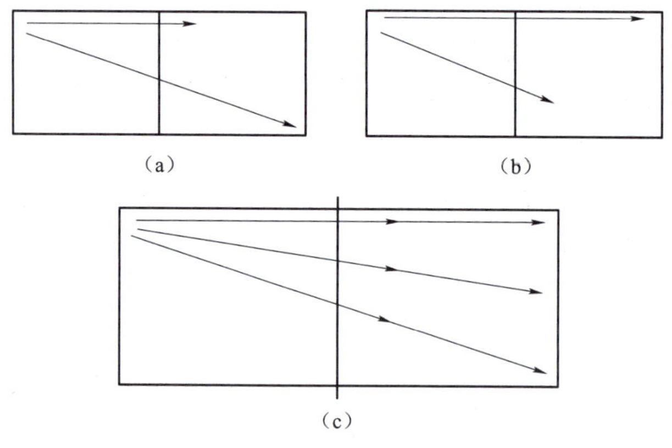

图 2-87　乒乓球战术类型

（二）乒乓球专项素质练习

1）速度练习。同一只手摸球台两角，30 秒为一组，如图 2-88 所示。

2）灵敏练习。沿台面跑一周，要求始终面向一个方向，如图 2-89 所示。

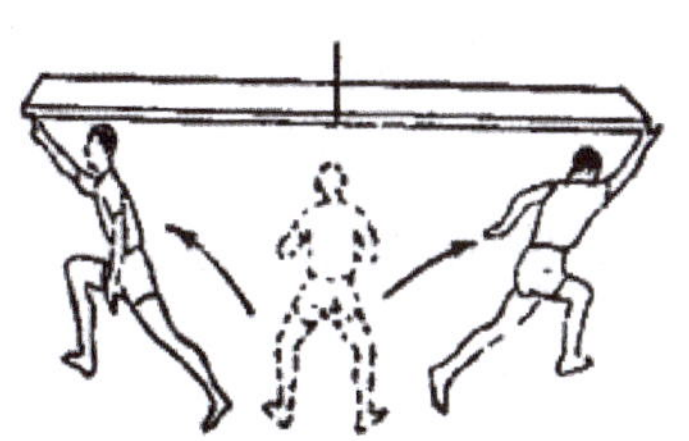
图 2-88　速度练习

图 2-89　灵敏练习

四、乒乓球比赛规则

（一）场地和器材

1）场地：比赛场地不得小于 14 米长、7 米宽、4 米高（国内一般比赛可缩小为长 12 米、宽 6 米、高 3.5 米，基层比赛还可酌情缩小）。比赛场地须用 0.75 米高的深色挡板围起来，同邻近的场地及观众隔开。地板不得呈淡色或有明显的反光。台面的照明度应均匀，不得小于 400 勒克斯，光源不得低于 4 米。

2）球台：球台的上层表面叫作比赛台面，应为与水平面平行的长方形，长 2.74 米、宽 1.525 米，球台高 76 厘米。

3）球网装置：球网应悬挂在一根绳子上，绳子两端系在高 15.25 厘米的直立网柱上，网柱外缘离开边线外缘的距离为 15.25 厘米，整个球网的顶端距离比赛台面 15.25 厘米。

4）球：球应为圆球体，直径为 40 毫米，球重 2.7 克。球应用赛璐珞或类似的材料制成，呈白色、黄色或橙色，且无光泽。

5）球拍需要符合的规定如下。

① 球拍的大小、形状和重量不限，但底板应平整、坚硬。

② 用来击球的拍面应用一层颗粒向外的普通颗粒胶覆盖，连同黏合剂厚度不超过 2 毫米；或用颗粒向内或向外的海绵胶覆盖，连同黏合剂，厚度不超过 4 毫米。

③ 底板、底板中的任何夹层、覆盖物以及黏合层均应为厚度均匀的一个整体。

④ 球拍两面不论是否有覆盖物，必须无光泽，且一面为鲜红色，另一面为黑色。拍身边缘上的包边应无光泽且不得呈白色。

（二）比赛主要规则

1. 合法发球

1）发球时，球应放在不执拍的手掌上，手掌张开并伸平。球应是静止的，在发球方的端线之后和比赛台面的水平面之上。

2）发球员须用手把球几乎垂直地向上抛起，不得使球旋转，并使球在离开不执拍手的手掌之后上升不少于 16 厘米。

3）当球从抛起的最高点下降时，发球员方可击球，使球首先触及本方台区，然后越过或绕过球网装置，再触及接发球员的台区。在双打中，球应先触及发球员和接发球员的右半区。

4）从抛球前球静止的最后一瞬间到击球时，球和球拍应在比赛台面的水平面之上。

5）击球时，球应在发球方的端线之后，但不能超过发球员身体（手臂、头或腿除外）离端线最远的部分。

6）运动员发球时，有责任让裁判员或副裁判员看清是否按照合法发球的规定发球。

2. 合法还击

对方发球或还击后，本方运动员必须击球，使球直接越过或绕过球网装置或触及球网装置后，再触及对方台区。

3. 重发球

出现下列情况应判重发球。

1）发球员发出的球，在越过或绕过球网装置时，触及球网装置，此后成为合法发球或被接发球员或其同伴阻挡。

2）接发球员或同伴未准备好时，球已发出，而且接发球员或其同伴均没有企图击球。

3）由于发生了运动员无法控制的干扰，而运动员未能合法发球、合法还击。

4）裁判员或副裁判员暂停比赛。

5）在双打时，运动员错发、错接。

4. 得 1 分

除被判重发球，下列情况运动员得 1 分。

1）对方运动员未能合法发球。

2）对方运动员未能合法还击。

3）运动员在发球或还击后，对方运动员在击球前，球触及了球网装置以外的任何东西。

4）对方击球后，该球越过本方端线而没有触及本方台区。

5）对方阻挡或连击。

6）对方运动员或他穿戴的任何东西使球台移动。

7）对方运动员或他穿戴的任何东西触及球网装置；对方运动员不执拍手触及比赛台面。

5. 一局比赛

在一局比赛中，先得 11 分的一方为胜方，10 平后，先多得 2 分的一方为胜方。

6. 一场比赛

一场比赛应采用 7 局 4 胜制或 5 局 3 胜制；一场比赛应连续进行。但在局与局之间，任何一名运动员都有权要求不超过 2 分钟的休息时间。

练习小贴士

1. 颠球游戏

方法：尝试不同的颠球方式（如原地颠球、正反拍面颠球、走动颠球），进行分组游戏比赛，颠球次数多者或颠球持续时间长者获胜。通过不同的颠球方式，在颠球游戏中逐渐学会控制手腕力度、控制球拍的角度，增强球感。

2. 循环接球

方法：乒乓球台两端分甲、乙两方。甲方为一人，乙方为若干人，乙方排成纵队，由甲方发出较好攻的球，乙方排头的队员攻一板球，攻球之后立即跑到队尾，下一位队员跟上再攻一板球，每人只攻一板球，以此类推。如攻球失误，失误者做立卧撑 3 个，再继续训练，从而提高步法移动和在跑动中击球的能力。

探索与思考

1. 乒乓球握拍技术有哪些手法？说出它们的特点。
2. 乒乓球练习步法由哪些部分组成？
3. 试述乒乓球正手发左侧上（下）旋球的基本技术动作

单元 2.5 羽 毛 球

学习目标

1. 了解羽毛球运动的起源与发展。
2. 学习和掌握羽毛球的基本知识、基本技术和战术。
3. 更好地欣赏和参与羽毛球运动。

一、羽毛球运动概述

1800 年，现代羽毛球运动诞生于英国，由网球派生而来。1870 年，出现了用羽毛、软木做的球和穿弦的球拍。1873 年，英国公爵鲍弗特在格拉斯哥郡伯明顿镇的庄园里进行了一次羽毛球游戏表演，从此，羽毛球运动便逐渐开展起来，“伯明顿”即成了羽毛球的名字，英文是 Badminton。那时的活动场地是葫芦形，两头宽中间窄，窄处挂网，直至 1901 年才改作长方形。

1875 年，世界上第一部羽毛球比赛规则出现于印度的普那。三年后，英国又制定了更趋完善和统一的规则，并且这些规则大多沿用至今。

国际羽联对 21 分制做了最后修订，并宣布新规则从 2006 年 2 月 1 日起正式实施。据介绍，新规则的最大变化是取消了发球得分制，另外规定每局获胜分统一定为 21 分。

世界羽毛球赛事分为七个等级，四年一度的奥运会（包括男单、女单、男双、女双和男女混合五个单项），两年一度的汤姆斯杯赛（世界男子团体锦标赛）、尤伯杯赛（世界女子团体锦标赛）、苏迪曼杯赛（世界混合团体锦标赛）和世界羽毛球锦标赛（个人单项）均为七星级的赛事。

羽毛球运动简单易学，设备简单，适合男女老幼，并且运动量可根据个人年龄、体质、运动水平和场地环境而定。

进行羽毛球运动时，由于要不停地进行脚步移动、跳跃、转体、挥拍，因此，经常进行羽毛球运动可增强锻炼者上肢、下肢和腰部肌肉的力量，加快锻炼者全身血液循环，以及增强锻炼者心血管系统和呼吸系统的功能。

二、羽毛球运动的基本技术

羽毛球的基本技术主要由手法和步法两大部分组成。其中，手法包括握拍、发球和击球，步法包括上网步法、后退步法和左右移动步法等。

（一）握拍法

最基本的握拍法有正手握拍法和反手握拍法两种，下面以右手握拍为例进行介绍。

1. 正手握拍法

凡从身体右侧来球至头顶运用正手握拍法击球，如图 2-90 所示。虎口对准拍柄上方侧内沿，小指、无名指和中指并握，食指稍分开，大拇指与中指靠近。

2. 反手握拍法

凡从身体左侧的来球，运动员应先转身（背对网）后击球，用反手握拍法，即在正手握拍的基础上，拇指和食指将拍柄稍外转，拇指顶贴在拍柄内侧的宽面上，如图 2-91 所示。

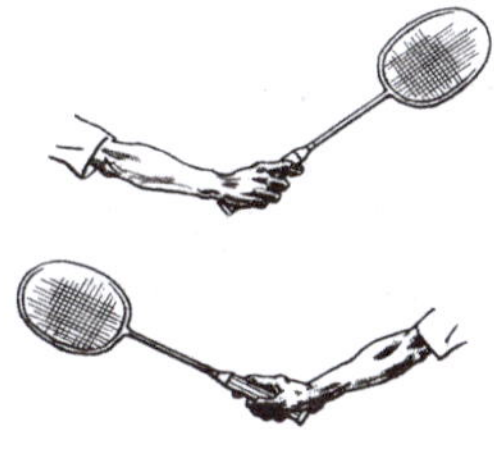

图 2-90　正手握拍法

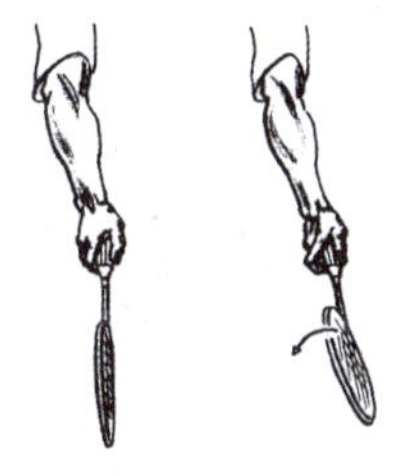

图 2-91　反手握拍法

（二）发球与接发球

1. 发球

发球有正手发球和反手发球两种，如图 2-92 所示。按球在空中飞行的弧线又可将发球分为发高远球、发平高球、发平快球、发网前球和发旋转飘球等。

2. 接发球

如果说发球发得好是走向胜利的开始，那么接发球接得好也是走向胜利的第一步。发球方要利用多变的发球打乱接球方的阵脚，争取主动，而接发球方则是通过多变的接发球破坏对方的企图。接发球的动作如图 2-93 所示。

图 2-92　发球的动作

(a) 正手发球；(b) 反手发球

图 2-93　接发球的动作

(三) 击球法

1. 高远球

高远球可以逼迫对方退离中心位置，到底线去击球，削弱对方进攻威力，消耗对方的体力。高远球的滞空时间长，易于争取时间，可摆脱被动局面。击高远球的动作如图 2-94 所示。

图 2-94　击高远球的动作

2. 吊球

把对方击来的球从后场轻巧地还击到对方的网前地区，称为吊球。它是调动对方、打乱对方阵脚、配合战术的一种击球技术。在后场进攻中，常和高远球、杀球结合运用。如能做到这三种击球的前期动作一致，就能造成对方判断上的失误，以巧取胜。击吊球的动作如图 2-95 所示。

3. 杀球

把高球在尽量高的击球点上用力扣压下去，称为杀球。这种球力量大、弧线直、下落快，是一种主要进攻技术。杀球动作如图 2-96 所示。杀球技术有正手、反手和绕头顶杀球三种。

图 2-95 击吊球的动作

图 2-96 杀球动作

4. 放网前球

将对方的吊球或网前球用球拍轻轻一托，使球一过网顶就朝下坠落，称为放网前球，如图 2-97 所示。

图 2-97 放网前球的动作

5. 搓球

搓球是放网前球技术的一种发展。它动作细腻，击球点较高，利用搓、切、挑的动作，摩擦球托底部，使球改变在空中的正常运行轨道，沿横轴翻转或纵轴旋转越过网顶，给对方回击造成困难，因而为自己创造进攻的机会，如图 2-98 所示。

图 2-98　搓球动作

6. 推球

推球与网前的假动作相配合，在引诱对手上网时，突然将球快速推到后场底角，如图 2-99 所示。利用这种进攻技术，常能直接得分。

图 2-99　推球动作

7. 勾球

在网前回击对角线球称为勾球。它和搓球、推球结合起来运用，常能起到声东击西的作用，其动作如图 2-100 所示。

图 2-100　勾球动作

8. 扑球

当对方发网前球或回击网前球、球越过网顶时，球的弧度较高，运动员迅速上步在网前举拍扑杀，称为扑球。扑球用力有轻有重，飞行的弧线较短，落地较快，常使对方挽救不及，它是双打中常用的一种进攻技术。扑球动作如图 2-101 所示。

图 2-101　扑球动作

9. 挑高球

挑高球是把对方击来的吊球或网前球挑高，回击到对方的后场去，这是在比较被动的情况下采取的一种防守技术。挑高球动作如图 2-102 所示。

10. 抽球

抽球是击球平飞过网的一种打法。抽击时，击球点在肩部以下的两侧，是下手击

图 2-102　挑高球动作

球速度较快的一项进攻技术，在双打中运用最多，其动作如图 2-103 所示。

图 2-103　抽球动作

11. 接杀球

接杀球是转守为攻的打法，分为拦网前球、抽后场球和挑高球，其动作如图 2-104 所示。

（四）步法

羽毛球的步法要快速灵活，这样才能有效地控制全场。单个步子有蹬步、跨步、垫步、蹬跨步、蹬转步、交叉步、并步、小碎步、腾跳步等。由这些组成上网、后退、

图 2-104 接杀球动作

两侧移动和起跳腾空等综合步法。从中心位置起动，移动到任何击球位置，一般不超过 3 步。

以右手持拍者为例，介绍几种综合步法。

1. 上网步法

由中心位置起动，不论正手球或反手球，根据来球的远近，采用 1 步、2 步或 3 步上网击球。但最后一步总是要求右脚在前，重心落在右脚上。

2. 后退步法

由中心位置后退，根据来球的远近，采用 1 步、2 步或 3 步后退击球。最后一步是右脚在后，重心在右脚上。若反手部位击球，左脚退后一步，上身需向左转体后，右脚再跨出一步。

3. 两侧移动步法

向右侧移动：若来球较近，用左脚掌内侧起蹬，右脚同时向右侧转跨一大步；若来球较远，左脚可向右垫一小步再起蹬，右脚同时向右转侧跨一大步。

向左侧移动：若来球较近，用右脚掌内侧起蹬，左脚同时向左侧转跨一大步；若来球较远，左脚可先向左侧移半步，上体向左转身的同时右脚向左（前交叉）跨大步。

4. 起跳腾空步法

步伐到位后，为争取战机和更高的击球点，用单脚或双脚起跳，居高临下，凌空一击。

三、羽毛球运动的基本战术

战术是根据对手的技术、打法、体力和思想意志等因素，从发挥自己的长处，弥补自己的短处出发，为争取比赛胜利而采取的各种策略。

（一）单打战术

1. 发球抢攻

即从发球的第一拍起，争取控制对方，攻杀得分。一般以发网前低球结合平快球、平高球，争取第三拍主动进攻。

2. 攻后场

对后场还击力量较差的对手，可以攻后场底线两角，乘机进攻。

3. 攻前场

对基本功差的选手，可将其引到网前，争取得分。

4. 打四方球

若对手步法较慢，体力稍差，技术不全面，可以快速准确的落点攻击对方场区的四个角落，伺机向空当进攻。

5. 杀吊上网

当对手打来后场高球，先以杀球配合吊球把球下压，落点要选择在场区的两条边线附近，使对手被动回球。若对手还击网前球时，迅速上网搓球、勾球或平推球，创造在中后场大力扣杀的机会。

6. 防守反攻

先以高远球诱使对方进攻，在对手强攻不下、疏于防守时，即可突击进攻，或在对手体力下降、速度缓慢时，再发动进攻。

（二）双打战术

1. 发球、接发球战术

双打的发球往往是决定胜负的关键。发球要根据对方情况，选择好站位，注意球路、落点的变化，争取主动。因双打的发球线比单打短 76 厘米，不利于发高球，往往以发网前球为主。接发球时如果判断起动快，有较好的出手手法，常可以扑球使对方被动，或是以搓、推获得主动进攻的机会。

2. 攻人（2 打 1）

集中攻击对方有明显弱点的队员。当对方另一队员前来协助时，露出空隙，可攻空隙；若对方另一名队员放松警惕，可攻其不备。

3. 攻中路

当对方处于并排防守站位时，可攻对方两人的中间。当对方前后站位时，就可把球下压或轻推在两边线半场处。

4. 攻后场

遇到后场扣杀能力差的对手，可采用平高球、推平球、接杀挑底线，把对方一人紧逼在底线两角移动。当对手被动还击时，大力扑杀。如另一对手后退支援时，即可攻网前空当。

5. 后攻前封

当本方处于主动进攻前后站位时，后场队员逢高球必杀，迫使对手接杀挡网前，为本方前场队员创造封网扑杀机会。前场队员要积极封锁前场，迫使对方被动挑高球，遇挑高球不到后场，就会为本方创造得分机会。

6. 防守反攻

在防守中寻找反攻的机会，以达到摆脱被动转为主动进攻的局面。待到有利时机就运用反抽或拦网前回击对方的杀球，从防守中反攻，争得主动权。

四、羽毛球比赛规则

（一）场地与器材

1. 羽毛球场地

长度是 13. 40 米，单打球场地宽 5. 18 米，双打球场地宽 6. 10 米。

羽毛球场地尺寸如图 2-105 所示。

2. 场地线

球场必须有清楚的界线，场地线宽均为 40 毫米，场地线的颜色最好是白色、黄色或其他容易辨别的颜色。所有场地线都是场地确定区域的组成部分。

3. 场地空间、四周环境

球场上空 12 米以内，球场四周 2 米以内，不得有任何障碍物（包括相邻的两个球场）。

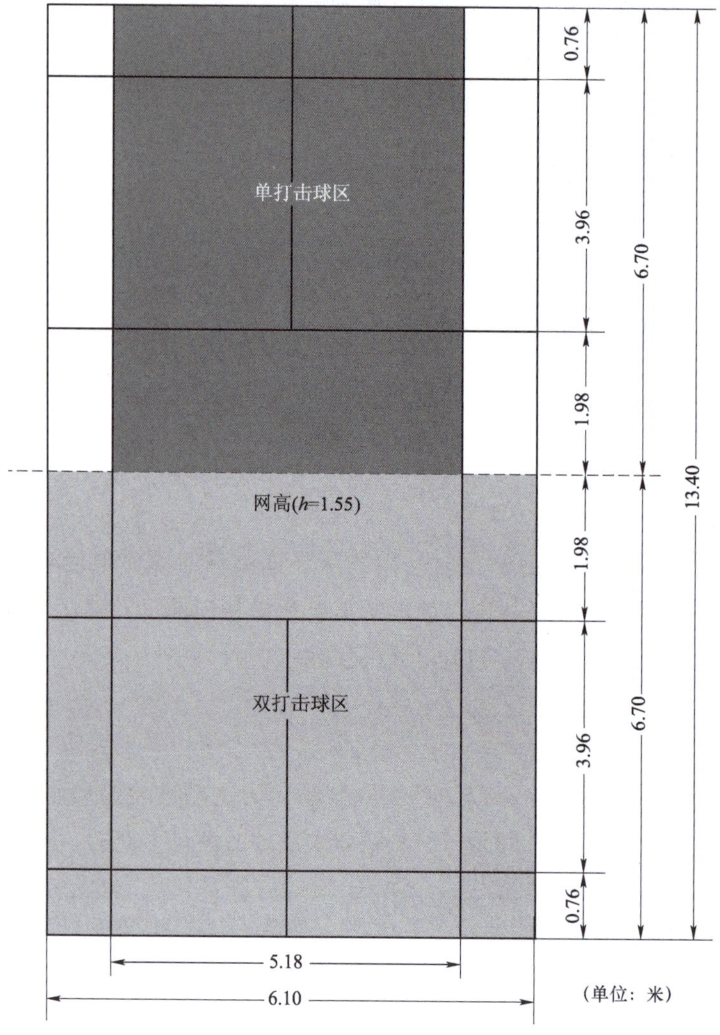

图 2-105　羽毛球场地尺寸

4. 网柱

网柱高 1.55 米，双打场地网柱应放置在双打边线的中点上，单打场地网柱应放置在单打边线的中点上。

5. 羽毛球

羽毛球重 4.74~5.50 克，应有 16 根羽毛插在半球形的软木托上；羽毛球底部为圆形，球托直径 25~28 毫米；羽毛在顶部围成圆形，直径 58~68 毫米；羽毛应用线或其他适宜材料扎牢。

6. 球拍

羽毛球拍用木料、铝合金或碳素纤维等质地轻而坚实并富有弹性的材料制作而成。球拍由拍头、拍弦面、连接喉、拍杆、拍柄组成整个框架。拍头、连接喉、拍杆和拍柄总称拍框。拍框总长度不超过680毫米，宽不超过230毫米；拍弦面应是平的，用拍弦穿过拍头十字交叉或用其他形式编制而成，编制样式应保持一致；拍弦面长不超过280毫米，宽不超过220毫米。

（二）比赛规则

1. 单打

1）每场比赛采取3局2胜制。

2）率先得到21分的一方赢得当局比赛。

3）如果双方比分打成20比20，一方需超过对手2分才算取胜。

4）如果双方比分打成29比29，则率先得到第30分的一方取胜。

5）首局获胜一方在接下来的一局比赛中率先发球。

2. 双打

1）每局得分21分制。任何一方只要将球打“死”在对方的有效位置，或者因为对方出现违例或失误，均可得分。

2）增加技术暂停。除非特殊情况（比如，地板湿了，球打坏了），球员不可再提出中断比赛的要求。但是，每局一方以11分领先时，比赛进行1分钟的技术暂停，让比赛双方擦汗、喝水等。

3）平分后的加分赛。每局双方打到20平后，一方领先2分即算该局获胜；若双方打成29平后，一方领先1分，即算该局取胜。

4）发球员的顺序与单打中的顺序一样，即以分数的单数或双数来决定，只有发球方在上一回合得分时才交换发球区。得分者方有发球权，如果本方得单数分，从左边发球；得双数分，从右边发球。除此以外，运动员继续站在上一回合的各自发球区不变，以此保证发球员的交替。

① 如果比赛在A/B组合和C/D组合之间进行，A/B一方选择先发球。A站在右手区域，那么A先发球给对角线位置上的C（假设）。

② 如果A/B一方得分，那么A和B需要交换彼此的站位区，由A来发球，将球发给D（A/B一方得分C和D不换位置）。

③ 如果A发球后C/D一方得分，那么双方四名队员都不换位置，发球权交给C/D一方，由刚才接发球的D来发球，D发球给刚才发球的A。

④ 如果 D 发球后 C/D 一方得分，那么 C 和 D 交换位置，由 D 发球给 B。

⑤ 如果 D 发球后 A/B 一方得分，那么双方队员不用换位，发球权交给 B。

3. 合法发球

1）一旦发球员和接发球员都在各自的位置站好，任何一方都不允许延误发球。

2）发球员和接发球员应站在斜对角的发球区内，脚不触及发球区和接发球区的界线。

3）从发球开始，直到球发出之前，发球员和接发球员的两脚必须都有一部分与球场接触，不得移动。

4）发球员的球拍应首先击中球托。

5）在发球员的球拍击中球瞬间，整个球应低于发球员的腰部。

6）在击球瞬间，发球员的拍杆应指向下方，使整个拍头明显低于发球员的整个握拍手。

7）发球开始后，发球员必须连续向前挥拍，直至将球发出。

8）发出的球，应向上飞行过网，如果未被拦截，球应落在规定的接发球区内（即落在线上或界内）。

4. 违规发球

1）根据规则的规定，如果发球不合法，应判“违例”。

2）发球员发球时未能击中球，应判“违例”。

3）一旦双方运动员站好位置，发球员挥拍时，发球员的球拍第一次向前挥动即为发球开始。

4）发球员应在接发球员准备好后才能发球，如果接发球员已试图接发球则应被认为已做好准备。

5）发球开始后，发球员的球拍击中球或者未能击中球均为发球结束。

6）双打比赛，发球员或接发球员的同伴站位均不限，但不得阻挡对方发球员或接发球员的视线。

（二）比赛方法及主要规则

1. 比赛的项目

男子单打、女子单打、男子双打、女子双打、混合双打、男子团体、女子团体。

2. 比赛的计分方法及规则

1）记分方法，采用 21 分制，即双方分数先达 21 分者胜，3 局 2 胜。每局双方打到 20 平后，一方领先 2 分即算该局获胜；若双方打成 29 平后，一方领先 1 分，即算该局取胜。

2）规则中每球得分，并且除特殊情况（比如，地板湿了，球打坏了）外，球员不可再提出中断比赛的要求。但是，每局一方以 11 分领先时，比赛进行 1 分钟的技术暂停，让比赛双方擦汗、喝水等。

3）得分者方有发球权，如果本方得单数分，从左边发球；得双数分，从右边发球。在第三局或只进行一局的比赛中，当一方分数首先到达 11 分时，双方交换场区。

3. 比赛中的站位

（1）单打

1）发球员的分数为 0 或双数时，双方运动员均应在各自的右发球区发球或接发球。

2）发球员的分数为单数时，双方运动员均应在各自的左发球区发球或接发球。

3）如“再赛”，发球员应以该局的总的分数来确定站位。若总分为 15 分（单数），双方运动员均应在各自的左发球区发球或接发球；若总分为 16 分（双数），双方运动员均应在各自的右发球区发球或接发球。

4）球发出后，双方运动员就不再受发球区的限制而自由击到对方场区的任何位置，运动员的站位也可以在自己这方场区的界内或界外。

（2）双打

1）一局比赛开始和获得发球局的一方，都应从右发球区开始发球。

2）只有接发球员才能接发球；如果他的同伴去接球或被球触及，发球方得一分。

① 每局开始首先发球的运动员，在该局本方得分为 0 或双数时，都必须在右发球区发球或接发球；得分为单数时，则应在左发球区发球或接发球。

② 每局开始首先接发球的运动员，在该局本方得分为 0 或双数时，都必须在右发球区接发球或发球；得分为单数时，则应在左发球区接发球或发球。

③ 上述两条相反形式的站位适用于他们的同伴。

3）任何一局的本方发球员失去发球权后，由该局首先发球员发球，然后首先发球员的同伴发球，接着由他们的对手之一发球，然后再由另一对手发球，如此传递发球权。

4）运动员不得有发球错误和接发球的错误，或在同一局比赛中有两次发球。

5）一局胜方的任一运动员可在下一局先发球，负方中任一运动员可先接发球。

6）球发出后就不再受发球区的限制了。运动员可在本方场区自由站位和将球击到对方场区的任何位置。

4. 比赛规则

（1）交换场区

1）以下情况运动员应交换场区。

① 第一局结束。

② 第三局开始。

③ 第三局中或只进行一局的比赛进行至一方达到 11 分时。

2）运动员未按以上规则交换场区，一经发现立即交换，已得分数有效。

合法发球：发球任何一方都不允许非法延误发球；发球员和接发球员都必须站在斜对角线发球区内发球和接发球，脚不能触及发球区的界限；两脚必须都有一部分与地面接触，不得移动，直至将球发出；发球员的球拍必须先击中球托，与此同时整个球必须低于发球员的腰部；击球瞬间球杆应指向下方，从而使整个拍框明显低于发球员的整个握拍手部；发球开始后，发球员的球拍必须连续向前挥动，直至将球发出；发出的球必须向上飞行过网，如果不受拦截，应落入接发球员的发球区。

（2）犯规与不正当行为

1）犯规发球。

① 发球不合法违例。

② 发球员发球时未击中球。

③ 发球时，球过网后挂在网上或停在网顶。

2）违规情况。

① 球落在球场边线外。

② 球从网孔或从网下穿过。

③ 球不过网。

④ 球碰屋顶、天花板或四周墙壁。

⑤ 球碰到运动员的身体或衣服。

⑥ 球碰到场地外其他人或物体。

⑦ 比赛时，球拍或球的最初接触点不在击球者网的这一方（击球者击球后，球拍可以随球过网）。

3）违规行为。

① 运动员球拍、身体或衣服触及网或网的支持物。

② 运动员的球拍或身体，以任何程度侵入对方场区。

③ 妨碍对手，如阻挡对方仅靠球网的合法击球。

④ 比赛时，运动员故意分散对方注意力的任何举动，如喊叫、故作姿态等。

4）其他违规事项。

① 击球时，球夹在或停滞在拍上紧接着又被拖带。

② 同一运动员两次挥拍连续击中球两次。

③ 同一方两名运动员连续各击中球一次。

④ 球碰球拍继续向后场飞行。

⑤ 运动员违反比赛连续性的规定。

⑥ 运动员行为不端。

（3）重发球

1）遇不能预见或意外的情况，应重发球。

2）除发球外，球挂在网上或停在网顶，应重发球。

3）发球时，发球员和接发球员同时违例，应重发球。

4）发球员在接发球员未做好准备时发球，应重发球。

5）比赛进行中，球托与球的其他部分完全分离，应重发球。

6）司线员未看清球的落点，裁判员也不能做出决定时，应重发球。

7）重发球时，最后一次发球无效，原发球员重发球。

（4）死球

1）球撞网并挂在网上，或停在网顶上。

2）球撞网或网柱后开始在击球这一方落向地面。

3）球触及地面。

4）“违例”或“重发球”。

（5）发球区错误

1）发球顺序错误。

2）从错误的发球区发球。

3）在错误的发球区准备接发球，且对方球已发出。

4）发球区错误的裁判方法如下。

① 如果错误在下一次发球击出前发现，应重发球；只有一方错误并输了这一回合，则错误不予纠正。

②如果错误在下一次发球击出前未被发现，则错误不予纠正。

③ 如果因发球区错误而“重发球”，则该回合无效，纠正错误重发球。

④ 如果发球区错误未被纠正，比赛也应继续进行，并且不改变运动员的新发球区和新发球顺序。

练习小贴士

1. 颠球行进游戏

方法：在场地上设置障碍物，报数颠球绕过障碍物到达终点。

2. “点位移”游戏

方法：将四个不同颜色的标志物放在羽毛球的场地边线上，两人一组，一名同学站在场地中间，另一名同学在场地外说颜色，场地中间的同学一定要从该颜色的标志物绕过，之后迅速回到场地中间。例如，喊出“黄”的口令后，需要从黄色标志物前面绕过，并迅速回到场地中间。喊出“黄、红”的口令后，需要先从黄色标志物绕过回到场地中间，然后再从红色标志物绕过回到场地中间。这种方法用以提升前后、左右步法移动的能力。

探索与思考

1. 简述羽毛球运动的起源及其发展概况。
2. 详述羽毛球场地的长、宽、线宽、网高以及器材标准。
3. 分析正手高远球技术过程。

单元 2.6 网　球

学习目标

1. 了解网球运动的起源与发展。
2. 学习和掌握网球的基本知识、基本技术和战术以及比赛规则。
3. 更好地欣赏和参与网球运动。

一、网球运动概述

网球运动起源于法国。早在 12—13 世纪，法国的传教士用手掌击打一种小球来娱乐，当时，这种游戏被称作“掌球戏”。14 世纪中叶，这种游戏传入英国，当时球的表面是用绒布做的，英国人将这种球称为 Tennis，并流传下来。

15 世纪，人们发明了用线编制的网球拍，场地也已成雏形，并制定了相应的比赛规则。1873 年，英国的菲茨德尔少校改进了早期的网球打法，规定了球网的大小和高低，创造了简易的草地网球比赛。1875 年英国板球俱乐部修订了网球的比赛规则后，于 1877 年 7 月举办了第一届温布尔登草地网球锦标赛。至此，现代网球正式形成，并很快在欧美盛行起来，成为一项深受欢迎的室外体育运动。1885 年前后，网球运动传入我国上海、广州等地，并首先在教会学校中开展。

1896 年，在希腊雅典举行的第一届夏季奥运会上，网球单打与双打被列为正式比赛项目。后来，由于国际奥委会和国际网球联合会在“业余运动员”的定义上有分歧，已经连续在七届奥运会上进行的网球比赛被取消。直到 1984 年的洛杉矶奥运会，网球才被列为表演项目。1988 年的汉城奥运会上，网球重新被列为正式比赛项目。

二、网球运动的基本技术

（一）握拍法

在所有的网球技术中，最基本的是握拍法，它能直接影响球拍接触球的角度。目前，世界上最流行的握拍法有两种：东方式和西方式。专家在总结教学实践经验后得出结论，业余网球的基本技术训练首先应从东方式平地击球技术开始，这样效果最好，掌握最快。下面介绍东方式握拍的方法。

1. 正手握拍法

用左手握住拍颈，使拍面与地面垂直，拍柄底部正对身体，右手掌展开，放在拍面上，然后慢慢向拍柄底部滑动，手掌到达拍柄底部后，五指自然分开，像握手一样握住拍柄。东方式握拍又称握手式握拍，此时由拇指与食指形成的 V 形虎口对准拍柄把手的右上斜面。

2. 反手握拍法

东方式反手握拍法是从正手握拍法把手向左转动（或把拍子向右转动），使拇指与食指形成的 V 字形对准拍柄的左上斜面。

（二）击球

1. 正手击球

从准备姿势开始，（以右手持拍为例）以右脚为轴，向右转肩转髋，同时左脚前跨一步使两脚与肩同宽。身体左侧对球网，重心移到右脚上，转体同时带动球拍直接后引，将拍面引到与身体平行。球拍高度齐膝，拍头略高于手腕，左臂微前伸保持身体平衡。挥拍击球时身体重心移至左脚，并以左脚为轴向左转髋转肩，带动右手臂向前迎击球的中部，击球点在左脚侧前方。球离弦后，球拍随惯性挥至左肩上方，并迅速还原到准备姿势，如图 2-106 所示。

图 2-106　正手击球动作

2. 反手击球

从准备姿势开始，以左脚为轴，向左转肩转髋，同时右脚跨出一步，使两脚与肩同宽，身体右侧对球网，重心移至左脚上。转肩同时左手转动拍颈使右手呈东方式反手握拍，并带动球拍后引与身体平行，击球肘贴近身体，左手轻持拍颈，拍头略低于来球。击球时身体重心移至右脚，左手放开拍颈，以右脚为轴向右转髋转肩，带动右手臂由下向前上挥拍击球中部偏下，击球点在右脚侧前方。击球后球拍随惯性继续挥至右肩上方，并迅速恢复成准备姿势，随时回击下一次来球，如图 2-107 所示。

图 2-107　反手击球动作

3. 双手反手击球

当判断准来球是飞向反手方向时，在移动到位的最后一步应保持右脚在前，身体右侧朝向来球方向。双手握球拍向左后挥摆，右臂伸展较大，左臂弯曲。在迎球过程中，挥臂与转体动作配合，使球拍由低向高挥动，击球点在右脚侧前方，拍面垂直，触球的中部。击球后双手随势挥至右侧头部高度，身体重心移向右脚。动作完成后，迅速恢复成准备姿势。

（三）发球

1）准备姿势：采用大陆式或东方式反拍握拍法。侧身站立在端线外中场标记旁，左肩对着左边网柱，面向右边网柱，两脚分开约同肩宽，左脚与端线约呈 45 度，与端线平行，重心在左脚上。左手持球轻托球拍在腰部，拍头指向前方。

2）抛球与后摆：抛球与后摆拉拍动作是同步开始的，持球手拇指、食指和中指三指轻轻托住球，掌心向上。当球拍从身后向头上方做大弧度摆动，身体做转体、屈膝、展肩时，持球手柔和地在身前左脚前上举，直至伸直高及头顶。此时右肘向后外展约同肩高，拍头指向天空，左侧腰、胯成弓形，身体重心随着抛球开始先移向右脚，然后平稳地开始前移。此刻，肩与球网成直角。

3）击球动作：当左手抛出球时，球拍继续向上摆起，这时候持拍手的肘关节放松，可以使向前转动的身体和右肩自动地让手臂和身体充分伸展。当身体向前上方伸展击球时，肩、手臂已经回转，双肩与球网平行。挥拍击球时，持拍手腕带动小臂有一个旋内的“鞭打”动作。

4）随挥动作：球发出后，身体向体内倾斜，保持连续地向前上方伸展的随挥动作。球拍挥至身体的左侧（美式旋转发球球拍随挥至身体的右侧），重心移向前方，做到完美自然地跟进并保持身体平衡。

（四）接发球

接发球是比较难掌握的技术，要接好发球必须掌握比较全面的基本技术，因为接发球之前无法判断对方发球的方向、旋转、力量和速度。对手将球发出后就要迅速做出判断和反应，并且选择恰当的击球方式来完成接发球动作。

1）接发球站位一般位于端线附近，力求在接发球时向前移动击球。

2）在接发球的全过程中眼睛要始终注视来球，一直到完成还击动作。要认真观察对方的抛球动作，这样有利于判断发球的方向和旋转。

接发球时应注意：对方第一次发球时多采用大力发球，站位应偏后一些。第二次发球可略向前移。接大力发球时引拍动作不要过大，要控制好拍面角度并握紧球拍。还击球之前要观察对方的行动，选择回球的线路和落点。

（五）截击球

1. 正手截击球

截击时站在网前 2.5~3 米的位置，准备姿势与一般击球基本相同，但球拍要举得高一些，约与眼部同高。截击时后摆动作要小，击球点保持在身体前方，拍触球瞬间手腕固定，用力握紧球拍，略加向前推击的动作。截击较近的球，左脚跨出一小步，截击较远的球要跨出一大步，如图 2-108 所示。

2. 反手截击球

准备姿势同正手截击球。击球点要比正手截击球靠前一些，因此要及早跨出右脚，重心也要置于右脚上。击球时手腕固定，用力紧握球拍，拍面稍前倾，触球中上部。击球后右臂伸展，向前下方压送，如图 2-109 所示。

图 2-108　正手截击球动作

图 2-109　反手截击球动作

（六）高压球

凌空高压球：握拍采用大陆式，发现对手挑高球时，应立即侧身，右脚后撤，使身体侧对网，同时，直线引拍至右肩的后上方，拍头朝上，左臂上举指向来球，眼睛盯住球。继续保持侧身对网姿势，用快速的小步，调整到球将要降落之处的击球位置，做好高压的准备。

（七）挑高球

挑高球是指还击的球越过上网队员的头顶，落入对方后场区域，分防守性挑高球和进攻性挑高球两种，有平击、上旋、下旋三种打法，基本打法是平击防守性挑高球。

平击挑高球采用东方式正、反手握拍法，击球方法类似于底线抽球。向来球移动的同时向后引拍，重心落在后脚上。击球时，手腕绷紧，拍面开放，以很陡的弧线击球的后下部，抬臂送球，完成随挥动作。正手随挥动作结束在头部右侧上方，反手则相反。

（八）步法

1. 准备击球的步法

两脚分开与肩同宽，面对网，略弯腰，膝部微屈，脚跟微微提起，身体重心落于前脚掌。

2. 击球步法

侧身两脚前后开立，重心移到后脚。击球时，重心由后脚移至前脚，带动手臂、球拍及腰部动作，使全身力量协调地通过球拍击球。击球后，后脚自然跟进，保持身体平衡，恢复准备击球姿势。

3. 移动步法

移动步法分交叉步和垫步。交叉步如同走路，左、右脚一前一后跨步向前，不同时着地，步子大，速度快，适于左右或向前快速跑动。垫步时，若向左移动，先跨出左脚，带动右脚向左移动。垫步用于小范围内调整身体与球的距离。

4. 上网技术

上网时机一般应抓以下几点：① 发球后上网，是发急速旋转球后，借助球在空中飞行时间较长的特点，能使自己有足够的时间向前移动上网；② 随球上网，即乘机上网，击球后，在使对方回球困难的前提下，给自己创造上网的机会。

三、网球运动的基本战术

（一）单打基本战术

1. 打对方的反手

每个人的反手一般都比正手弱，而且初中级选手的反手可能就是他最大的心病所在，所以不管和谁比赛，第一个原则就是打对方的反手。

2. 打对角球

当和对手底线相持的时候，如果没有好的机会，尽量打对角球。首先因为球网中间是最低的，这样就减少了下网的机会；第二个好处就是对角的距离是最长的，这样减少了出界的机会；最后，打过去以后，对方最好打的球也是对角球，所以可以比打直线球少跑一些距离，而如果对方打直线的话，就承受一定的风险，因为许多的失误是由于变线造成的。

3. 打高球

在网球比赛中，最应该避免的就应该是下网球了。因为假如打出的球有三种结果：下网、出界、界内，成功率为 33.33%，而如果把球都打过网，就只有两种结果，界内和出界，成功率就已经是 50% 了。比赛和练习的时候试着把球打高一些，是会有所收获的。

4. 反手位打正手球

反手位打正手有两个明显的好处：① 保护自己的弱点；② 攻击对方的弱点。即使对方打直线，把球打到正手位的空当，一般也能跑过去用自己的强项正手打一个高球，然后复位。

5. 把球发过网

① 必须有 1/4 的球发到对方的反手，即使发球很慢，但只要发到对方反手，一般的初中级选手是很难一拍打死的；② 关键时候保证命中率，对方由于心理紧张可能产生动作变形，击球下网；③ 只要发球不失误，对手就很难得分，心理压力就大大减少，在不经意间心理上就占了优势。

（二）双打基本战术

与单打比赛相反，双打讲的是配合，必须同他人一道协同进行。一个优秀的双打队伍更加强调配合和战术，而不是在单打中所强调的纯粹的身体力量。

1. 协作配合战术

好的双打配对应紧密合作、互创条件、扬长避短、相辅相成，在场上有呼有应、相互鼓励、气势如虹，即使由于实力不如对方而失利，两个人合作也是愉快、融洽的。因此，双打的根本在于两个人如同一个整体，无论何时都要并肩作战，移动要一致，相互间的距离不能超过 3.5 米以上。

2. 协同防守

当自己的同伴回到端线去救高球时，自己不应当继续留在网前，如果出现这种情况，就会在两人之间出现漏洞，让对方打出落点很好的“破网”球来。所以，当同伴退回去时，自己也要跟着退，使自己一方处于最佳的防守位置。退回端线后虽然被动了，但一旦出现浅球时，两人还可立即一块向前，回到网前。

3. 抢网战术

1）在发球前做出抢网决定。抢网是网前人横向移动，拦截对方接球员打过来的斜线球。它要求发球方有敏捷的思维和快速的步法。所以，很重要的是两人要事先商定，如果对方打斜线球时，网前人则要去抢网。

2）防守住空出的场地。当网前人扑出去拦截发球时，那半个球场便无人防守。所以发球员发球之后，不应该直接冲向前，而应向前跑几步，然后向同伴留下的那半场跑去，并继续向网前移动。抢网的人在拦截之后，应当继续进入发球员的场区。两人交叉移动，可以防住对方可能回击的直线球以及抢网人第一次截击没能得分后的回击。

3）抢网时起动要快。需要在对方接球员击球的一瞬间起动，而不要在接球员击球之前移动，把自己的行动意识暴露给对方。如果接球员察觉到你要抢网，便会打直线球并可能得分。等球时，身体前倾，准备好蹬出去击球。向右边抢网时，蹬左脚并快跑几步到截击位置。绝大多数的选手喜欢用正拍抢网，因为它截击的伸缩度大。但是，不论是正拍抢网还是反拍抢网，都要快速起动。

四、网球比赛规则

（一）发球

1. 发球前的规定

发球员在发球前应先站在端线、中点和边线的假定延长线之间的区域里，用手将球向空中任何方向抛起，在球接触地面以前，用球拍击球（仅能用一只手的运动员，可用球拍将球抛起）。球拍与球接触时，就算完成球的发送。

2. 发球时的规定

发球员在整个发球动作中，不得通过行走或跑动改变原站立位置，两脚只准站在规定位置，不得触及其他区域。

3. 发球员的位置

1）每局开始，先从右区端线后发球，得或失 1 分后，应换到左区发球。

2）发出的球应从网上越过，落到对角的对方发球区内，或其周围的线上。

4. 发球失误

未击中球；发出的球，在落地前触及固定物（球网、中心带和网边白布除外）；违反发球站位规定。发球员第一次发球失误后，应在原发位置上进行第二次发球。

5. 发球无效

发球触网后，仍然落到对方发球区内，接球员未做好接球准备，均应重发球。

6. 交换发球

第一局比赛终了，接球员成为发球员，发球员成为接球员。以后每局终了均依次互相交换，直至比赛结束。

（二）通则

1. 交换场地

双方应在每盘的第 1、第 3、第 5 等单数局结束后，以及每盘结束双方局数之和为单数时，交换场地。

2. 失分

发生下列任何一种情况，均判失分。

1）在球第二次着地前，未能还击过网。

2）还击的球触及对方场区界线以外的地面、固定物或其他物件。

3）还击空中球失败。

4）故意用球拍触球超过一次。

5）运动员的身体、球拍在发球期间触及球网。

6）过网击球。

7）抛拍击球。

3. 压线球

落在线上的球即为压线球，算作界内球。

（三）双打

1. 双打发球次序

每盘第一局开始时，由发球方决定由何人首先发球，对方则同样地在第 2 局开始时，决定由何人首先发球。第 3 局由第 1 局发球方的另一球员发球。第 4 局由第 2 局发球方的另一球员发球。以下各局均按此秩序发球。

2. 双打接球次序

先接球的一方，应在第 1 局开始时，决定何人先接发球，并在这盘单数局，继续先接发球。双方同样应在第 2 局开始时，决定何人接发球，并在这盘双数局继续先接发球。他们的同伴应在每局中轮流接发球。

3. 双打还击

接发球后，双方应轮流由其中任何一名队员还击。如运动员在其同队队员击球后，再以球拍触球，则判对方得分。

（四）计分方法

1. 胜 1 局

1）每胜 1 球得 1 分，先胜 4 分者胜 1 局。
2）双方各得 3 分时为“平分”，平分后，净胜 2 分为胜 1 局。

2. 胜 1 盘

1）一方先胜 6 局为胜 1 盘。
2）双方各胜 5 局时，一方净胜 2 局为胜 1 盘。

3. 决胜局计分制

在每盘的局数为 6 平时，有以下两种计分制。
1）长盘制：一方净胜 2 局为胜 1 盘。
2）短盘制：决胜盘除外，除非赛前另有规定，一般应按以下办法执行。

① 先得 7 分者为胜该局及该盘（若分数为 6 平时，一方须净胜 2 分）。

② 首先发球员发第 1 分球，对方发第 2、3 分球，然后轮流发 2 分球，直到比赛结束。

③ 第 1 分球在右区发，第 2 分球在左区发，第 3 分球在右区发。

④ 每 6 分球和决胜局结束都要交换场地。

4. 短盘制的计分

1）第 1 个球（0∶0），发球员 A 发 1 分球，1 分球之后换发球。

2）第 2、第 3 个球（报 1∶0 或 0∶1，不报 15∶0 或 0∶15），由 B 发球，B 连发 2 分球后换发球，先从左区发球。

3）第 4、第 5 个球（报 3∶0 或 1∶2、2∶1，不报 40∶0 或 15∶30、30∶15），由 A 发球，A 连发 2 球后换发球，先从左区发球。

4）第 6、第 7 个球（报 3∶3 或 2∶4，4∶2 或 1∶5，5∶1 或 6∶0、0∶6），由 B 发 1 分球之后交换场地，若比赛未结束，B 继续发第 7 个球。

5）比分打到 5∶5、6∶6、7∶7、8∶8……时，需连胜 2 分才能决定谁为胜方。但在记分表上则统一写为 7∶6。

6）决胜局打完之后，双方队员交换场地。

练习小贴士

器材：网球拍、网球若干；标志桶 6 个。

方法：练习定点击球时，在双方球场的正手底线深区放置三个圆锥形标志物，将其组成边长约 1.5 米的等边三角形。双方交替进行正手击球练习，球的落点在三角形内得 1 分，击中标志物得 2 分，先得 15 分者获胜。接着将圆锥形标志物放在反手位，双方交替进行反手击球练习，计分规则仍然是落点在三角形内得 1 分，击中标志物得 2 分，先得 15 分者获胜。

探索与思考

1. 试述正手握拍法与反手握拍法技术要领。
2. 试述正手击球与反手击球动作要领。
3. 网球运动中常用的步伐有哪些？其动作要领分别是什么？

模块三　田径运动

模块导读

本模块介绍了田径运动的四大类型：走、跑、跳和投，分为走与跑、跳跃、投掷3个单元。每一单元先从理论层面介绍运动的技术要领，再从实践层面介绍运动的具体练习方法。走分为健身走和竞走，前者意在发展健康体能，后者更注重发展运动体能。针对不同的运动目的，本模块会给予不同的理论和实践指导。根据跑的距离长短不同，有不同的技术和动作要领，包括起跑姿势、发力方法、体力分配的诀窍。跳跃部分则选择跳高和跳远加以介绍，其中跳高选择介绍当今最普遍的背越式跳高。投掷着重介绍铅球、标枪和铁饼的投掷方法。本模块各单元均针对本单元田径运动作出动作详解和练习指导。

单元3.1 走 与 跑

学习目标

1. 学习掌握健身走的方式，包括大步走、快步走和倒步走。
2. 掌握竞走的原理和动作要领，了解竞走运动的规则。
3. 掌握短跑和中长跑的技术要点，熟悉常规比赛项目，能在日常跑步时合理分配体能，科学锻炼。

一、走

（一）分类

走可以分为竞走和健身走两大类，前者是竞技体育项目之一，后者则是健身的有效方式。竞走练习方法详见后文“竞走”部分。健身走按照步行速度可分为散步（2.5~3千米/小时）、慢走（4~4.5千米/小时）、健步走（5~5.5千米/小时）、快速走（7~7.2千米/小时）；按照步行方法，健身走可分为大步走、快步走、倒步走等若干类。

大步走是指在步行时加大步幅，比自然步幅大10~15厘米，迈腿时比自然步行略抬高腿，注意增加蹬地力量，增大摆臂幅度。大步走实则是打破我们步行时已有的平衡，给身体施加一个新的更强的刺激并试图适应。双腿、双臂用力增强，迈动幅度加大，相应地各个关节、肌肉的活动强度加大，加快全身血液循环，增强心肺功能。

快步走是指在步行时增加频率，在不改变步幅的前提下提高步行速度，相应地迈腿、摆臂更快。和大步走相似，快步走也是打破了原有身体的平衡，让身体适应更快的速度，各个关节、肌肉群活动周期缩短，灵活度增加，全身血液循环加快。

倒步走是指与正常行进方向相同但背身行走的一种健身方法。反向行走可以锻炼到正面行走未能锻炼到的肌肉，使正反肌肉都强健有力，同时也提高了锻炼者的平衡能力，刺激了神经系统，提升了反应的灵敏度。锻炼时要注意稳定重心，经常回头查看后方情况以免发生意外。

以上 3 种健身走的方式都打破了自然步行状态下身体的平衡，迫使身体适应新的刺激以达到运动健身的需要。实际运动中可将这 3 种步行方式穿插于正常的步行锻炼中，比如 5 公里的健身走中大步走 500 米后恢复自然步行状态，呼吸调整后快步走 500 米后恢复，再倒步走 500 米，如此循环，以达到良好的健身效果。

（二）练习方法

以下 3 种步行运动的方法侧重于在行进间活动身体各个关节，可用于跑步前的准备活动和动态拉伸，避免受伤，也可用于一般的健身。

1. 行进间高抬腿

在原地高抬腿的基础上腿向前迈，抬腿用力时收腹。高抬腿可以增强腰部、腹部和腿部肌肉力量，特别是腹斜肌的弹性。一次高抬腿 20~30 次，重复 3~5 组。

2. 跨步走

一腿抬起，弓步向前，另一腿顺势向前弯曲，双腿弯曲皆成 90 度；接着后腿抬起，弓步向前，交替重复上述动作，整个过程中自然摆臂。可根据自身情况负重、双手拿着小哑铃或双肩负杠铃向前行进。一次向前走 10~15 步，重复 3~5 组。

3. 弹跳行走

前脚掌脚趾用力蹬地，脚后跟抬起，让身体有节奏地弹跳前进。弹跳行走是在有意识地练习走路过程中如何正确使用脚部力量，避免八字脚、拖着走等不良走路姿态。蹬地速度要快，这样可以产生弹跳感，锻炼脚部肌肉，使足弓保持良好的状态。同时，也使小腿肌肉更加强健。

（三）竞走

竞走时，运动员至少要有一只脚和地面接触且支撑腿必须伸直，膝关节不可弯曲。竞走的一周期也称为一个复步，一个复步是由两个单步组成的。在人体经过垂直部位后，支撑腿由全脚掌着地过渡到脚尖着地，在摆动腿前摆的配合下完成下一个后蹬。摆动腿随着骨盆沿身体纵轴转动，屈膝前摆，脚离地面始终较低。腿前摆时应柔和地伸直膝关节，小腿依惯性前摆并用足跟着地。此时形成短暂的双脚支撑姿势。人体重心在向前运动过程中不应有明显起伏，当重心投影点与前腿支点一致时，出现下一步的垂直姿势，接着开始新的用力蹬地动作。

运动员应做到步幅大、频率高，善于协调肌肉的用力和放松，走步朴实、自然省力而无多余动作，两脚落地的足迹保持在一条直线上。竞走时，运动员躯干自然伸直或稍前倾，两臂屈肘约 90 度，在体侧做前后协调有力的摆动，两臂配合下肢动作调节走的速度。走步时，身体重心尽量做向前的直线运动。过大的上下起伏和左右摇摆不利于提高走速，也会消耗较多能量。

二、跑

（一）分类和项目

跑的分类和项目如表 3-1 所示。

表 3-1　跑的分类和项目

项目	男子组	女子组
短距离跑	100 米、200 米、400 米	100 米、200 米、400 米
中距离跑	800 米、1 500 米、3 000 米	800 米、1 500 米、3 000 米
长距离跑	5 000 米、10 000 米	5 000 米、10 000 米
跨栏跑	110 米（1.067 米）、400 米（0.914 米）	110 米（0.84 米）、400 米（0.726 米）
障碍跑	3 000 米	3 000 米
马拉松	42.195 千米	42.195 千米
接力跑	4×100 米、4×400 米	4×100 米、4×400 米

在平时的运动生活中，运用比较多的是短距离跑和中长跑，以下就这两部分的技术动作进行介绍。

（二）短跑

1. 短跑技术

短跑技术是一个不可分割的整体，但为了便于分析，将其分为起跑、起跑后的加速跑、途中跑及终点跑几个部分。

（1）起跑技术

在短跑比赛中必须用蹲踞式起跑。起跑器安装时可根据个人的身高、体型、身体素质和技术水平等特点来选择。一般前起跑器抵足板与地面的夹角为 45 度左右，后起跑器为 60~80 度，两个起跑器之间宽度为 15 厘米左右。起跑过程包括“各就位”“预备”“鸣枪”三个环节。听到“各就位”口令后，轻快地跑到起跑器前，俯身用两手撑地，两脚依次踏在前、后起跑器的抵足板上，将有力的腿放在前面，后膝跪地，然后两手收回到起跑线后，两臂伸直或微屈，两手间的距离约比肩稍宽，四指并拢和拇指成“人”形，身体重心稍前移，颈部自然放松，两眼看前下方 40~50 厘米处。听到“预备”口令时，抬起臀部，使之稍高于肩，同时身体重心适当前移，这时重心主要落在两臂和前腿上。听到枪声或“跑”的口令时，两手迅速离开地面，屈肘做有力的前后摆臂，同时两腿迅速蹬起跑器，把身体推向前方。起跑的技术动作如图 3-1 所示。

（2）起跑后的加速跑

起跑后的加速跑距离一般为 20~30 米。起跑后的第一步不宜过大，以后逐渐增大。起跑后，两臂应积极摆动，两腿依次用力蹬地，上下肢协调配合。在加速跑的开始阶段，上体前倾很大，随着步长和速度的逐渐增加，上体逐渐抬起，直到转入途中跑。起跑后的加速动作如图 3-2 所示。

图 3-1　起跑的技术动作

图 3-2　起跑后的加速动作

（3）途中跑

百米跑的途中跑距离为 65~70 米，占百米全程的 70%，如图 3-3 所示。

图 3-3　途中跑的技术

1）摆臂动作：途中跑时上体稍前倾或正直，两眼平视，颈肩放松，手成半握拳，两臂弯曲，以肩关节为轴，大臂用力前后摆动。两臂不能摆过身体胸前的中线形成交叉摆动。前后摆动的幅度应与运动员的跑速相适应。

2）摆动腿的动作：后蹬结束、蹬地脚蹬离地面后，即进入摆动动作。随着跑动惯性，摆动腿快速积极地向前摆动，这是当代短跑技术的主要特点之一。摆动腿的脚离地后，大、小腿自然折叠紧，缩短摆动半径，大腿带动小腿积极向前摆动，摆过支撑点垂直面上方后积极向前上方摆动，同时送髋，膝部前顶。高抬大腿后，随即积极下压，在摆动腿大腿下压的同时，摆动腿膝关节放松，小腿顺惯性向前继续摆动后及时迅速回摆，用前脚掌积极向后“扒地”。一般情况下，摆得快，步频快，摆幅大，步幅大。

3）蹬伸动作：前脚掌落地后脚跟稍下沉，膝、踝两关节略弯曲，这个动作叫作“缓冲”。在缓冲时踝应尽量保持较高的支撑，膝关节弯曲不宜过大。现代塑胶跑道的出现，要求踝关节有力量，支撑能力强，缓冲小，摆动、扒地、蹬伸要快。

（4）终点跑

终点跑是途中跑的继续，如果有能力最好保持途中跑的技术跑到终点。但是从目前的技术观察，由于疲劳百米运动员在终点段有降低步频、拉大步长的现象，撞线时的最后 1~2 步应迅速前倾上体，到终点线时，达到最大限度的上体前倾，尽量用躯干部位先到达终点。通过终点后，要调整步频和步幅，维持身体平衡，逐渐减速。

图 3-4　弯道起跑的技术

（5）弯道跑

200 米和 400 米跑有一半以上距离是在弯道上跑进的，为了适应弯道跑，跑的技术也有相应的变化。为了便于加速，起跑后开始一段距离应沿着直线跑进。起跑器应安装在跑道的右侧方，正对弯道切点方向。弯道起跑的技术如图 3-4 所示。

为了克服向前跑时直线运动的惯性，运动员必须改变身体姿势，跑进时身体应稍向圆心方向倾斜，后蹬时，右脚用前脚掌的内侧，左脚用前脚掌的外侧着地。跑动时右腿膝关节稍向内，左腿膝关节稍向外。右臂后摆时肘关节稍偏向右后方，前摆时稍向左前方，左臂则靠近体侧。右臂的摆动幅度略大于左臂。弯道途中跑的技术如图 3-5 所示。

弯道跑时两脚着地部位

图 3-5　弯道途中跑的技术

2. 短跑技术教学中跑的专门练习

（1）小步跑

上体稍前倾，膝、踝关节放松，大腿抬起约 45 度后积极下压，小腿顺势以前脚掌积极着地，完成“扒地”动作。上臂屈肘前后摆，配合两腿动作，加快频率。该练习还可以起到加强踝关节力量训练的目的。

（2）高抬腿跑

上体正直或稍前倾，提起重心。大腿向前上方高抬与躯干接近直角，然后积极下压以前脚掌着地，两臂屈肘成 90 度在两侧做前后摆动，腰部挺直使骨盆前送。练习形式可以采用原地行进练习和行进间练习。该练习还可以增强抬腿的肌肉力量，发展膝关节的灵活性，加快动作速度。

（3）后蹬跑

上体正直或稍前倾，两臂自然摆动。摆动腿积极向前上方摆出，由于摆动幅度大，躯干略加扭转进行补偿运动后，使同侧髋关节充分前送。另一侧大腿积极下压，经足掌着地，髋、膝、踝关节缓冲，着地后迅速转入“屈蹬”。

（三）中长跑

1. 中长跑的技术和战术

（1）起跑和起跑后的加速跑

1）中长跑要求“站立式”起跑姿势，按“各就位”“鸣枪”两个口令进行。站立式起跑要求：“各就位”时，运动员从集合线走到起跑线处，两脚自然前后开立，将有力的腿放在前面，后脚距前脚一脚左右，上体前倾，两膝弯曲，两臂一前一后，身体重心主要落在前脚上，保持稳定姿势，集中注意力听枪声。“鸣枪”后，后面的腿用力蹬地后快速前摆，前面的腿用力蹬伸。两臂配合腿部动作，快速用力前后摆动，身体向前冲出。

2）起跑后的加速跑要求：起跑后，上体保持一定的前倾，脚的着地、腿的蹬地和前摆以及两臂的摆动都应快速积极，逐渐加大步长和加快速度。随着加速跑段的延长、上体逐渐抬起转入途中跑。加速段距离的长短和速度，应根据个人特点、战术要求和临场情况而定。

（2）途中跑

1）上体势：途中跑时上体应自然伸直，适度前倾（3~5 度），下颌微收，两眼平视，头部肌肉放松。

2）摆臂动作：两臂自然弯曲约成 90 度，两手放松或半握拳，肩部放松，以肩为轴，两臂自然地做前后摆动。前摆时稍向内，后摆时稍向外。

3）两腿动作：当身体重心移过支撑点后摆动腿由大腿带动小腿继续向前摆动，在大腿摆动配合下髋部向前送出。随之蹬地腿迅速有力地伸髋、伸直膝和踝关节，在摆动腿前摆的过程中，膝部和小腿自然放松。

（3）终点跑

终点跑时，身体已处于疲劳状态，技术动作容易变形。为了力争保持速度，应根据体力情况选择加快摆臂或加大摆幅，同时转动髋部，有利于抬腿迈步。终点冲刺的距离应根据自己的体力情况而定。一般中距离跑为 200 米左右，长跑在 300 米以上。

（4）中长跑的呼吸和“极点”现象

中长跑途中，为了加大肺通气量，满足机体的需要，呼吸时采用口鼻同时进行呼吸的方法。呼吸的节奏应和跑的节奏相配合，一般采用两步一呼、两步一吸（有时也采用三步一呼、三步一吸）。呼吸时要注意加大呼气的深度。中长跑时由于人体生理惰性，氧气的供应落后于机体的需要。跑到一定距离时，会出现胸部发闷，呼吸困难，四肢无力和难以跑下去，这种现象被称为“极点”。这是人体正常反应。当出现“极点”时要以顽强的意志坚持跑下去，同时加强呼吸（特别是呼气），必要时还可适当调整速度和步幅，坚持跑一段距离后，“极点”现象就会消失，就可以轻松自然地继续跑了。

（四）接力跑

接力跑是田径运动中由快速跑和传接棒技术组成的集体项目。接力跑技术包括快速跑技术和传接棒技术两部分。接力跑的成绩取决于各棒队员的速度和传接棒技术以及传接棒队员传接棒的时机。接力跑项目包括男、女 4×100 米和 4×400 米等。

1. 起跑

持棒起跑如图 3-6 所示，接棒人起跑如图 3-7 所示。

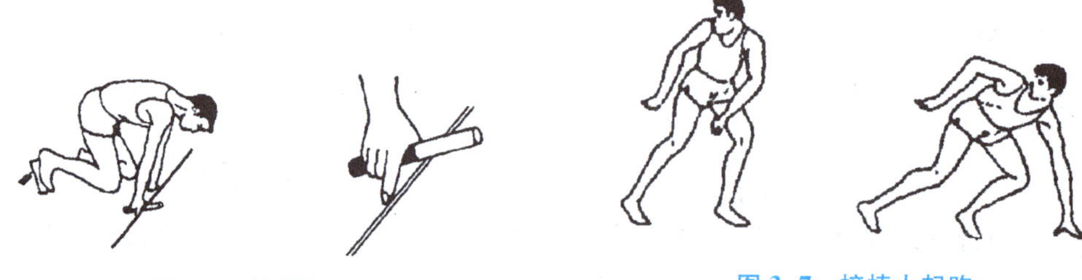

图 3-6　持棒起跑

图 3-7　接棒人起跑

2. 传接棒的方法

传接棒的方法从传棒队员传棒路线和接棒队员接棒方式的角度分为上挑式、下压式、混合式，如图 3-8 所示。

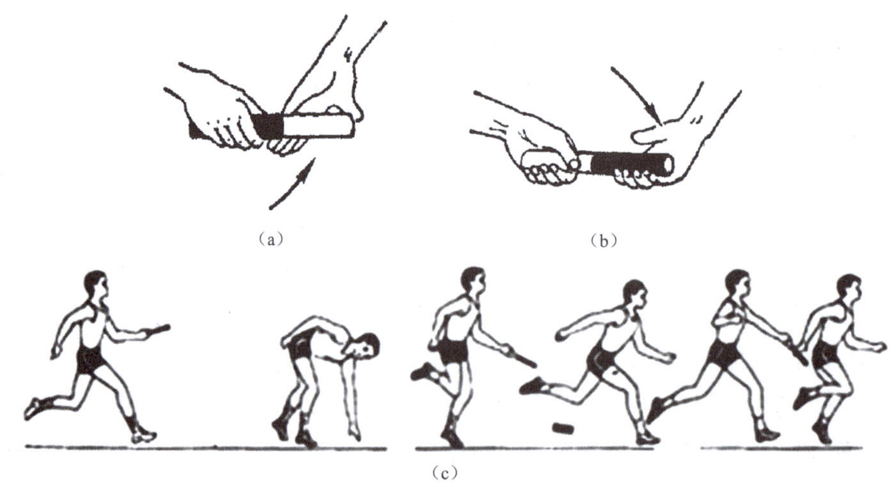

图 3-8　传接棒的方法

（a）上挑式；（b）下压式；（c）混合式

3. 技术要领

起跑时机适宜，加速果断、迅速；接棒人听到传接人信号后，立即做出约定接棒动作及手型；传、接棒人在保持较高跑速的行进中，在适宜的区间内完成传接棒动作。

4. 练习方法

1）单人集体听口令做“上挑式”和“下压式”传接棒练习。

2）两人配合，集体听口令在原地做“上挑式”和“下压式”传接棒练习。

3）四人成队连续在走动或慢跑中，听传棒人信号做“上挑式”或“下压式”传接棒练习。

4）4×100 米接力跑教学比赛。

（五）跨栏跑

跨栏跑是在快速跑的过程中，依次跨过规定数量、有一定高度的栏架以及固定栏间距离的短跑项目。

1. 跨栏跑技术

跨栏包括起跨、过栏和下栏三个部分。起跨腿用前脚掌快速着地起跨；摆动腿积极、果断过栏；摆动腿过栏后积极下压，迅速向前提拉起跨腿下栏。两臂配合摆动，保持身体平衡，如图 3-9 所示。

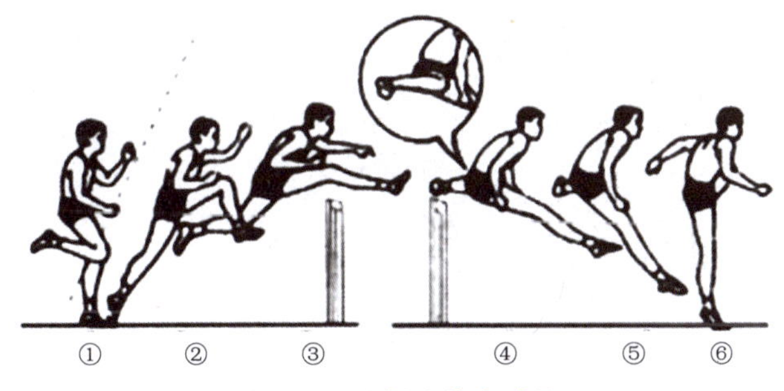

图 3-9 跨栏跑技术动作

2. 练习方法

（1）跨栏步技术

走步中做“鞭打”动作；摆动腿的“攻摆”练习；起跨腿的“提拉”练习；原地摆腿过栏练习。

（2）栏间跑技术

跑过不同距离的实心球或横放的栏架；旋转间隔一定距离的若干（3 个、4 个或 5 个为一组）组实心球，组与组间做跨栏步练习；步点准确后，做跨过 3 ~ 5 个低栏的练习；全程跑练习。

练习小贴士

游戏：接力跑

器材：接力棒 2 个、标志杆 2 个

方法：学生分成人数相等的几支队伍，站在起跑线，听到口令后，小步跑到对面标志杆后利用加速跑快速返回将接力棒交给第二名同学，依次进行，先完成的队伍为胜。

探索与思考

1. 短跑中的弯道起跑有哪些注意点？哪些练习有助于提高短跑技术？
2. 中长跑有哪些技术要点？
3. 如何在长跑中合理分配体力？

单元 3.2 跳　　跃

学习目标

1. 了解跳高、跳远的分类。
2. 掌握背越式跳高、跳远的技术要点。

跳跃是以一定方式越过一定高度和远度的体育行为。跳跃项目包括跳高、跳远、撑竿跳高和三级跳远。

（一）跳远

跳远是人体通过快速助跑和积极起跳，采用合理的腾空姿势，使身体腾跃并水平位移一定距离的项目。跳远按腾空姿势分为蹲踞式、挺身式、走步式。

1. 跳远的技术要领

跳远的技术要领如表 3-2 所示。

表 3-2　跳远的技术要领

助跑	开始姿势：站立式或行进中开始起动。助跑步数 12～16 步。助跑技术：自然放松、高速度、快节奏，踏板意识强，脚着地动作富有弹性
起跳	助跑最后一步起跳腿积极主动着地，快速上板，先脚跟落地并迅速滚动至全脚掌，上体保持正直，身体迅速前移。并迅速充分地伸展起跳腿，摆动腿约与地面平行，两臂用力上摆
腾空	身体起跳后进入腾空中的姿势，有蹲踞式、挺身式、走步式，但起跳动作基本是相同的
落地	小腿前伸，两臂向体后摆动。脚接触沙面后屈膝，上体前倾
蹲踞式	

续表

挺身式	
走步式	

2. 练习方法

1）腾空步练习：连续 4~6 步助跑，腾空后落入沙坑。

2）原地模仿起跳练习。

3）短程、全程助跑蹲踞式跳远练习。

4）短距离助跑挺身式跳远、走步式跳远。

5）全程助跑挺身式跳远。

（二）跳高

跳高是人体通过快速助跑和有力起跳，采用合理的过杆姿势和动作，使身体越过垂直障碍物的运动项目。跳高必须采用单脚起跳的方式。比赛多采用“背越式”跳高。

1. 背越式跳高

人体通过助跑、起跳，以背对横杆的姿势越过横杆的方法叫背越式跳高，技术要领如表 3-3 所示。

表 3-3　背越式跳高技术要领

助跑	首先丈量助跑距离。可采用走步法或先跑直线后跑弧线的方法助跑，直线段助跑加速积极、动作放松。弧线段助跑身体向圆心方向倾斜，步幅开阔，节奏快
起跳	用远离横杆的脚起跳，迈步放脚，身体保持向心倾斜，起跳腿向助跑切线方向插放，以全脚掌快速滚动落地。支撑腿蹬伸起跳，摆动腿和两臂同时前上摆，伸展起跳腿

续表

腾空过杆	身体背向横杆，抬头、肩下潜、展腹挺髋、两腿分开、膝放松、小腿自然下垂，身体呈背弓形。身体重心移过横杆后，及时含胸收腹、屈髋，使臀部过杆。最后伸膝上举小腿过杆
落垫缓冲	以肩、背落入海绵包缓冲
技术要领	⑧ ⑦ ⑥ ⑤ ④ ③ ② ① ⑰ ⑯ ⑮ ⑭ ⑬ ⑫ ⑪ ⑩ ⑨ ㉖ ㉕ ㉔ ㉓ ㉒ ㉑ ⑳ ⑲ ⑱

2. 练习方法

1）沿直径 10 米的圆周做加速跑。
2）圆圈上跑进时，每跑 3 步或 5 步做一次起跳动作。
3）弧线助跑，起跳时用摆动腿同侧臂摸高。
4）垫上做“桥”。
5）背对海绵包，做原地挺髋、倒肩练习。
6）原地双脚起跳，背越过杆。
7）3~4 步弧线助跑、起跳、做“背桥”练习。
8）做短距离助跑起跳过杆练习。
9）做全程节奏跑起跳过杆练习。

探索与思考

1. 跳高有哪些过杆姿势？背越式跳高的技术要点是什么？
2. 加强跳跃能力的素质练习方法有哪些？

单元 3.3 投 掷

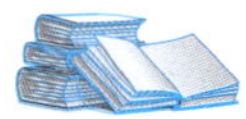

学习目标

1. 掌握投掷实心球的技术要领。
2. 掌握原地推铅球的技术要领，了解滑步推铅球技术。

投掷是人类生产和生活活动中的常用动作。投掷还可以发展人的爆发力和准确性等。田径运动中的投掷项目包括推铅球、投标枪、掷铁饼、掷链球等。

（一）推铅球

推铅球技术包括持球、预备姿势、滑步、最后用力与维持身体平衡四个部分。

1. 侧向滑步推铅球

侧向滑步推铅球如表 3-4 所示。

表 3-4　侧向滑步推铅球

持　球	预备姿势

滑　步	最后用力与维持身体平衡

2. 背向滑步推铅球（右手为例）

背向滑步技术包括预备姿势、滑步、最后用力与维持身体平衡三部分，如表 3-5 所示。

表 3-5　背向滑步推铅球

预备姿势	滑　步	最后用力与维持身体平衡

3. 练习方法

（1）侧向滑步推铅球：持球向下推，体会手指拨球动作；前抛球、后抛球，体会推铅球的用力顺序；原地侧向推铅球体会身体超越器械动作；徒手或持轻铅球侧向滑步练习（摆、蹬、收、落）；用标准铅球在投掷圈内进行完整技术练习。

（2）背向滑步推铅球：后撤步推球练习；交叉步推球练习；用实心球做各种掷远练习（见侧向滑步部分）；徒手背向滑步练习；持轻铅球做原地背向推铅球练习；用标准铅球进行背向滑步完整技术练习。

（二）掷标枪

掷标枪技术由握法、持枪、助跑、投掷步、最后用力与缓冲几个连续动作结合组成。

1）握法。将标枪线把斜放在掌心上，用拇指和中指握在线把末端第一圈上沿，食指自然握在标枪上，无名指和小指握在线把上，如图 3-10 所示。

2）持枪。多采用肩上持枪，如图 3-11 所示。持枪臂自然放松，持枪于右肩稍高于头，枪尖略低于尾。

图 3-10　掷标枪握法

图 3-11　持枪动作

3）助跑。第一阶段预跑 15~20 米；第二阶段投掷步（五步）：第一步、第二步完成引枪动作，第三步交叉步，第四步投掷步，是助跑与最后用力的衔接步，第五步缓冲步，如图 3-12 所示。

图 3-12　助跑动作

4）最后用力与缓冲，如图 3-13 所示。

图 3-13　最后用力与缓冲

（三）掷铁饼

目前在比赛中大多采用旋转式投掷技术。旋转式投掷铁饼技术分为持饼及预摆、旋转、最后用力、出饼及缓冲。

练习小贴士

游戏：你是冠军

器材：标枪若干

方法：5 名同学为一组，按老师要求完成原地侧向投枪、交叉步投枪，结合动作、远度评出最优同学给与奖励。

探索与思考

1. 投掷实心球时有哪些技术要点？
2. 滑步推铅球从技术上可以分为哪 4 部分？每部分的重点是什么？

田径比赛规则

田径比赛是有计划有组织的体育比赛，是学校体育工作的重要组成部分之一。田径比赛的组织开展包括组织工作和裁判工作两项内容。

一、田径比赛的组织工作

田径比赛要有组织、有计划、认真合理地去筹备和组织。组织工作包括确定组织方案、制定比赛规程、成立组织机构等方面。

二、田径比赛的裁判工作

田径比赛的裁判工作是田径比赛的一个重要组成部分。它包括赛前准备工作、基本比赛规则以及裁判工作方法等。

（一）赛前准备工作

组织和培训裁判员队伍；召开裁判员工作会议；做好裁判器材和用具准备；做好比赛场地和器材的检查。

（二）基本比赛规则

1. 径赛基本规则

1）起跑。发令员首先要保证运动员的起跑姿势正确，然后喊一声“各就位”和“预备”，最后发令枪响。400 米及 400 米以下的项目，运动员必须使用蹲踞式起跑，发令员使用“各就位”“预备”“鸣枪”三个口令；800 米及 800 米以上的项目，运动员是站立式起跑，发令员使用“各就位”“鸣枪”两个口令。

2）计时。计时应从发令枪发出的烟或闪光开始，直到运动员躯干（不包括头、颈、臂、手、脚）的任何部分抵达终点线后沿垂直平面的瞬间为止。手计时和全自动电子计时均是正式的计时方法。凡在跑道上举行的各项人工计时成绩，都要进位换算成 1/10 秒。部分或全部在场外举行的径赛人工计取的成绩应换算成整秒。

3）跑道规则。运动员在所有短跑比赛、110 米跨栏和 4×100 米接力赛中自始至终都必须留在自己的跑道里；800 米和 4×400 米接力赛起跑是在自己的跑道里，直到运动员通过标志可以串道的分离线才能离开自己的跑道；接力跑时，运动员必须手持接力棒跑完全程，传接棒要在接力区内完成。

4）犯规。运动员在做好最后预备姿势之后，只能在接收到发令枪或批准的发令装置发出信号之后开始起跑。如果发令员或召回发令员认为有任何人在发令枪或发令装置发出信号之前开始起跑，都将判为起跑犯规。除全能项目外，任何起跑犯规的运动员将被取消该项目的比赛资格。在分道跑的比赛中，运动员应自始至终在自己的分道内跑进，如果有关裁判长确认了一位裁判、检查员或其他人员关于某运动员跑出了自己的分道的报告，则应取消运动员的比赛资格。如果运动员由于受他人的推、挤或被迫跑出自己的分道，不应取消其比赛资格。

2. 田赛基本规则

1）在远度项目的比赛中，以运动员全部试掷（跳）中之最佳成绩计算名次。遇上最佳成绩相同时，应以次佳成绩定胜负，如此类推。若仍无法定出胜负而又涉及竞逐第一名时，则成绩相同者须依原来顺序进行比赛，直至分出胜负为止。

2）在高度项目的比赛中，每位运动员在任何高度上都有 3 次试跳机会，如遇请求免跳的运动员，则不准在此高度上恢复试跳，运动员在最后跳过的高度则为运动员的最后成绩。若遇上最佳成绩相同时，以最少试跳次数成功越过最后高度之参赛者应获排较前的位置。如仍未分胜负，则全场比赛中试跳失败次数最少（包括最后跳过之高度）之运动员应获排较前的位置。

3）有关规定。若田赛运动员无理延误试掷或试跳，便算一次失败，如再次延误比赛，会被取消继续比赛的资格，但之前所创之成绩则仍被承认。在正常情形下，每次试掷或试跳的时间不得超过 1 分 30 秒，当跳高比赛只剩下 2 人或 3 人时，此时限应增至 3 分钟。若只剩下 1 人时，此时限应增至 5 分钟。

4）田赛项目成绩的纪录是以 1 厘米为最小单位，不足 1 厘米不计。

（三）裁判工作方法

裁判是比赛规则的执行者，也是比赛场上的法官，田径比赛一般需要设总裁判长 1 名，下设径赛裁判组和田赛裁判组，径赛裁判组包括检查组、计时组、终点组、发令组、检录组。田赛裁判组包括掷部和跳部裁判组。

模块四　民族传统体育

模块导读

武术运动是一项具有独特风格和民族特点的体育运动项目，也是学校体育教学的一项重要内容。武术是以中国传统文化为理论基础，以徒手和器械的攻防动作为主要锻炼内容，兼有攻法运动、套路运动、格斗运动三种运动形式的体育项目。它具有强身健体、防身自卫、竞技比赛、表演娱乐等功能，深受广大学生喜爱。武术运动强筋骨，壮体魄，理脏腑，通经脉，调精神，对培养勇敢、顽强、遵守纪律、吃苦耐劳、奋发向上等品质具有良好作用。

太极拳数百年绵延不绝，名手辈出，流派纷呈，是中华民族五千年传统文化的结晶，也是我国精神文明宝库的瑰宝。拳理来源于《易经》《黄帝内经》《黄庭经》《纪效新书》等中国传统哲学、医术、武术等经典著作，并在其长期的发展过程中吸收了道、儒、释等文化的合理内容，故太极拳被称为“国粹”。随着历史的发展和社会的变迁，太极拳的技术防御和祛病强身作用得到了不断的发展，在民间得以广泛流传，发展成为寓攻防技术和强身健体为一体的一种拳术。

跆拳道是一项集防身健体、修身养性、娱乐观赏为一体的体育项目，是利用拳和脚进行搏击的对抗性运动，是体育中比较流行的一种运动方式。通过身体与精神的训练，科学地运用手脚及身体各部位的方法和技术。经常参加跆拳道的训练，能有效地提高身体素质，加强自我防卫与搏击能力，通过对道德的学习，可以树立高尚的人格，提高道德境界，达到身心健康的目的。

本模块主要介绍武术、太极拳、跆拳道运动的起源与发展，二十四式太极拳、初级长拳的动作要领，以及跆拳道主要技术和几种踢法，让更多同学了解、欣赏和参与这些传统体育项目，充分展现其强大生命力，使其在全民健身中发挥更大作用。

单元4.1 武　　术

学习目标

1. 了解武术的起源与发展。
2. 学习武术基本功，掌握武术的手型手法。

一、武术运动概述

武术是以技击动作为主要内容，以套路和格斗为运动形式，注重内外兼修的中国传统体育项目。武术的起源可追溯到古代人类的生产劳动，人类社会主要以狩猎等原始的生产活动为生，并从中学会了徒手或使用木棒、石头等器具击打野兽的方法，这些击打技能使武术的形成具备了一定的条件。到了原始社会末期，氏族部落之间有组织的战斗，更加速了原始武术的形成，并使其沿着自身的规律向武术方向发展，最终形成了完整的武术体系。

现代的武术运动不仅仅具有较高的健身、防身和娱乐价值，而且有一定的修身养性、培养和完善人格的作用，是增强体质、锻炼意志、振奋民族精神的有效手段。武术的内容丰富，形式多样，风格独特，按运动形式可分为三大类：套路运动、搏斗运动和功法运动。其中套路运动和搏斗运动在年轻人中开展得较为广泛，套路运动中主要包括拳术、器械、对练、集体表演等；搏斗运动中主要包括散打和太极推手。随着武术段位制的推行和国际性正式比赛项目的确立，植根于中国传统文化的武术，将以其丰富的内涵和多功能的价值越来越多地受到各个国家人民的青睐，最终立足世界走向奥运。

二、武术基本功

（一）手型手法练习

手型手法练习是运用拳、掌和勾三种手型，结合上肢冲、架、推、亮等运动方法，操练上肢手法的基本规律。

1. 手型

1）拳：四指并拢卷握，拇指紧扣食指和中指的第二指节，如图4-1（a）所示。

2）掌：四指并拢伸直，拇指弯曲紧扣于虎口处，如图4-1（b）所示。

3）勾：五指第一指节捏拢在一起，屈腕，如图4-1（c）所示。

2. 手法

（1）冲拳

分平拳与立拳两种。平拳拳心向下，立拳拳眼向上。

预备姿势：两脚左右开立，与肩同宽，两拳抱于腰间，肘尖向后，拳心向上，如图4-1（d）所示。

动作说明：挺胸、收腹、立腰、右拳从腰间向前猛力冲出、转腰、顺肩，在肘关节过腰后右前臂内旋。力达拳面，臂要伸直，高与肩平，同时左肘向后牵拉，如图4-1（e）所示。练习时，可左右交替进行。

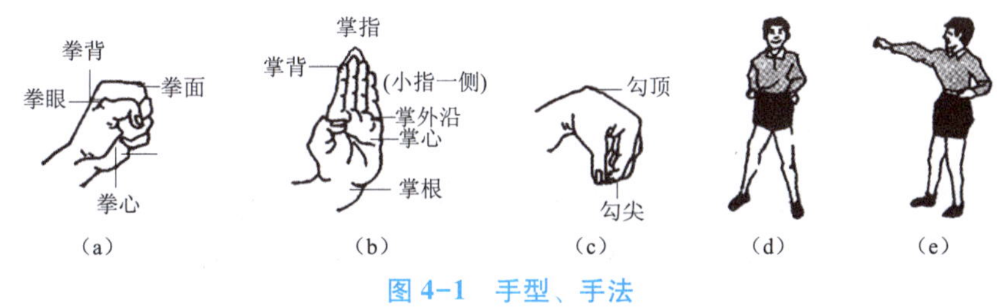

图4-1　手型、手法

（a）拳；（b）掌；（c）勾；（d）冲拳预备姿势；（e）冲拳

（2）架拳

预备姿势：与冲拳同。

动作说明：右拳向下、向左、向上经头前向右上方划弧架起，拳眼向下，眼看左方，如图4-2（a）、4-2（b）所示。练习时，可左右交替进行。

（3）推掌

预备姿势：与冲拳同。

动作说明：右拳变掌，前臂内旋，并以掌根为力点向前猛力推击。推击时要转腰、顺肩，臂要伸直，高与肩平。同时左肘向后牵拉，如图4-2（c）所示。练习时，可左右交替进行。

（4）亮掌

预备姿势：与冲拳同。

动作说明：右拳变掌，经体侧向右、向上划弧，至头部右前上方时，抖腕亮掌，臂成弧形。掌心向前，虎口朝下，眼随右手动作转动。亮掌时，注视左方，如图4-2（d）、（e）所示。

图 4-2　架拳、推掌、亮掌

(a) 冲拳方向；(b) 冲拳；(c) 推掌；(d) 亮掌方向；(e) 亮掌

(二) 步型和步法练习

1. 弓步

左脚向前一大步（为本人脚长的 4～5 倍），脚尖微内扣，左腿屈膝半蹲（大腿接近水平），膝与脚尖垂直。右腿挺膝伸直，脚尖内扣（斜向前方），两脚全脚着地。上体正对前方，眼向前平视，两手抱拳于腰间，如图 4-3（a）所示。弓右腿为右弓步，弓左腿为左弓步。

2. 马步

两脚平行开立（约为本人脚长的 3 倍），脚尖正对前方，屈膝半蹲，膝部不超过脚尖。大腿接近水平，全脚着地，全身重心落于两腿之间，两手抱拳于腰间，如图 4-3（b）所示。

3. 虚步

两脚前后开立，右脚外展约 45 度，屈膝半蹲。右脚脚跟离地，脚面绷平，脚尖稍内扣，虚点地面。膝微屈，重心落于后腿上。两手叉腰。眼向前平视，如图 4-3（c）所示。左脚在前为左虚步，右脚在前为右虚步。

4. 仆步

两脚左右开立，右腿屈膝全蹲，大腿和小腿靠紧，臀部接近小腿。右脚全脚着地，脚尖和膝关节外展，左腿挺直平仆，脚尖里扣，全脚着地。两手抱拳于腰间。眼向左方平视，如图 4-3（d）所示。仆左腿为左仆步，仆右腿为右仆步。

5. 歇步

两腿交叉靠拢全蹲，左脚全脚着地，脚尖外展，右脚前脚掌着地。膝部贴近左腿外侧，臀部坐于右腿接近脚跟处。两手抱拳于腰间。眼向左前方平视，如图 4-3（e）所示。左脚在前为左歇步，右脚在前为右歇步。

图 4-3　步型和步法

（a）弓步；（b）马步；（c）虚步；（d）仆步；（e）歇步

（三）五步拳

动作：拗弓步冲拳、弹踢冲拳、马步架打、歇步盖打、提膝仆步穿掌、虚步挑掌。

预备姿势：并步抱拳，如图 4-4（a）所示。

拗弓步冲拳：左脚向左迈出一步，成弓步；同时左手向左平搂并收回腰间抱拳，右拳向前冲拳成平拳。目视前方，如图 4-4（b）所示。

弹踢冲拳：重心前移，右腿向前弹踢；同时左拳由腰间向前冲拳成平拳，右拳收回腰间。目视前方，如图 4-4（c）所示。

马步架打：右脚落地向左转体 90 度，两腿下蹲成马步；同时左拳变掌，屈臂上架，右掌由腰间向右冲拳成平拳。头部右转，目视右前方，如图 4-4（d）所示。

歇步盖打：左脚向右脚后插一步，同时右拳变掌经头上向左下盖，掌外沿向前，身体左转 90 度，左掌收回腰间抱拳。目视右手，如图 4-4（e）所示。

图 4-4　五步拳动作（一）

（a）并步抱拳；（b）拗弓步冲拳；（c）弹踢冲拳；（d）马步架打；（e）歇步盖打

歇步盖打：两腿屈膝下蹲成歇步，同时左拳向前冲出成平拳，右掌变拳收回腰间。目视左掌，如图 4-5（a）所示。

提膝仆步穿掌：两腿起立，身体左转。随即左拳变掌，掌心向下，右拳变掌，掌心向上，由左手背上穿出。同时左腿提膝，左手顺势收至右腋下。目视右手，如图 4-5（b）所示。左脚落地成仆步，左手掌指朝前沿左腿内侧穿。目视左掌，如图 4-5（c）所示。

虚步挑掌：左腿屈膝前弓，右脚蹬地向前上步，成右虚步；同时左手向上、向后划弧成正勾手，略高于肩，右手由上向后下、向前顺右腿外侧向上挑掌，掌指向上，高与肩平。目视前方，如图 4-5（d）所示。

继续练习，动作相同，方向相反。

收势：两脚靠拢，并步抱拳，如图 4-5（e）所示。

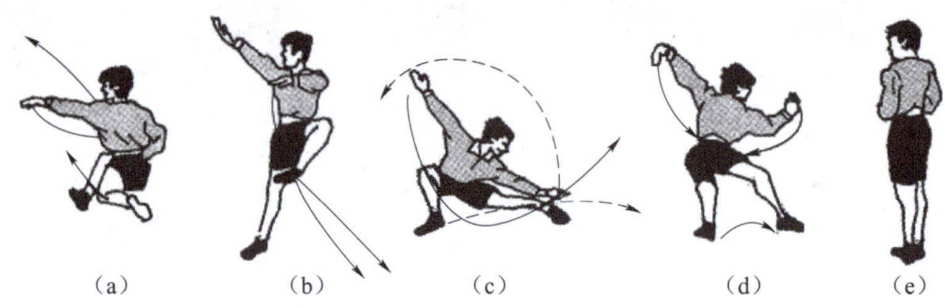

图 4-5　五步拳动作（二）

（a）歇步盖打；（b）提膝；（c）仆步穿掌；（d）虚步挑掌；（e）收势

练习小贴士

游戏：双人马步推击掌。

目的：发展下、上肢力量，体会武术寸劲的用法。

场地：根据场地和班级人数，画出相距 1~2 米的平行线若干组，学生两人一组，分成若干组，相向站立在线的两侧，做好准备。

方法：两人正对，两脚开立，微蹲或成马步；两人双臂前平举，双方手掌相接触；采用推、击、躲、闪的方法，使对方移动或失去平衡。

规则与要求：推、击、拨的方法，只允许用双方手掌。

探索与思考

1. 武术分为几大类？
2. 五步拳的手型有几种？

单元 4.2 二十四式简化太极拳

学习目标

1. 了解太极拳的起源与发展。
2. 学习二十四式简化太极拳，掌握动作要领。
3. 更好地欣赏和参与太极拳运动。

一、太极拳运动的魅力

（一）太极拳运动的起源与发展

太极拳运动属于中国拳术之一，是中华民族五千年传统文化的结晶，也是我国精神文明宝库的瑰宝。太极拳运动在我国源远流长，关于太极拳的起源与创始人，历来众说纷纭，大致有以下几种观点：唐朝（618—907 年）许宣平、宋朝（960—1278 年）张三峰、明朝（1368—1644 年）张三丰、明朝（1644—1911 年）王宗岳，也有武术史研究者查阅县志和《陈氏家谱》后提出陈王廷才是太极拳的创造者。纵观近现代太极拳的发展就可以知道，太极拳并非一人所创，而是经过不断开发、总结、整理和创新发展而来。

太极拳数百年绵延不绝，名手辈出，流派纷呈。随着历史的发展和社会的变迁，太极拳的技术防御和祛病强身作用得到了不断的发展，在民间得以广泛流传，发展成为寓攻防技术和强身健体为一体的一种拳术。值得一提的是清乾隆年间山西民间武术家王宗岳，他著有《太极拳论》《太极拳解》《行功心解》，对后人学习、研究太极拳具有极大的参考作用。另一个在太极拳发展史里做出卓越贡献的人物是河北永年人杨露禅，三下陈家沟十余载向陈长兴学习太极拳，朝夕苦练，寒暑无间，尊师重道，终得太极精髓。他于 1851 年将太极拳带入当时的经济和文化中心北京，使太极拳得到广泛的发展，称为杨氏太极拳。随其学拳者甚多，在其影响下，吴、孙、武式太极拳相继问世，流传至今已有一百多年，成为以姓氏命名的陈、杨、吴、孙、武氏太极拳等。

中华人民共和国成立后，太极拳发展很快，打太极拳的人遍及全国。当前，仅北京市公园、街头和体育场就设有太极拳辅导站数百处，吸引了大批爱好者。卫生、教育、体育各部门都把太极拳列为重要项目来开展，出版了上百万册的太极拳书籍、挂图。太极拳在国外也受到普遍欢迎。欧美、东南亚、日本等国家和地区，都有太极拳活动。据不完全统计，仅美国就已有30多种的太极拳书籍出版。许多国家成立了太极拳协会等团体，积极与中国进行交流活动。太极拳作为中国特有的民族体育项目，已经引起很多国际友人的兴趣和爱好。太极拳是中华民族辩证的理论思维与武术、艺术、气功引导术的完美结合，是高层次的人体文化。其拳理来源于《易经》《黄帝内经》《黄庭经》《纪效新书》等中国传统哲学、医术、武术等经典著作，并在其长期的发展过程中吸收了道、儒、释等文化的合理内容，故太极拳被称为“国粹”。

（二）太极拳运动的特点和作用

1. 太极拳运动的特点

中正安定，舒展自然（姿势），轻灵沉稳，圆活连贯（动作）；

基于腰腿，周身联合（协调），虚实刚柔，松整相济（劲力）；

动中寓静，意领神随（意念），开合有序，呼吸平顺（节奏）。

太极拳运动如“行云流水，连绵不断”。这种运动既自然又高雅，可亲身体会到音乐的韵律、哲学的内涵、美的造型、诗的意境。

2. 太极拳运动的作用

经常参加太极拳运动对神经系统有良好的影响，能使人精神饱满、思路敏捷，还能使人克服不良的身体姿态，提高肌肉的运动能力，特别是提高各肌群的协调能力，对提高肌肉的代谢能力有积极的作用。太极拳运动对预防、治疗癌症有一定的作用，是预防高血压、降低血脂和防治心血管疾病的最好锻炼方法。通过练习太极拳，能有效调节体内的阴阳平衡，使内气开合、升降、聚散有度，这种特殊的生理状态是祛病疗疾、增强体质、提高健康水平的传统锻炼方法。

二、动作名称

第一组：① 起势；② 左右野马分鬃；③ 白鹤亮翅。

第二组：④ 左右搂膝拗步；⑤ 手挥琵琶；⑥ 左右倒卷肱。

第三组： ⑦ 左揽雀尾；⑧ 右揽雀尾；⑨ 单鞭。

第四组： ⑩ 云手；⑪ 单鞭；⑫ 高探马。

第五组： ⑬ 右蹬脚；⑭ 双峰贯耳；⑮ 转身左蹬脚。

第六组： ⑯ 左下势独立；⑰ 右下势独立；⑱ 左右穿梭。

第七组： ⑲ 海底针；⑳ 闪通臂；㉑ 转身搬拦捶。

第八组： ㉒ 如封似闭；㉓ 十字手；㉔ 收势。

三、动作说明

（一）起势

要点：头颈正直，下颌微向后收，不要故意挺胸或收腹，精神集中。两肩下沉，两肘松垂，手指自然微屈，重心落于两腿中间。屈膝松腰、臀部不可凸出。两臂下落要和身体下蹲的动作协调一致，如图 4-6 所示。

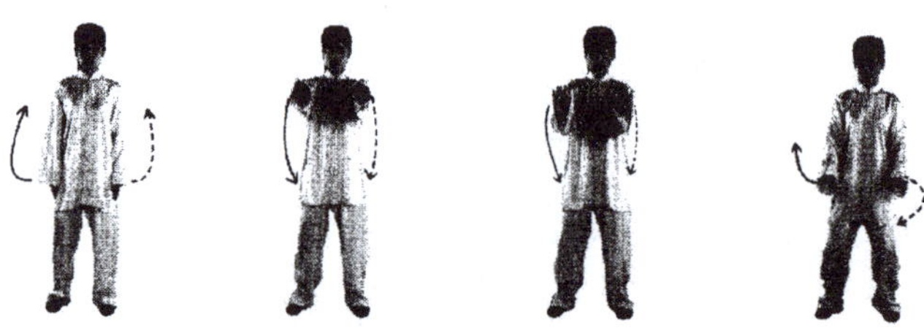

图 4-6　起势

（二）左右野马分鬃

要点：上体勿前俯后仰，两手分开要保持弧形，身体转动要以腰为轴，做弓步与分手的速度要一致。做弓步时，迈出脚的脚跟先着地，然后慢慢踏实，膝盖不要超过脚尖；后腿稍后蹬，使该腿与地面保持约 45 度，前后脚的脚跟在直线两侧，两脚横向距离（以动作行进的中线为纵轴，其两侧的垂直距离为横向。下同）为 10～30 厘米，如图 4-7 所示。

图 4-7　左右野马分鬃

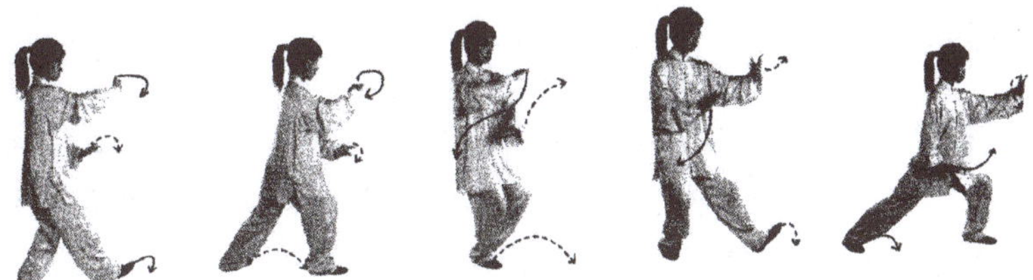

图 4-7 左右野马分鬃（续）

（三）白鹤亮翅

要点：胸部不要挺出，两臂上下都要保持半圆形，左膝要微屈，重心后移和右手上提要协调一致，如图 4-8 所示。

图 4-8 白鹤亮翅

（四）左右搂膝拗步

要点：手推出后，身体不可前俯后仰，要松腰松胯，推掌时须沉肩垂肘、坐腕舒掌，同时必须与松腰、弓腿协调一致。做弓步时，两脚跟的横向距离保持约 30 厘米，如图 4-9 所示。

图 4-9 左右搂膝拗步

（五）手挥琵琶

要点：身体要平稳自然，沉肩垂肘，胸部放松。左手上起时不要直向上挑，要由左向上、向前，微带弧形。右脚跟进时，前脚掌先着地，再全脚落实。身体重心后移和左手上举、右手回收要协调一致，如图 4-10 所示。

图 4-10　手挥琵琶

（六）左右倒卷肱

要点：前推的手不要伸直，后撤手也不可直向回抽，仍走弧形。前推时，要转腰松胯，与两手的速度要一致，避免僵硬。退步时，脚掌先着地，再慢慢踏实，同时把前脚扭正，退左脚略向左后斜，退右脚略向右后斜，避免使两脚落在一条直线上。后退时，眼神随转体动作向左右看（约转 90 度），然后再转看前手，如图 4-11 所示。

图 4-11　左右倒卷肱

（七）左揽雀尾

要点：出手时，两臂前后均保持弧形，分手与松腰、弓腿必须协调一致。下捋时，上体不可前倾，臀部不要凸出。两臂上捋须随腰旋转，仍走弧线。向前挤时，上体要正直，动作要与松腰、弓腿一致，如图 4-12 所示。

图 4-12　左揽雀尾

（八）右揽雀尾

要点：均与左揽雀尾相同，唯左右相反，如图 4-13 所示。

图 4-13　右揽雀尾

图 4-13　右揽雀尾（续）

（九）单鞭

要点：上体正直，松腰。右臂肘部稍下垂，左肘与左膝上下相对，两肩下沉。左手向外推时，要随转体边翻边推，不要翻掌太快。全部过渡动作上下要协调一致，如图 4-14 所示。

图 4-14　单鞭

（十）云手

要点：身体转动要以腰脊为轴，松腰、松胯，避免忽高忽低。两臂随腰运转，要自然、圆活，速度要缓慢均匀。下肢移动时，重心要稳定，眼的视线随左右手而移动，如图 4-15 所示。

图 4-15　云手

（十一）单鞭

单鞭动作如图 4-16 所示。

图 4-16　单鞭

（十二）高探马

要点：身体要平稳，两手分开时，腕部与肩齐平。左腿微屈，蹬脚时脚尖回勾，劲使在脚跟，和蹬脚须协调一致，右臂和右腿上下相对，如图 4-17 所示。

图 4-17　高探马

（十三）右蹬脚

右蹬脚动作如图 4-18 所示。

图 4-18　右蹬脚

（十四）双峰贯耳

要点：头颈正直，松腰，两拳松握，沉肩垂肘，两臂均保持弧形，如图 4-19 所示。

图 4-19　双峰贯耳

（十五）转身左蹬脚

要点：与右蹬脚式相同，唯左右相反，如图 4-20 所示。

图 4-20　转身左蹬脚

（十六）左下势独立

要点：右腿全蹲时脚尖微向外撇，左腿伸直时脚尖向里扣，脚掌全部着地。左脚尖与右脚跟在一条直线上，上体不可过于前倾。上体正直，独立的腿微屈，右腿提起时脚尖自然下垂，如图 4-21 所示。

图 4-21　左下势独立

（十七）右下势独立

要点：右脚尖触地后必须稍微提起，然后再向下仆腿，其他均与“左下势独立”相同，唯左右相反，如图 4-22 所示。

图 4-22　右下势独立

（十八）左右穿梭

要点：推出后上体不可前俯，手向上举时，防止引肩上耸。前推时，上举的手和前推的手的速度，要与弓步、松腰上下协调一致。做弓步时，两脚跟的横向距离以保持在 30 厘米为宜，如图 4-23 所示。

图 4-23　左右穿梭

（十九）海底针

要点：身体要先向右转，再向左转，上体不可太前倾，避免低头和臀部外凸，左腿要微屈，如图 4-24 所示。

（二十）闪通臂

要点：上体自然正直，松腰、松胯，左臂不要伸直，背部肌肉要伸展开，推掌与弓步动作要协调一致，如图 4-25 所示。

图 4-24　海底针

图 4-25　闪通臂

（二十一）转身搬拦捶

要点：右拳松握，前臂先慢慢内旋后收，再外旋停于右腰旁，拳心向上。向前打出时，右臂随拳略向前引，沉肩垂肘，右臂微屈，如图 4-26 所示。

图 4-26　转身搬拦捶

（二十二）如封似闭

要点：身体后坐时，避免后仰，臀部不可凸出，两臂随身体回收时，肩、肘部略向外松开，不要直着抽回，两手宽度不要超过两肩，如图 4-27 所示。

图 4-27　如封似闭

（二十三）十字手

要点：两手分开和合抱时，上体勿前俯。站起后，身体自然正直，头微上顶，下颌稍向后收。两臂环抱时须圆满舒适，沉肩垂肘，如图 4-28 所示。

图 4-28　十字手

（二十四）收势

要点：两手左右分开下落时，全身注意放松，同时气徐徐向下沉（呼气略加长）。呼吸平稳后，把左脚收到右脚旁，再走动休息，如图 4-29 所示。

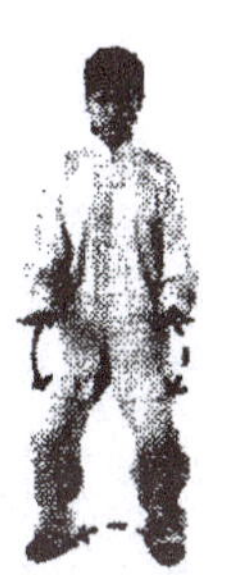

图 4-29　收势

四、太极拳比赛规则简介与欣赏

（一）太极拳比赛规则解析

1）比赛裁判组成为裁判长 1 人，副裁判长 1 人，裁判 5 人，计时、记分员 1 人，套路检查员 1 人。运动员结束套路演练后，5 名裁判亮分，去其最高分和最低分，取中间 3 个分数的平均值，即为运动员的应得分。

2）完成一套太极拳演练，时间为 5~6 分钟。到 5 分钟时，裁判长应鸣哨示意。时间不足或超时均会被扣分。

3）比赛规定套路时，运动员的动作应与规定动作相符；比赛自选套路时，整个套路至少要包括四种腿法和六种不同组别的动作，发劲及跳跃动作可要可不要。

4）太极拳的评分标准总分为 10 分。其中，动作规格的分值为 6 分，即对手型、步型、手法、步法、身法、腿法等方面的要求；劲力、协调的分值为 2 分，即对运劲顺达、沉稳准确、连贯圆活、手眼身法步协调等方面的要求；精神、速度、风格、内容、结构、布局的分值为 2 分，即对意识集中、精神饱满、神态自然、内容充实、速度适中、结构合理、布局匀称等方面的要求。

另外，在观看运动员比赛时，应注意其拳架的高低（显示练习者功底是否深厚）、动作是否符合规格、重心是否有起伏、是否有断劲现象等，这样才能真正做到“内行看门道”。

（二）太极拳比赛欣赏

太极拳比赛时，运动员由静至动，暗合“无极生太极、太极生两仪、两仪生四象、四象生八卦”之高深哲理。其动作匀速缓慢，如同滔滔江河连绵不绝；其动作动静开合、虚实刚柔、姿态优雅，给人以心旷神怡之感。因此，太极拳具有很高的欣赏价值。如个人会练太极拳，再了解一些比赛规则，则可进一步提高自身欣赏太极拳比赛的水平。

太极皇后高佳敏：一人一太极

高佳敏，第一届世界武术锦标赛太极拳冠军，第三届亚洲武术锦标赛冠军，第十二、十三届亚运会太极拳冠军……是唯一包揽了世界武术锦标赛、亚运会、东亚运动会、亚洲武术锦标赛、全运会、全国武术锦标赛、全国太极拳剑锦标赛等赛事的大满贯冠军。被誉为“中国的十大武星”之一、“太极皇后”。

问：这么多年的习练太极拳给您的性格带来最大的变化是什么？它影响您看问题的角度吗？

高：我是练了 8 年太极拳以后，才开始真正上手拿成绩的，这一上手基本保持了 10 年，拿了 32 枚金牌。太极拳改变了我的性格和看问题的角度，它让我懂得做任何事情都需要时间，需要循序渐进，踏踏实实地做。我以前的性格是动中有静，现在我是静中有动。太极拳很细腻，除了比别人多练以外，更需要磨和悟。太极拳是思维拳，是智慧拳，除了比专项技术水平外，还比的是心理素质，是稳，是定。

练习小贴士

游戏：稳如磐石。

目的：强化下肢的力量和躯干的稳定性。

方法：两人面对面无极桩站立，甲乙双方同上左步，左手交握，双方改变用力的大小、方向、快慢，迫使对方失去平衡即可。

注意事项：用力请勿过于猛烈，点到为止，注意保护自己和对方。

小技巧：不是两个人用胳膊的力量来看谁最强，而是强调在外力变化的情况下，能够自由灵活地转换下肢重心。

探索与思考

1. 太极拳运动的特点是什么？
2. 将太极拳和武术进行比较，两者各有什么风格？

单元 4.3　初级长拳第三路

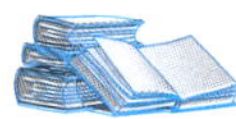

学习目标

1. 学习初级长拳套路，掌握动作要领。
2. 通过习练长拳拳法达到强身健体的目的。

一、初级长拳第三路动作名称

（一）预备动作

① 虚步亮掌；② 并步对拳。

（二）第一段

① 弓步冲拳；② 弹腿冲拳；③ 马步冲拳；④ 弓步冲拳；
⑤ 弹腿冲拳；⑥ 大跃步前穿；⑦ 弓步击掌；⑧ 马步架掌。

（三）第二段

① 虚步栽拳；② 提膝穿掌；③ 仆步穿掌；④ 虚步挑掌；
⑤ 马步击掌；⑥ 插步双摆掌；⑦ 弓步击掌；⑧ 转身踢腿马步盘肘。

（四）第三段

① 歇步抡砸拳；② 仆步亮掌；③ 弓步劈掌；④ 换跳步弓步冲拳；
⑤ 马步冲拳；⑥ 弓步下冲拳；⑦ 插步亮掌侧踹腿；⑧ 虚步挑掌。

（五）第四段

① 弓步顶肘；② 转身左拍脚；③ 右拍脚；④ 腾空飞脚；
⑤ 歇步下冲拳；⑥ 仆步抡劈拳；⑦ 提膝挑掌；⑧ 提膝劈掌弓步冲拳。

（六）结束动作

① 虚步亮掌；② 并步对拳。

（七）还原

二、初级长拳第三路动作说明

（一）预备动作

预备势：两脚并步站立，两臂垂于身体两侧，五指并拢贴靠大腿外侧，两眼向前平视，如图 4-30（a）所示。

要点：头要端正，下颌微收，挺胸、塌腰、收腹。

1. 虚步亮掌

1）右脚向右后方撤步成左弓步。右掌向右、向上划弧，掌心向上；左臂屈肘提至腰侧，掌心向上，目视右掌，如图 4-30（b）所示。

2）右腿微屈，重心后移。左掌经胸前从左臂上方向前穿出伸直；右臂屈肘，右掌收至腰侧，掌心向上，目视左掌，如图 4-30（c）所示。

3）重心继续后移，左脚稍向右移，脚尖点地，成左虚步。左臂内旋向左、向右划弧成勾手，勾尖向上；右手继续向身后、向右、向前划弧，屈肘抖腕，在头前上方成亮掌（即横掌），掌心向前，掌指向左，目视左方，如图 4-30（d）所示。

要点：三个动作必须连贯。成虚步时，重心落于右腿上，右大腿与地面平行。左腿微屈，脚尖点地。

图 4-30　虚步亮掌

2. 并步对拳

1）右腿蹬直，左腿提膝，脚尖内扣，上肢姿势不变，如图 4-31 所示。

2）左脚向前落步，重心前移。左臂屈肘，左勾手变掌经左肋前伸；右臂外旋向前落下于左掌右侧，两掌同高，掌心均向上，如图 4-32 所示。

3）右脚向前上一步，两臂下垂后摆，如图 4-33 所示。

4）左脚向右脚并步，两臂向外向上经胸前屈肘下按，两掌变拳，拳心向下，停于小腹前，目视左侧，如图 4-34 所示。

要点：并步后挺胸、塌腰；对拳、并步、转头要同时完成。

图 4-31　并步对拳（a）

图 4-32　并步对拳（b）

图 4-33　并步对拳（c）

图 4-34　并步对拳（d）

（二）第一段

1. 左弓步冲拳

1）左脚向左上一步，脚尖向斜前方；右腿微屈，成半马步。左臂向上，向左格打，拳眼向右，拳与肩同高；右拳收至腰侧，拳心向上，目视左拳，如图 4-35 所示。

2）右腿蹬直成左弓步。左拳收至腰侧，拳心向上；右拳向前冲出，高与肩平，拳眼向上，目视右拳，如图 4-36 所示。

要点：成弓步时，右腿充分蹬直，脚跟不要离地。冲拳时，尽量转腰送肩。

2. 左弹腿冲拳

重心移至左腿，右腿屈膝提起，脚面绷直，猛力向前弹出伸直，高与腰平。右拳收至腰侧；左拳向前冲出，目视前方，如图 4-37 所示。

要点：弹出的腿要有爆发力，力点达于脚尖。弹腿和冲拳要协调，并同时完成。

3. 马步冲拳

右脚向前落步。脚尖内扣，上体左转。左拳收至腰侧，两腿下蹲成马步；右拳向前冲出，目视右拳，如图 4-38 所示。

图 4-35　左弓步冲拳（a）

图 4-36　左弓步冲拳（b）

图 4-37　左弹腿冲拳

图 4-38　马步冲拳

要点：成马步时，大腿要成水平，两腿平行，脚跟外蹬，挺胸、塌腰。

4. 右弓步冲拳

1）右转 90 度，右脚尖外撇向斜前方，成半马步。右臂屈肘向右格挡，拳眼向后，目视右拳，如图 4-39 所示。

2）左腿蹬直成右弓步。右拳收至腰侧；左拳向前冲出。目视左拳，如图 4-40 所示。

要点：与本段的弓步冲拳相同，唯左右相反。

5. 右弹腿冲拳

重心前移至右脚，左腿屈膝提起，脚面绷直，猛力向前弹出伸直，高与腰平。左拳收至腰侧，右拳向前冲出，目视前方，如图 4-41 所示。

要点：与本段的弹腿冲拳相同，唯左右相反。

图 4-39　右弓步冲拳（a）

图 4-40　右弓步冲拳（b）

图 4-41　右弹腿冲拳

6. 大跃步前穿

1）左腿屈膝上提。右拳变掌内旋，以手背向下挂至左膝外侧，上体前倾，目视右手，如图 4-42 所示。

2）左脚向前落步，两腿微屈。右掌继续向后挂，左拳变掌，向后、向下伸直，目视右掌，如图 4-43 所示。

3）左腿屈膝向后提起，右腿立即猛力蹬地向前跃出。两掌向前、向上划弧摆起。目视右掌，如图 4-44 所示。

4）右腿落地全蹲，左腿随即落地向前铲出成仆步。右掌变拳抱于腰侧，左掌由上向右、向下划弧成立掌，停于右胸前，目视左方，如图 4-45 所示。

要点：跃步要远，落地要轻，整个动作要协调、连贯完成。

图 4-42　大跃步前穿(a)

图 4-43　大跃步前穿(b)

图 4-44　大跃步前穿(c)

图 4-45　大跃步前穿(d)

7. 弓步击掌

右腿蹬直成左弓步。左掌经左脚面向后划弧至身后成勾手，左臂伸直，勾尖向上；右拳由腰侧变掌向前推出，掌指向上，掌外侧向前，目视右掌，如图 4-46 所示。

8. 马步架掌

1）重心移至两腿中间，左脚脚尖内扣成马步，上体左转。右臂向左侧平摆，稍屈肘；同时左勾手变掌由后经左腰侧从右臂内向前上方穿出，掌、指均朝上，目视左手，如图 4-47 所示。

2）右掌立于左胸前，左臂向左上屈肘抖腕亮掌于头部左上方，掌心向上，目右转视，如图 4-48 所示。

要点：抖腕、甩头要同时。马步的要求同马步冲拳。

图 4-46　弓步击掌

图 4-47　马步架掌（a）

图 4-48　马步架掌（b）

（三）第二段

1. 虚步栽拳

1）右脚蹬地，屈膝提起；左腿伸直，以前脚掌为轴向右后转体 180 度；右掌由左胸前向下经右腿外侧向后划弧成勾手；左臂随上体转动并外旋，使掌心朝右，目视右手，如图 4-49 所示。

2）右脚向右落地，重心移至右腿上，下蹲成左虚步；左掌变拳下落于左膝上，拳眼向内；右勾手变拳，屈肘上架于头右上方，拳心向前，目视左方，如图 4-50 所示。

要点：落步、架拳、栽拳、转头要同时完成。

图 4-49　虚步栽拳（a）

2. 提膝穿掌

1）右腿稍伸直。右拳变掌收至腰侧，掌心向上；左拳变掌由下向左、向上划弧盖压于体前，掌心向前，如图 4-51 所示。

2）右腿蹬直，左腿屈膝提起，脚尖内扣。右掌从腰侧经左臂内向右前上方穿出，掌心向上；左掌收至右胸前成立掌，目视右掌，如图 4-52 所示。

要点：支撑腿与右臂充分伸直。

3. 仆步穿掌

右腿全蹲，左腿向左侧铲出成左仆步。右臂不动，左掌由右胸前向下经左腿内侧，向左脚面穿出，目随左掌转视，如图 4-53 所示。

图 4-50　虚步栽拳(b)

图 4-51　提膝穿掌(a)

图 4-52　提膝穿掌(b)

图 4-53　仆步穿掌

4. 虚步挑掌

1）右腿蹬直，重心前移至左腿成左弓步。右掌稍下降，左掌随重心前移向前挑起，如图 4-54 所示。

2）右脚向左前方上步，左腿半蹲，成右虚步。上体随上步左转 180 度。在右脚上步的同时，左掌由前向上、向后划成立掌，右掌由后向下、向前上方挑起成立掌，指尖与眼平，目视右掌，如图 4-55 所示。

要点：上步要协调，虚步要稳。

5. 马步击掌

1）右脚落实，脚尖外撇，重心稍升高并右移，左掌变拳收至腰侧；右掌俯掌向外搂手，如图 4-56 所示。

2）左脚向前上一步，以右脚为轴向后转体 180 度，两腿下蹲成马步。左掌从右臂上成立掌向左侧击出；右掌变拳收至腰侧，日视左掌，如图 4-57 所示。

图 4-54　虚步挑掌(a)

图 4-55　虚步挑掌(b)

图 4-56　马步击掌(a)

图 4-57　马步击掌(b)

要点：右掌搂手时，先使臂内旋、腕伸直，手掌向下、向外转；接着臂外旋，掌心经下向上翻转，同时抓握成拳。收拳和击掌动作要同时进行。

6. 插步双摆掌

1）重心稍右移，同时两掌向下、向右摆，掌指向上，目视右掌，如图 4-58 所示。

2）右脚向左腿后插步，前脚掌着地。两臂继续由右向上、向左摆，停于身体左侧，均成侧立掌，右掌停于左肘窝处，眼随手动，如图 4-59 所示。

要点：两臂要划立圆，幅度要大，摆掌与后插步配合一致。

7. 弓步击掌

1）两腿不动。左掌收至腰侧，掌心向上；右掌向前划弧推出，掌心向前，如图 4-60 所示。

2）左腿后退一步，成右弓步，右掌向下、向后伸直摆动，成勾手，勾尖向上，左掌成立掌向前推出，目视左掌，如图 4-61 所示。

图 4-58 插步双摆掌(a)

图 4-59 插步双摆掌(b)

图 4-60 弓步击掌(a)

图 4-61 弓步击掌(b)

8. 转身踢腿马步盘肘

1）两脚以前脚掌为轴向后转体 180 度。在转体的同时，左臂向上、向前划半立圆，右臂向下、向后划半立圆，如图 4-62 所示。

2）上动不停，两脚不动，右臂由后向上、向前划半立圆，左臂由前向下、向后划半立圆，如图 4-63 所示。

图 4-62 转身踢腿马步盘肘（a）

图 4-63 转身踢腿马步盘肘（b）

3）上动不停，右臂向下、向身后成反臂勾手，勾尖向上；左臂向上成亮掌，掌心向前上方；右腿伸直，脚尖勾起，向额前踢，如图 4-64 所示。

4）右脚向前落地，脚尖内扣。右手不动，左臂屈肘下落至胸前，左掌心向下，目视左掌，如图 4-65 所示。

5）上体左转 90 度，两腿下蹲成马步。同时左掌向前、向左平搂变拳收至腰侧，右勾手变拳，右臂伸直，由体后向右、向前平摆，至体前时屈肘，肘尖向前，高与肩平，拳心向下，目视前方，如图 4-66 所示。

要点：两臂抡动时要划立圆，动作连贯。盘肘时要快速有力，右臂前送。

图 4-64　转身踢腿马步盘肘(c)

图 4-65　转身踢腿马步盘肘(d)

图 4-66　转身踢腿马步盘肘(e)

（四）第三段

1. 歇步抡砸拳

1）重心稍升高，右脚尖外撇，右臂由胸前向上、向右抡直；左拳向下、向左，使臂抡直，目视右拳，如图 4-67 所示。

2）上动不停，两脚以前脚掌为轴，向右后转体 180 度，右臂向下、向后抡摆，左臂向上、向前随身体转动，如图 4-68 所示。

3）紧接上动，两腿全蹲成歇步，左臂随身体下蹲，同时左拳向下平砸，拳心向上，臂部微屈；右臂伸直向上举起，目视左拳，如图 4-69 所示。

要点：抡臂动作要连贯完成，划成立圆。歇步要两腿交叉全蹲，左腿大、小腿靠紧，臀部贴于小腿外侧，膝关节在右小腿外侧，脚跟提起；右脚尖外撇，全脚着地。

2. 仆步亮掌

1）左脚由右腿后抽出上前一步，左腿蹬直，右腿半蹲，成右弓步。上体微向右转。左拳收至腰侧，右拳变掌向下经胸前向右横击掌，目视右掌，如图 4-70 所示。

2）右脚蹬地屈膝提起，上体右转。左拳变掌，从右掌上向前穿出，掌心向上；右掌平收至左肘下，如图 4-71 所示。

图 4-67　歇步抡砸拳（a）

图 4-68　歇步抡砸拳（b）

图 4-69　歇步抡砸拳（c）

图 4-70　仆步亮掌（a）

图 4-71　仆步亮掌（b）

3）右脚向右落步，屈膝下蹲，左腿伸直成仆步。左掌向下、向后划弧成勾手，勾尖向上；右掌向右、向上划弧微屈，抖腕成亮掌，掌心向前。头随右手转动，成亮掌时，目视左方，如图 4-72 所示。

要点：落步下蹲时，先成右仆步，然后迅速过渡成左仆步。成仆步时，左腿充分伸直，脚尖内扣，右腿全蹲，两脚掌全部着地。上体挺胸塌腰，稍左转。

3. 弓步劈掌

1）右腿蹬地立起；左腿收回并向左前方上步。右掌变拳收至腰侧，拳心向上；左勾手变掌由下向前上经胸前向左做掳手，如图 4-73 所示。

2）右腿经过左腿前方向左绕上一步，左腿蹬直成右弓步。左手向左平掳后再向前挥摆，虎口朝前，如图 4-74 所示。

3）在左手平掳的同时，右掌向后平摆，然后再向前、向上做抡臂劈掌，拳高与耳平，拳心向上，左掌外旋接扶右前臂，目视右拳，如图 4-75 所示。

要点：左右脚上步稍带弧形。

图 4-72 仆步亮掌(c)

图 4-73 弓步劈掌(a)

图 4-74 弓步劈掌(b)

图 4-75 弓步劈掌(c)

4. 换跳步弓步冲拳

1）重心后移，右脚稍向后移动，右拳手臂内旋，向下划弧挂至右膝内侧；左掌背贴靠右肘外侧，掌指向前，目视右拳，如图 4-76 所示。

2）右腿自然上抬，上体稍向左扭转。右拳变掌挂至身体左侧，左掌伸向右腋下，目随右掌转视，如图 4-77 所示。

3）右脚以全脚掌用力向下震跺，与此同时，左脚急速离地抬起。右手由左向上、向前掳盖而后变拳收至腰侧；左掌伸直向下、向上、向前屈肘下按，掌心向前。上体右转，目视左掌，如图 4-78 所示。

4）左脚向前落地，右脚蹬直成左弓步。右拳向前冲出，拳眼朝上，拳高与肩平；左掌藏于右腋下，掌指向上，目视右拳，如图 4-79 所示。

要点：换跳步动作要连贯、协调。震脚时腿要弯曲，全脚掌着地，左脚离地不要高。

图 4-76　换跳步弓步冲拳（a）

图 4-77　换跳步弓步冲拳（b）

图 4-78　换跳步弓步冲拳（c）

图 4-79　换跳步弓步冲拳（d）

5. 马步冲拳

上体右转 90 度，重心移至两腿中间，成马步。右拳收至腰侧，拳心向上；左掌变拳向左冲出，拳眼向上，目视左拳，如图 4-80 所示。

6. 弓步下冲拳

右脚蹬直，左腿弯曲，上体稍向左转，成左弓步。左拳变掌向下经体前向上架于头左上方，掌心向上，右拳自腰侧向右前下方冲出，拳眼向上，目视右拳，如图 4-81 所示。

7. 插步亮掌侧踹腿

1）上体稍右转。左掌由头上下落于右手腕上，右拳变掌，两手交叉成十字，目视双手，如图 4-82 所示。

2）右脚蹬地并向左腿后插步，以前脚掌着地。左掌由体前向下、向后划弧成勾手，勾尖向上；右掌由前向右、向上划弧抖腕亮掌，掌心向上，目视左侧，如图 4-83 所示。

图 4-80　马步冲拳

图 4-81　弓步下冲拳

图 4-82　插步亮掌侧踹腿（a）

图 4-83　插步亮掌侧踹腿（b）

3）重心移至右腿，左腿屈膝提起，向左上方猛力蹬出。上肢姿势不变，目视左侧，如图 4-84 所示。

要点：插步时上体稍向右倾斜，腿、臂的动作要一致。侧踹高度不能低于腰，着力点在脚跟。

8. 虚步挑掌

1）左脚在左侧落地。右掌变拳稍后移，左勾手变拳由体后向左上挑，拳眼向上，如图 4-85 所示。

2）上体左转 180 度，微含胸前俯。左拳继续向前、向上划弧上挑，右拳向下、向前划弧挂至身体右后侧，同时右膝提起，目视右拳，如图 4-86 所示。

3）右脚向左前方上步，脚尖点地，重心落于左脚，左腿下蹲成右虚步。左拳向后划弧收至腰侧，拳心向上；右拳向前屈臂挑出，拳眼斜向上，拳与肩同高，目视右拳，如图 4-87 所示。

图 4-84 插步亮掌侧踹腿（c）

图 4-85 虚步挑掌（a）

图 4-86 虚步挑掌（b）

图 4-87 虚步挑掌（c）

（五）第四段

1. 弓步顶肘

1）重心提高，右臂内旋向下划弧以拳背下挂至右膝内侧，左拳不变，目视前下方，如图 4-88 所示。

2）左腿蹬直，右腿屈膝上抬。左拳变掌，右拳不变，两臂向前、向上划弧摆起，目随左掌转视，如图 4-89 所示。

3）左脚蹬地起跳，身体腾空，两臂继续划弧至头上方，如图 4-90 所示。

4）右脚先落地，右腿屈膝，左脚向前落步，以前脚掌着地。同时两臂向右、向下屈肘停于左胸前，右拳变掌，左掌变拳。右掌心贴靠在左拳面，如图 4-91 所示。

5）左脚向左上一步，左腿屈膝，右腿蹬直成左弓步，右掌推左掌，以肘尖向左顶出，高与肩平，目视前方，如图 4-92 所示。

要点：交换步时不要过高，但要快。两臂抡摆时要成圆弧。

图 4-88 弓步顶肘（a）

图 4-89 弓步顶肘（b）

图 4-90 弓步顶肘（c）

图 4-91 弓步顶肘（d）

图 4-92 弓步顶肘（e）

2. 转身左拍腿

1）以两脚前脚掌为轴向右后转体 180 度，左腿蹬直成右弓步。随着转体，右臂向上、向右、向下划弧抡摆，同时左拳变掌向下、向后、向前上抡摆，如图 4-93 所示。

2）重心移至右腿，左腿伸直向上踢起，脚面绷直，左掌变拳收至腰侧，右掌由体后向上、向前拍击左脚面，如图 4-94 所示。

要点：右掌拍脚时手掌稍横过来，拍脚要准而响亮。

3. 右拍脚

1）左脚向前落地，左拳变掌向下、向后摆，右掌变拳收至腰侧，拳心向上，如图 4-95 所示。

2）右腿伸直向前上踢起，脚面绷直。左掌由后向上、向前拍击右脚面，如图 4-96 所示。

要点：与本段的转身左拍脚相同。

图 4-93　转身左拍腿（a）

图 4-94　转身左拍腿（b）

图 4-95　右拍脚（a）

图 4-96　右拍脚（b）

4. 腾空飞脚

1）右脚落地，如图 4-97 所示。

2）左脚向前摆起，右脚猛力蹬地跳起，左腿屈膝继续前上摆。同时右拳变掌向前、向上摆起，左掌先上摆而后下降拍击右掌背，如图 4-98 所示。

3）右腿继续上摆，脚面绷直。右手拍击右脚面，左掌由体前向后上举，如图 4-99 所示。

要点：蹬地要向上，不要太向前冲，左膝尽量上提。击响要在腾空时完成，右臂伸直成水平。

图 4-97　腾空飞脚（a）

图 4-98　腾空飞脚（b）

图 4-99　腾空飞脚（c）

5. 歇步下冲拳

1）左、右脚先后相继落地，右掌不变，左掌变拳收至腰侧，拳心向上，如图 4-100 所示。

2）身体右转 90 度，两脚全蹲成歇步。右拳抓握，外旋变拳收至腰侧；左拳由腰侧向前下方冲出，拳心向下，目视左拳，如图 4-101 所示。

6. 仆步抡劈拳

1）重心升高，右臂由腰侧向体后伸直，左臂随身体重心升高向上摆动，如图 4-102 所示。

2）以右脚前脚掌为轴，左腿屈膝提起，上体左转 270 度。左拳向前、向后下划立圆一周；右拳由后向下、向前上划立圆一周，如图 4-103 所示。

3）左腿向后落一步，屈膝全蹲，右腿伸直，脚尖内扣成右仆步。右拳由下向上抡劈，拳眼向上；左拳后上举，拳眼向上，目视右拳，如图 4-104 所示。

要点：抡臂时一定要划立圆。

图 4-100　歇步下冲拳（a）

图 4-101　歇步下冲拳（b）

图 4-102　仆步抡劈拳（a）

图 4-103　仆步抡劈拳（b）

图 4-104　仆步抡劈拳（c）

7. 提膝挑掌

1）重心前移成右弓步。同时右拳变掌由下向上抡摆，左拳变勾稍下落，右掌心向左，左手勾尖向上，如图 4-105 所示。

2）左、右臂在垂直面上由前向后各划立圆一周。右臂伸直停于头上，掌心向左，掌指向上；左勾手不动，同时，重心移至左腿，右腿屈膝提起，左腿挺膝伸直独立，目视前方，如图 4-106 所示。

要点：抡臂时要划立圆。

8. 提膝劈掌弓步冲拳

1）下肢不动。右掌由上向下猛劈伸直，停于右小腿内侧，用力在小指一侧，掌心向左。左勾手变掌，屈臂向前停于右上臂内侧，掌心向右，目视右掌，如图 4-107

所示。

2）右脚向右侧落地；身体右转 90 度。同时左掌变拳收至腰侧，右臂内旋向右划弧做劈掌，如图 4-108 所示。

3）上动不停，左腿蹬直成右弓步。右手抓握变拳收至腰侧，左拳由腰侧向左前方冲出，拳眼向上，目视左拳，如图 4-109 所示。

图 4-105　提膝挑掌（a）

图 4-106　提膝挑掌（b）

图 4-107　提膝劈掌弓步冲拳（a）

图 4-108　提膝劈掌弓步冲拳（b）

图 4-109　提膝劈掌弓步冲拳（c）

（六）结束动作

1. 虚步亮掌

1）左脚扣于右膝后，两拳变掌，两臂右上左下屈肘交叉于体前，目视前方，图 4-110 所示。

2）左脚向左前落步，重心后移，右腿半蹲，上体稍右转。同时左掌向上、向右、向下划弧停于右腋下；右掌向左、向上划弧至左臂上方，两手臂左下右上，目视左掌，图 4-111 所示。

3）左脚尖稍向右移，右腿下蹲成左虚步。左臂伸直向左、向后划弧成反勾手；右臂伸直向下、向右、向上划弧抖腕亮掌，掌心向上，目视左方，如图 4-112 所示。

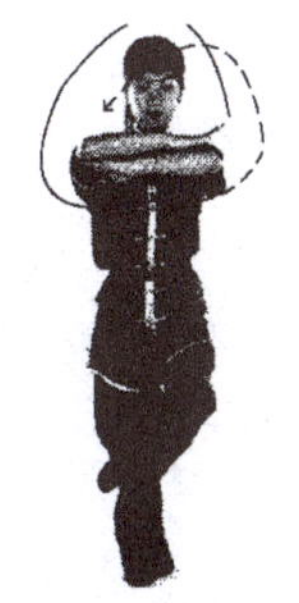
图 4-110　虚步亮掌（a）

图 4-111　虚步亮掌（b）

图 4-112　虚步亮掌（c）

2. 并步对拳

1）左腿后撤一步，同时两掌从两腰侧向前穿出伸直，掌心向上，如图 4-113 所示。

2）右腿后撤一步，同时两臂分别向体后下摆，如图 4-114 所示。

3）左脚后退半步向右脚并拢。两臂由后向上经体前屈臂下按，两掌变拳，停于腹前，拳心向下，拳面相对，目视左方，如图 4-115 所示。

（七）还原

两臂自然下垂，目视正前方，如图 4-116 所示。

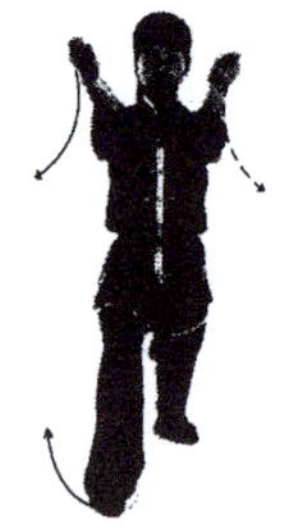

图 4-113 并步对拳(a)

图 4-114 并步对拳(b)

图 4-115 并步对拳(c)

图 4-116 还原

活动与训练

游戏：攻占城堡。

目的：发展下肢力量，提高观察和反应能力。

场地：在相距 20~30 米的平坦场地上，分别放两个呼啦圈（或画两个同等大小的圆）作为各方的城堡。

方法：根据班上人数，分成相等的两组，各方一路纵队或者有组织地站在城堡的后面，听到教师鸣哨后，每个队分别派一名学生以单足跳相向而行，单足跳时，中途可以换脚。当相遇时，展开搏杀，搏杀以“勾手（为剪子）、掌（为布）、拳（为石头）”为主要形式。胜利者继续前行，失败者返回本队，队里再派一名学生与胜者决斗，直至攻至对方城堡（以一只脚踏入城堡）为最终胜利。

建议：可以采用 3 局 2 胜制的方法决出胜负；失败队可以派代表或者集体进行才艺展示。该游戏耗时较长，可以作为调节课或者专项身体练习课使用。也可以每次课只比赛一局，分三次课完成，留下悬念，效果较好。

探索与思考

1. 初级长拳的特点是什么？
2. 太极拳和初级长拳进行比较，你更喜欢哪一种风格，为什么？

单元4.4 跆拳道

学习目标

1. 了解跆拳道的起源与发展。
2. 学习和掌握跆拳道的基本知识、基本技术和练习方法以及比赛规则。
3. 更好地欣赏和参与跆拳道运动。

一、跆拳道运动概述

（一）跆拳道的起源与发展

跆拳道古称跆跟、花郎道，是起源于古代朝鲜的民间武艺。公元688年，新罗王国统一了朝鲜，经济繁荣，百业兴旺，建立了一种“花郎制度”。到真兴王时，便创立了“花郎道”。花郎道是花郎制度的组织形式，即将年轻人组织到一起进行武艺锻炼。其宗旨是“事君以忠，事亲以孝，事友以信，临阵无退，杀身有择”。以此磨炼人的意志、锻炼人的体魄，培养造就了一批又一批忠君孝亲、英勇顽强、无所畏惧的战士。在一本描写新罗风俗习惯的书——《帝王韵记》中，记载着跆拳道活动。

公元935年，勇敢善战的高句丽军队推翻了新罗王朝，建立了高句丽王朝。士兵们的战斗力来自平日的训练和对跆拳道的喜爱。他们平时常常用拳掌击打墙壁或木块，以磨炼手部的攻击能力。十分喜爱徒手搏斗的忠惠王曾专门邀请臂力过人、武功超众的士兵金振都（亦有称金扼郁）到宫廷表演手搏技艺，使跆拳道声望大振，并日渐被广大民众接受。1392年，高句丽王朝被李朝取代，武功及跆拳道没有得到足够的重视。但在民间，这一活动却始终没有停止。1790年汇编成书的《武艺图谱通志》中收录了“手搏”“跆跟”等武艺的技术与方法，以及动作图解和一些器械的使用方法，并将很多技击性很强的武术技艺融会到跆拳道的技法之中。1910年日本侵占朝鲜后，建立起殖民政府，一度下令禁止所有的文化活动。跆拳道自然在劫难逃，一度在朝鲜境内销声匿迹。一些不甘寂寞或被生活逼迫的人远离国土，到中国或日本谋生，同时把跆拳道延续下来。更为重要的是，他们将其与中国武术和日本武道交融与结合，孕育了新的技术体系。第二次世界大战后，自卫术再度兴起，从异国他乡回归故土的朝鲜人也将各国的武道技艺带回本国，逐渐与跆拳道融为一体，形成了现在的跆拳道体系。1955 年，正式称朝鲜的自卫术为“跆拳道”。1961 年 9 月，韩国成立了唐手道协会，后更名为跆拳道协会，并成为全国运动会正式比赛项目。1966 年，它的第一个国际组织——国际跆拳道联盟成立。1973 年 5 月在汉城（今首尔）成立了世界跆拳道联合会。1975 年，“世界跆拳道联合会”（简称世界跆联）被国际体育联合会接纳为正式会员。1980 年，国际奥委会正式承认世界跆联。迄今为止，世界跆联已有 144 个会员国，6 500 多万爱好者参加练习。1973 年，“世界跆拳道协会”成立，有美国、中国香港和中国台湾、日本、马来西亚、新加坡、朝鲜、菲律宾、沙巴、柬埔寨、澳大利亚、科特迪瓦、乌干达、英国、法国、加拿大、埃及、奥地利、墨西哥等二十多个国家和地区加入。目前会员仍在不断增加。1988 年，跆拳道在韩国汉城奥运会首次亮相。为了适应国际重大比赛，跆拳道的技术在不断地变革和发展。世界跆拳道联盟的部门中有一个特别技术委员会，其主要任务就是改进现今的跆拳道技术。当然，今日的跆拳道动作似乎不像以前那样圆滑流畅，也不似以前那样重视运动中身体的平衡。然而，对当今跆拳道技术的检验并不在于它的外在表现形式，而是在实战之中进行检验。具体地说，就是在实战对抗中或在大街上遭受袭击被迫自卫的情形下，新型跆拳道的技术无疑要比拘于形式的老技术更胜一筹。

（二）跆拳道的价值

练习跆拳道需要活动全身的肌肉和关节，因此，它是一项较全面的运动。人类一直很重视生命的维持和生存的需要，所以无论对内环境还是外环境的变化，都能及时地做出适当的调整。

外环境，就是指为了生存下去，人体与外界不可分割的那些关系；内环境，则要保持机体机能的统一与平衡。

二、跆拳道基本技术与练习方法

1. 前踢

以左势实战姿势开始。右脚向后蹬地，身体重心前移至左脚；右脚蹬地顺势屈膝提起，左脚以前脚掌为轴外旋约 90 度；同时，右腿迅速以膝关节为轴伸膝、送髋、顶髋，把小腿快速向前踢出，力达脚尖或前脚掌。踢击目标后，右腿迅速放松弹回，落回原地仍成左势实战姿势。

动作要领：

1）膝关节上提时大小腿折叠，膝关节夹紧，小腿和踝关节放松，有弹性。

2）踢击时顺势往前送髋；高踢时往上送髋。

练习方法：

1）从右势实战姿势开始。

2）左脚蹬地重心前移至右脚，右脚支撑；左脚随蹬地屈膝上提膝关节，上体略后仰。

3）右脚以脚掌为轴外旋约 90 度；同时，左腿迅速伸膝向前上踢击，左腿上直，力达脚尖或前脚掌。

4）踢击目标后，小腿快速放松回收，左脚落回成左势实战姿势。

2. 横踢

右脚蹬地，重心移到左脚，右脚屈膝上提，两拳置于胸前；左脚前脚掌辗地内旋，髋关节左转，左膝内扣；随即左脚掌继续内旋转 180 度，右腿膝关节向前抬置水平状态；小腿快速向右前横踢出；击打目标后迅速放松收回小腿，右脚落回成实战姿势。

动作要领：膝关节夹紧，向前提膝，尽量走直线；支撑脚外旋 180 度；髋关节往前顺，身体与大小腿成直线，严格注意击打的力点正脚背；踝关节放松，击打的感觉是“面团”“鞭梢”。横踢攻击的主要部位有头部、胸部、腹部和肋部。

3. 后踢

左脚掌为轴内旋约 90 度，上身旋转重心移到左脚，右腿屈膝收腿直线踢出，重心前移落下。

动作要领：

1）起腿后大腿与小腿折叠成一团。

2）动作延伸，用力延伸。

3）转身、踢膝、出腿一次性完成，不能停顿。

4）击打目标在正后方稍偏右。

4. 劈腿

实战姿势开始。右脚蹬地，重心前移至左脚；同时，右腿以髋关节为轴屈膝上提，两手握拳置于胸前；随即充分送髋，上提膝关节至胸部；右小腿以膝关节为轴向上伸直，将右腿直举于体前，右脚过头；然后放松向下，以右脚后跟（或脚掌）为力点劈击，一直到前面，成实战姿势。

动作要领：腿尽量往高、往头后举，要向上送髋，重心往高起；脚放松往前落，落地要有控制；起腿要快速、果断；踝关节要放松。劈腿的主要攻击部位有头顶、脸部和锁骨。

5. 推踢

实战姿势开始。右脚蹬地，重心前移；右脚以髋关节为轴提膝前蹬；用右脚脚掌向前蹬推，力点在脚掌，推力向正前方。

动作要领：提膝后尽量收紧膝关节；重心往前移，利用身体的重量为力量；推的时候腿往前伸展、送髋；推的路线水平往前。推踢的攻击目标是腹部。

易犯错误：

1）收腿不紧，直腿起，容易被阻截。

2）上身太直重心往下落，腿不能水平前推。

3）上身过于后仰，重心不能前移，不利于衔接下一个技术。

6. 勾踢

从左势实战姿势开始。右脚向后蹬地，身体重心前移至左脚；左脚支撑，右腿屈膝提起；左脚以前脚掌为轴，脚跟向内旋转约 180 度，右腿膝关节内扣，右腿向左前方伸出；伸直后，用脚掌向右侧用力屈膝鞭打；然后右腿顺势放松屈膝回收，落回原地成实战姿势。

动作要领：

1）起腿后右腿屈膝抬过水平，然后内扣。

2）右脚要随转体尽量向左前伸展。

3）右脚掌向右鞭打时要屈膝扣小腿。

4）鞭打后顺势放松。

练习方法：

1）从左势实战姿势开始。

2）右脚向后蹬地，身体重心前移至左脚，左脚支撑，右脚屈膝前提。

3）左脚以前脚掌为轴，脚跟向内旋约 180 度，同时，右膝稍内扣。

4）右腿伸膝，右腿向左前方伸直。右脚在屈膝扣小腿动作的带动下，向右用前脚掌做鞭打动作。

5）右脚鞭打结束后，放松屈膝回收，落回原地成左势实战姿势。

7. 后旋踢

实战姿势开始。两脚以两脚掌为轴均内旋约 180 度，身体右转约 90 度，两拳置于胸前。上体右转，与双腿拧成一定角度；右脚蹬地将蹬地的力量与上体拧转的力量合在一起，将右腿向后上以髋关节为轴直腿摆起；右腿继续向右后旋摆鞭打，同时上体向右转，带动右腿弧形摆至身体右侧；右腿屈膝回收，右脚落至右后成实战姿势。

动作要领：转身、旋转、踢腿连贯进行，一气呵成，中间没有停顿；击打点应在正前方，呈水平弧线；屈膝起腿的旋转速度要快；重心在原地旋转 360 度。后旋腿攻击的主要部位有腰部和胸部。

8. 双飞踢

两人从闭势实战姿势开始。攻方先用右横踢攻击对方左肋部，同时，左脚蹬地起跳，身体腾空右转，腾空高度在膝关节以上，但不宜过高；左脚起跳后在空中用左横踢迅速踢击对方胸部或腹部；左右脚交换，右脚落地支撑，左脚横踢目标后迅速前落，成左势实战姿势。

动作要领：

1）右腿横踢目标的同时，左脚蹬地跳。

2）左脚起跳后迅速随身体右转横踢目标。

3）两腿在空中交换，右脚先落地。

练习方法：

1）实战姿势开始。

2）攻方起右腿向前横踢攻击目标。

3）左脚蹬地起跳，在空中顺势交换两腿。

9. 旋风踢

两人从闭势实战姿势开始。攻方左脚向右脚右侧前方跨一步，左脚内扣落地，身体向右旋转 180 度；左脚落地的同时右腿随身体继续右转向右后摆起，此时身体已转动 360 度；左脚蹬地起跳，顺势在空中用左横踢击打对方腹部或头部，右脚落地支撑。

动作要领：

1）攻方上步转体动作要迅速果断，左脚内扣落地时脚跟对敌。

2）右脚随身体又转向后右侧摆起时不要太高，以能带动身体旋转起跳为宜。

3）左脚蹬地起跳，身体腾空，但不过膝，目的是快速旋转出腿。

4）左脚横踢时，右腿向下落地，要快落站稳，即横踢目标的同时右脚落地。

10. 膝的基本进攻技术

膝关节在跆拳道实战格斗中被用作近距离攻击对方的主要武器之一。这是因为膝关节是人体关节武器化中最具力量的一种，而且使用简单，一旦击中会置敌于死地。膝关节的主要使用技术是顶膝和撞膝技术。

1）顶膝：准备姿势开始。左脚上前迈半步成左弓步，同时双手自腰间前举，由拳变掌抓对方的肩部或衣襟。随即双手用力向下压拉对方的肩部或衣襟，同时提右膝向上顶击。顶击的主要部位有腹部、裆部、头面部。顶膝时两手的下压、下拉用力和提膝上顶的力量协调进行，形成合力顶击对方，达到置敌于死地的目的。

2）撞膝：准备姿势开始。左脚掌为轴碾地，身体左转，同时右腿屈膝上提，自右下向左上侧用膝部撞击，两拳抱于腹前。撞击的动作可用膝分别向一侧方向进行。撞击的用力方向是横向的。撞击的主要部位是腹腔神经丛和两软肋部。做动作时，提膝、转体、撞击的动作要连续协调，形成加速撞钟式的动作，以提高杀伤力。

11. 掌的基本进攻技术

掌法在跆拳道实战中是非常多见的。虽然正式的跆拳道比赛不准使用掌法，但是，掌法在跆拳道品势练习、实战格斗以及防身自卫中，具有非同寻常的攻击效果，轻者致伤，重者致残致命。因而，练好掌法对增强实战格斗和防身自卫能力有着重大的意义。

1）砍掌（手刀砍）：两脚开立成准备姿势，两手握拳置于腹前，手心向内。左脚前迈步成左弓步，同时右手臂提肘上举，经由右前方将右手由拳变掌提到右前与头同高；随即前伸右臂，右臂外旋由外向内用右手向左前平砍，掌心向上。砍掌动作左右手刀砍势相同，只是方向相反。砍掌分仰掌砍击和俯掌砍击，攻击部位在颈动脉、锁骨和两肋。

2）插掌（贯手）：准备姿势开始。左脚向前迈一步成左弓步，同时右手自腰间由拳变掌向前伸臂插出，右臂伸直，力达指尖；左手握拳收于腰间。插掌动作左右掌相同，只是方向相反。插掌分立插掌和平插掌两种形式，可仰掌亦可俯掌，攻击部位在脸部、心口、肋间和颈部。

3）底掌掐击：准备姿势开始。左脚向前迈一步成左弓步，同时右手自腰间由拳变掌底向前掐击，利用底掌的大拇指和四指掐击对方的咽喉。掐击动作可左手亦可右手，只是方向相反。攻击的主要部位是对方的咽喉。

4）掌根推击：亦叫熊掌推击，由准备姿势开始。左脚向前迈一步成左弓步，同时右手自腰间由拳变熊掌向前推出，力点在掌根；左手握拳，拳心向上收于腰间。掌根推击可用左手亦可用右手，动作相同，方向相反。掌根推击的部位在面部、胸部和腹部。

5）双插掌：准备姿势开始。左脚向前迈一步成左弓步，双手自腰间由拳变贯手向前同时插击。如果改变手型，将贯手改为熊掌，就可将动作变为熊掌双推击。插击或推击的部位主要是胸部、肋部和面部。

12. 肘的基本进攻技术

肘关节由于骨结构本身的特点，使用肘的骨尖部，其击打的力度和威胁都很大。尤其是二肘的基本进攻技术在贴身的近距离攻击中，肘的威力能更充分发挥，给对方以强有力的打击。因为肘关节前后左右都可以使用，所以肘的进攻动作可以向多个不同方向击出。

1）顶肘：准备姿势开始。左脚向前迈出一步成左弓步，同时左臂屈肘上提至胸前，左拳置于胸前，拳心向下；右拳变掌提到胸前，用右手掌推动左拳，以左肩关节为轴，左肘关节尖领先，将左肘向前顶击。顶肘的动作左右肘关节都可进行，只是方向相反。顶肘攻击的主要部位是头面部、胸部、腹部和肋部。

2）挑肘：准备姿势开始。左脚向前迈一步成左弓步，同时右拳自腰间上举，右肘关节屈曲收紧，肘尖自下向上挑起。挑肘动作可用左右肘完成，只是方向相反。挑肘攻击的主要部位有下颌和腹部。挑肘时要拧腰顺肩，以增加挑肘的距离和力量。

3）摆肘：准备姿势开始。左脚向前迈一步成左弓步，同时，右臂以肩关节为轴，将屈曲夹紧的大小臂抬平后自外向内或自内向外用力摆击肘尖部；左手拳变掌用力推或压右拳贴紧胸部并助右肘摆动。肘关节由外向内摆动叫内摆击肘，由内向外摆动叫外摆击肘。摆肘攻击的主要部位是两颊部和胸部。

4）砸肘：准备姿势开始。左脚上前一小步成前行步，同时，右臂以肩关节为轴屈肘上举；当右拳靠近耳侧时肘抬至水平以上，随即右肘用力向下砸。砸肘动作左右肘相同，只是方向相反。砸肘攻击的主要部位有头顶、面部和锁骨，也可用于对方倒地后的下砸攻击动作。

13. 拳的基本进攻技术

拳法是跆拳道实战中最基本而又非常重要的技术。出拳的基本原则是从腰间发力将拳击出，抱拳于腰间时拳心向上，拳击出的过程中要做手臂的内旋动作，拳击至最远端时手臂伸直，拳向下，击打目标后放松收回。

1）冲拳：由准备姿势开始。两脚开立与肩同宽，两手握拳置于腰间；左脚前迈成左弓步，同时右手拳内旋击出，手臂伸直，力点在拳面。冲拳动作可顺势冲拳（左脚弓步冲左拳），亦可拗式冲拳（左腿弓步冲右拳）。可向上、中、下三个方位冲拳，击打对方的头部、胸部、腹部和裆部。

2）抄拳：左脚上成三七步，同时左手前伸抓住对方的衣襟，右手握拳收于腰右侧；两脚不动，重心前移成左弓步；同时左手回拉，右拳从腰间由下向上抄起，用拳面击打对方的下颌部。抄拳的动作亦可用左手拳进行。击打的部位除下颌部，还有腹部。

3）弹拳：两脚前后开立成左三七步，两手握拳，两臂屈肘置于腹前，左拳在内，右拳在外，拳心朝下；重心前移，成左弓步，同时左手臂屈肘上提至胸前；翻肘，以肘关节为轴，前臂向上摆起，用拳背弹击对方的鼻骨、人中穴或眼睛。

4）截拳：两脚开立，左手握拳屈肘置于胸前，拳眼向上；右手握拳收于右侧腰间，拳心向上；左脚向左迈一步成左弓步，同时左臂以肘关节为轴，臂内旋向前向左侧前方用锤拳截击对方的面部、胸部或肋部。截击的位置在身体左侧前方，用力方向为由内向外横向击打。

5）鞭拳：两脚前后开立成右弓步，左手握拳收于腰左侧，拳心向上；同时右手握拳，右臂屈肘上提至肩高，右臂放置于左肩前方，拳心向内；右臂以肘关节为轴，由内向外用拳背鞭打对方的面部或胸部。左右势动作相同，只是方向相反。

6）劈拳：两脚左右开立与肩同宽，右手握拳置于右侧腰间，拳心向上；同时左手握紧斜置于腹前，拳心向内；两脚不动，左臂由腹前向左上经脸前向左下直臂抡臂，用锤拳劈击对方的头部、颈部或锁骨。

7）双冲拳：两脚并步站立，两拳拳心向上置于腹前；右脚前迈一步成左弓步，同时两拳自腰间向前冲击；两臂内旋，以双冲拳击打对方的面部、胸部和腹部。

三、跆拳道比赛规则

跆拳道的基本哲学思想是：练习此项运动者必须修身养性，道德教育第一，运动技巧第二。跆拳道运动起源于传统韩国社会的礼仪，要求身体面向对手，头部和身体按规定的角度弯下庄重地鞠躬。在世界跆拳道锦标赛中，男女各分为传统的 8 个级别。规则要求运动员身上、头上戴护具，并建议在道服内腹股沟、前臂和胫骨上佩戴护具并戴护齿。

（一）比赛规则

1）跆拳道比赛包括两方——“Chung”（蓝）和“Hong”（红）。双方以脚踢打对手的头和身体或用拳击打对方的身体而得分。比赛分三个回合，每回合 2 分钟，两回合之间休息 1 分钟。选手可通过下述方法获胜：将对方击倒胜，得分最高；使对手被罚分达到 4 分；或对手被剥夺比赛资格。比赛开始前，裁判分别发出“Cha-ryeot”和“Kyeong-rye”指令后，双方立正并相互鞠躬，然后裁判喊“Joon-bi”和“Shi-jak”宣布比赛开始。

2）每个合理的攻击将得分。击打对手的得分部位，除了头外，得分部位包括腹部及身体两侧。这三个部位标于对手的护具上。禁止击打对方腹关节以下部位，要用规则允许的身体部位击打对手。须用正确紧握的拳头的食指和中指的前部或脚踝关节以下的部位击打对方。若三位裁判中的至少两位对击打进行了认定并记录，则得分有效。

3）犯规是跆拳道比赛中的一个重要因素。不仅因为被罚 4 分（在高水平比赛中极为罕见）意味着自动失败，仅 1 个罚分就可左右比赛的胜负。跆拳道犯规分两种，即 Kyong-go 和 Gam-jeom。Kyong-go 犯规或警告意味着罚 0.5 分。但是若仅有一次 Kyong-go 犯规则不计入罚分，若再次犯规则累计罚 1 分。若选手抓、抱、推对方，逃避性地背对对方、假装受伤等，则判 Kyong-go 犯规。Gam-jeom 犯规被罚 1 分。其典型的犯规行为包括扔对手，格斗中在对手双脚离地时故意将其放倒，故意攻击对手后背，用手猛击对手的脸部。

4）选手被击倒后，裁判如拳击比赛一样开始 10 秒的读秒。在跆拳道比赛中，一方由于对手发力而使其脚底以外的其他任何部位触地则判为被击倒。裁判也可在选手无意或无法继续比赛时开始读秒。一旦出现击倒，则裁判喊“Kal-yeo”，意为“暂停”，指示另一方退后，裁判开始用韩语读秒从 1 至 10。即使被击倒的选手站起来欲继续比赛，他或她必须等待裁判继续读秒至 8 或“Yeo-dul”，然后裁判判定该选手是否能继续比赛。若其无法继续比赛，则另一方以击倒获胜。

5）在决赛以外的其他比赛中若以平局结束，则分数高的一方获胜。若双方仍旧平分秋色，则由裁判根据比赛中双方表现的主动性来决定在三回合各 3 分钟的比赛中哪一方占优。若为争夺金牌的决赛，则双方进行第四回合，即突然死亡回合的较量，率先得分者获胜，若无人得分，则裁判判定通过判断谁在该回合中占优而决定最后的胜方。

6）比赛区域。比赛区域为大小 12 平方米的正方形场地，建于高于地面约 1 米的平台上，上面铺有弹性的垫子。为安全起见，场地外两侧平台的侧面略微向地面倾斜。场地内，正中是一个 8 平方米的蓝色正方形区域。其外边为红色的警告区，提醒选手正接近边线或平台的边缘。一旦选手的脚踏入警告区则裁判自动暂停比赛。故意进入警告区可判为 Kyong-go，而故意跨过边线将被判为 Gam-jeom。

（二）跆拳道比赛欣赏

1. 以腿为主，手足并用

跆拳道技术方法中占主导地位的是腿法，腿法技术在整体运用中约占 3/4。这是因为在人体中腿的长度最长、力量最大，其次才是手的力量。腿的技法有很多种形式，可高可低、可近可远、可左可右、可直可屈、可转可旋，威胁力极大，是比赛时得分和实用制敌的有效方法。其次是手法，手臂的灵活性很好，可以自如地控制完成防守和进攻动作，同时也可以变化为拳、掌、肘、肩的多种用法，进行实战。在比赛规则以外的跆拳道实战中，人体的一些主要关节部位亦可以用作进攻的武器，或防守的盾牌。这是跆拳道技术的本质，如人体的手、肘、膝、脚等关节部位，是跆拳道实战中最常用、最有效的击打武器。

2. 方法简练，刚直硬打

不论是在比赛时还是在实战中，跆拳道的进攻方法都是十分简洁而富有实效的。对抗时双方都是直接接触，以刚制刚，用简练硬朗的方法直接击打对方，或拳或腿，速度快，变化多；防守的动作也是以直接的格挡为主，随即是连续的反击动作。防守时很少使用躲闪防守法，追求刚来刚往，硬拼硬打，尽可能保持或缩短双方间的距离，以增加击打的有效性，在近距离拼斗中争取比赛或实战的胜利。

跆拳道理论认为，经过专门训练，人的关节部位能产生不可思议的威力。特别是拳、肘、膝和脚四个部位，尤以脚和手为甚。长期专门练习跆拳道，可以使人达到内外合一的程度，即内功和外力达到统一的巅峰。

3. 强调气势，发声扬威

无论品势还是竞技跆拳道，都要求在气势上给人以威严，多以发出洪亮并带有威慑力的声音来显示自己的能力。尤其是在竞技跆拳道比赛中，双方练习者都会以规则允许的发声来提高自己的斗志，借以在气势上压倒对手，甚至在出击时配合击打效果使裁判得以认可，争取在心理上战胜对手。所以，跆拳道练习者都要进行专门的发声练习。

4. 礼始礼终，强调良好道德品质

跆拳道给人们留下的较深的印象是，跆拳道练习者始终是在不同的场合行礼鞠躬。这是因为跆拳道练习者始终把“礼”作为训练内容，强调“礼始礼终”。即练习活动都要从礼开始，以礼结束，并突出爱国主义。要求跆拳道练习者在练习技术的同时，在道德修养方面也要不断提高自己。

（三）跆拳道的教学方法和训练方法

1. 教学方法

1）完整教学法与分解教学法：由于跆拳道比赛的关键和高难度技术动作的难易不同，对于独立的每一个动作既需要采用完整教学法，有必要使用分解教学方法。

2）讲解教学法和示范教学法：讲解和示范是使学生形成正确动作概念过程的基本方法。

3）启发式教学法和分析式教学法：启发式教学法是通过讲解和语言启发，使学生对技术动作有更进一步的了解和认识。一般运用在讲解技术的攻防含义和变化规律上。

4）纠正错误法：学生在掌握动作过程中会出现各种错误。教师要善于抓住共性的错误，组织学生集中会诊，发挥大家的智慧，启发学生分析错误的因果关系，以点带面地解决普遍性问题。还要善于发动学生，互相识别错误和纠正错误，以利于学生共同提高。

5）组织练习法：当学生初步学会动作后，就要组织学生进一步练习。组织练习的方法通常有三种形式，即集体练习法、分组练习法和单独练习法。

2. 训练方法

1）自我训练法：即自己进行专门的技术动作训练。常用的方法有两种：① 对镜训练法，即自己面对镜子练习各种技术动作，边练习边自我观察；② 模仿练习法，即模仿优秀运动员或有效技术组合进行技术练习。

2）配合练习法：通过和教练或同伴的配合，训练基本技术和组合技术。常用的有三种方法：① 听口令完成技术动作，即练习者按教练或同伴的不同口令，完成相应的技术动作；② 踢脚靶练习法，即教练或同伴手持脚靶让练习者进行攻击性技术动作的踢击练习；③ 踢组合靶练习，即由 4~6 名同伴手持不同高度、不同放置角度的固定靶，站在每人相距不超过 2 米的两条直线上，由练习者从一端踢向另一端。

3）增加难度训练法：即通过增加技术难度和攻防难度的练习方法，来提高技术的熟练程度和运用能力。① 增加技术难度的训练方法，即在已经掌握了动作规格的基础上，在有干扰或进行其他练习时听信号突然完成技术动作的练习方法；② 增加攻防难度的训练方法，即利用比正常条件困难得多的练习条件，进行技术训练的方法。

4）利用外界条件和环境的练习方法：借助外界的不同条件和环境，进行有一定体能或心理要求的训练。① 模拟比赛环境训练方法；② 利用水阻练习法。

5）踢打沙袋练习法：这是跆拳道训练的一种重要方法。通过踢打沙袋，可以提高腿法技术的完成速度和击打力度，从而提高技术训练的质量。

6）有条件训练法：根据训练需要，进行有目的、有条件的实战训练，专门性地强化所练技术动作。同时，锻炼者在近似实战状况下，经过技术训练和运用，可以提高对抗击打的时机和准确性，积累实战经验，为实战做技术战术和心理上的准备。

7）实战训练法：训练专项技术的目的就是实战。实战是对技术训练效果最好的有效验证和进一步的促进。

器材：脚靶若干。

方法：练习踢脚靶时，教师或同伴手持脚靶，让练习者进行攻击性技术动作踢击练习。踢脚靶练习可以先从固定靶开始，练习固定位置的踢击技术，待熟练和具有一定的力度后，再进行移动靶的踢击练习。

小技巧：踢移动靶时要遵循由慢到快、由简到繁、由易到难、由个变到多变的原则，不断提高练习难度，逐渐向实战过渡。

探索与思考

1. 试述前踢和横踢的动作要领。
2. 顶膝和撞膝技术动作有何异同？
3. 跆拳道实战中掌的基本进攻技术有哪些？

模块五　时尚健身运动

模块导读

本模块主要介绍健美操和瑜伽项目。

健美操是在音乐伴奏下，以身体练习为基本手段，以有氧运动为基础，达到增进健康、塑造形体和娱乐目的的一项全身性体育运动。健美操通常采用徒手或轻器械进行练习，中低强度，主要锻炼练习者的心肺功能。健美操分为健身性健美操和竞技性健美操两大类。健身性健美操的主要练习目的是“健身”，因此动作比较简单，音乐速度慢，对练习者的身体素质要求不高，适合大多数人练习。竞技性健美操的主要目的是“竞技”，比赛中运动员要在1分多钟的时间内配合音乐完成许多高难度的技术动作，因此对运动员的全面身体素质和技术水平都有很高的要求。

瑜伽运动是通过一定的体位法，帮助练习者伸展放松肢体，通过专注地呼吸使筋骨适当伸展，寻求身体的平衡以达到身心整合、强身健体的运动项目。瑜伽具有改善人体生理、心理、精神和情感的功能，是一种能够达到身体、心理与精神和谐统一的运动方式。练习瑜伽可以合理刺激腺体，促进人体血液循环，净化血管，平衡各器官内脏功能，调节睡眠，提高脊柱和各关节的柔韧性，调节某些不良体态和塑造完美体型，可以预防或治疗大学生由于不良生活方式带来的各种损伤。通过学习瑜伽可使学生较好地发展身体柔韧素质、力量素质和灵敏素质，为学生打下终身体育的基础，并使学生逐步树立良好的人生观、价值观，形成良好的社会适应能力。

单元 5.1 健 美 操

学习目标

1. 了解健美操的分类。
2. 掌握健美操的基本动作。

一、健美操运动概述

（一）健美操的起源与发展

健美操源于英文原名“Aerobics”，意为“有氧运动”“有氧健美操”，最早是美国太空总署为宇航员设计的室内体能训练内容。健美操的魅力在于音乐融进了当时流行的迪斯科，动作融合了时尚的霹雳舞等现代舞蹈。鲜明强烈的节奏催人奋进，激情奔放的身体动作很具感染力，使人们在轻松、愉悦的气氛与心态中达到锻炼的目的。健美操已成为大学生健身热潮中的“动感地带”。

20 世纪 80 年代初，当世界性的健美操热刚刚踏进国门的时候，最先接受它的是高校，得到普及的是高校，开始向社会推广的也是高校。一时间各种类型的健身健美操中的流行旋律、时尚动作占据了校园文化阵地，开创了高校健美操蓬勃发展的新局面。无数大学生开始认识健美操、参与健美操，并受益于健美操。

高校健美操热促进了学校体育教学的改革，健美操已被列入学校体育教学大纲，这为健美操在学校的普及奠定了良好的基础。不仅如此，随着健美操运动的迅速推广，高校之间的健美操比赛活动也日渐频繁，使健美操运动的发展形成了良性循环。高校的健美操热也促进了全民健身热潮的兴起，其新颖的锻炼方式、良好的锻炼效果很快被向往健美的人群接受，越来越多的以健美操为主要健身方式的健身中心、健身俱乐部应运而生，成为健身市场一道亮丽的风景线。

（二）健美操的健身价值

健美操作为一项很有特色的运动，从增强人体健康的角度来说，具有良好的作用，尤其是对于改善心肺功能、控制体重、减肥和塑造体型，提高协调性和韵律感均具有较好的效果。有氧运动可以从几分钟到几小时，因而对于健身者来说，选择适合自己运动强度的练习方式是非常重要的。

（三）健美操的分类

根据不同的目的和任务，健美操可分为健身性健美操和竞技性健美操两大类。

1. 健身性健美操

（1）传统有氧健美操

传统有氧健身操是健身性健美操的核心内容，是不同类型健美操的基础，以提高人体的心肺功能和有氧代谢能力为目的。采用单个步法组合配合上肢运动进行练习。

（2）搏击健美操

搏击健美操结合拳击、武术、跆拳道的基本动作，配合音乐节奏挥拳、踢腿，由于瞬间爆发力强、肢体伸展幅度大，运动量比传统健美操更大。

（3）拉丁健美操

拉丁健美操以有氧运动为基础，结合拉丁舞的基本动作，舞姿优美、热情奔放，有强烈的动感。练习拉丁健美操可以使人在轻松的娱乐中，达到减肥瘦身的效果。

（4）街舞健身操

街舞健身操是由黑人街头即兴舞蹈演变而来的街舞，融入了有氧舞蹈。肢体动作夸张，节奏搭配明显，全身上下自由舞动，最吸引人之处是以全身的活动带来热情澎湃的感觉。

（5）踏板健美操

踏板健美操是一种中高强度的运动，通常在一块高度为4~10英寸①的踏板及地面上做健美操的动作和步法，它具备了健美操的所有特点，加上板的高度可以调节，健身者根据自身情况很容易达到运动减肥的有效强度，更能有效地提高自身的协调性。

（6）健身球健美操

健身球最早在瑞士只作为康复医疗的设备，后来演变成一个新兴的健身运动项目——健身球健美操。健身球不仅有很好的损伤恢复和康复功能，而且还可以提高人的柔韧性、力量素质，锻炼平衡能力，改善姿态。

（7）皮筋健美操

皮筋健美操主要是利用皮筋的弹性，在动作一张一弛的过程中，使肌肉得到很好的锻炼。作为一项有氧运动，皮筋健美操能够有效地提高人体的心肺功能。

（8）哑铃健美操

哑铃健美操利用小哑铃的重量进行有氧操训练，可以增加有氧运动的强度，能有

---

① 1英寸=2.54厘米。

效地缩减身体多余的脂肪，塑形、美体作用明显。

(9) 动感自行车

这是一种室内固定自行车有氧训练，在健身教练的指导下，并配合动感的音乐和不同难度的阻力档次，来模仿自行车在平地、上坡、下坡等路面条件下不同方式的运动，达到提高心肺功能，消耗体内过剩脂肪的目的。

2. 竞技健美操

竞技性健美操起源于传统的有氧健身操，比赛项目有男子单人、女子单人、混合双人、3 人（3 名运动员性别任选）、集体 6 人操。比赛时间限制在 1 分 45 秒±5 秒。比赛场地为 7 米×7 米（6 人操场地为 10 米×10 米）。比赛服装也有专门的规定，一般为紧身的专业健美操服。

二、健美操基本动作及其变化规律

基本动作是健美操运动的基础，是最小的动作元素。健美操是由若干个健美操基本动作组成的，这些基本动作是健美操的主要表现手段。几个单个动作组成健美操的“短句”，短句一般以八拍为单位；几个短句连在一起形成组合，完整的成套动作就是由几个组合组成的。因此，初次进入健美操殿堂，首先需要学习基本动作。基本动作主要包括基本步法、上肢动作和地面动作。

（一）健美操基本动作特点

1. 基本动作是健美操中最典型、最核心的部分

健美操中所有动作的变化和创新都是在基本动作的基础上产生和发展的，身体某个部位的基本动作既具有该部位的共性特征，又具有代表性和典型性。

2. 基本动作是发展难度和组成复合动作的基础

初学健美操时，首先应掌握身体各部位的基本动作。只有掌握了这些部位的基本动作，才能抓住健美操的特点。

3. 基本动作是健美操动作中最重要、最稳定的部分

健美操最突出的特点就是全面地影响身体，使练习者更加健美。例如，踢腿的基本动作抓住前、侧、后 3 个面，就能较全面地影响身体，在此基础上还能发展各种各样的踢腿动作，而这些动作都离不开这 3 个基本面的踢腿，因而它是最重要、最稳定的。

4. 健美操基本动作的变化

在准确熟练掌握健美操最基本的简单动作后，可以进一步掌握基本动作的变化。主要有以下几种表现形式。

1）改变动作速度。动作速度是指在单位时间内身体某部位移动的距离，速度越快，肌肉工作的负担就越大。另外，为了得到不同的锻炼和教学效果，往往可以采用改变动作速度的方法进行练习。如屈伸步动作，开始采用两拍一动的慢动作，随着动作掌握熟练程度的提高，可一拍一动，或者采用变换节奏的做法。

2）改变动作幅度。动作幅度的大小，直接影响运动负荷的大小，因此改变动作幅度能较好地起到调节运动量的作用。如肩绕环可以用小绕环或大绕环，后者幅度显然大于前者，其对身体的影响也就更明显。

3）改变动作方向。动作有前、后、左、右、上、下 6 个基本方向，除此之外还经常运用向内、向外和向斜的方向来表现动作。由于动作方向不同，影响的肌肉群也不同，方向的变化能够使动作连接得不呆板，有新意。

4）改变开始姿势。改变开始姿势不但使同一基本动作不至于千篇一律，而且能增加动作的新颖度和难度。

（二）健美操基本动作

1. 基本步法

基本步法是健美操动作中的最小单位，是组成组合动作、成套动作的基础。通过基本步法的练习，可以提高练习者的协调性、节奏感和韵律感。健美操基本步法分为无冲击、低冲击和高冲击三类动作，分解如图 5-1～图 5-35 所示，具体动作包括弹动、半蹲、弓步、提踵、踏步、字步、漫步、脚尖前点地、脚跟前点地、脚尖侧点地、脚尖后点地、并步、迈步点地、迈步屈腿、迈步吸腿、迈步弹踢、侧交叉步、吸腿、后屈腿、踢腿、弹踢腿、并步跳、迈步吸腿跳、迈步后屈腿跳、并腿纵跳、开合跳、分腿半蹲跳、并腿滑雪跳、弓步跳、吸腿跳、后屈腿跳、弹踢腿跳、摆腿跳、后踢跑、侧并小跳。

图 5-1　弹动

图 5-2　半蹲

图 5-3　弓步

图 5-4　提踵

图 5-5　踏步

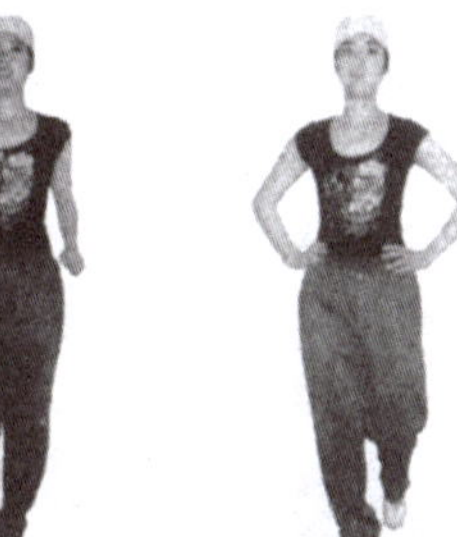

图 5-6　字步

图 5-7　漫步

图 5-8　脚尖前点地

图 5-9　脚跟前点地

图 5-10　脚尖侧点地

图 5-11　脚尖后点地

图 5-12　并步

图 5-13　迈步点地

图 5-14　迈步屈腿

图 5-15　迈步吸腿

图 5-16　迈步弹踢

图 5-17　侧交叉步

图 5-18　吸腿

图 5-19　后屈腿

图 5-20　踢腿

图 5-21　弹踢腿

图 5-22　并步跳

图 5-23　迈步吸腿跳

图 5-24　迈步后屈腿跳

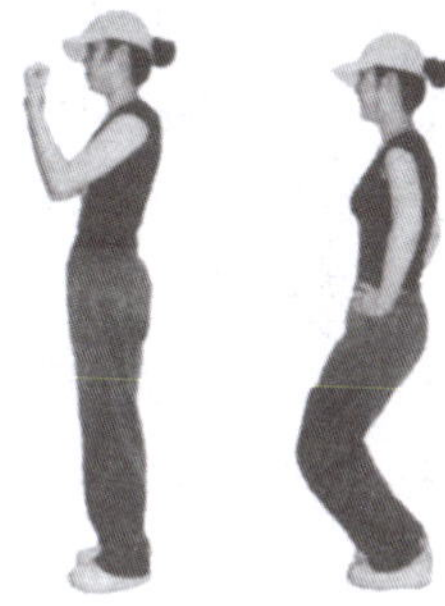

图 5-25　并腿纵跳

图 5-26　开合跳

图 5-27　并腿滑雪跳

图 5-28　分腿半蹲跳

图 5-29　弓步跳

图 5-30　吸腿跳

图 5-31　后屈腿跳

图 5-32　弹踢腿跳

图 5-33 摆腿跳

图 5-34 后踢跑

图 5-35 侧并小跳

2. 上肢基本动作

1）自然摆动：屈肘前后摆动，可以同时或依次摆动，如图 5-36 所示。

2）臂屈伸：上臂固定，肘屈伸。臂屈时肱二头肌收缩，臂伸时肱三头肌收缩，如图 5-37 所示。

3）直臂上摆：臂由下摆提至前平举或侧平举，如图 5-38 所示。

4）冲拳：握拳由腰间冲至某位置，如图 5-39 所示。

图 5-36 自然摆动

图 5-37 臂屈伸

图 5-38 直臂上摆

图 5-39 冲拳

5）屈臂提拉：臂下举至胸前平屈，如图 5-40 所示。

6）推：手掌由肩侧推至某位置，如图 5-41 所示。

3. 基本手型

基本手型如图 5-42 所示。

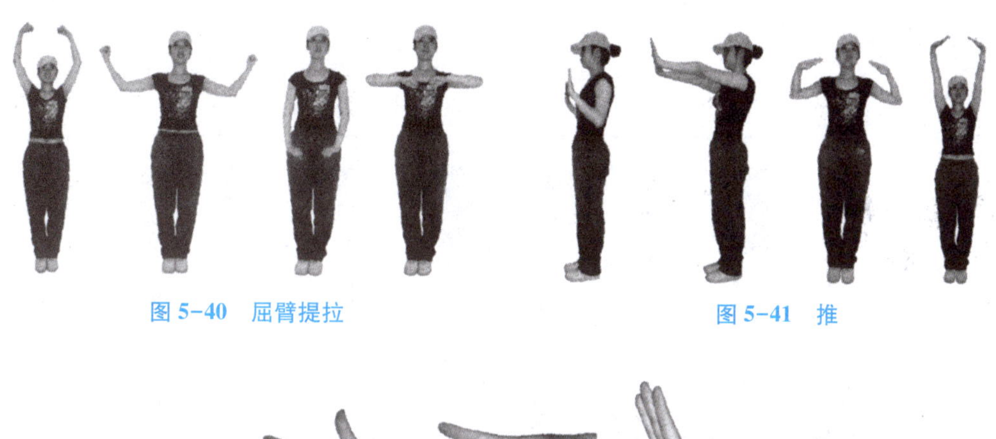

图 5-40 屈臂提拉

图 5-41 推

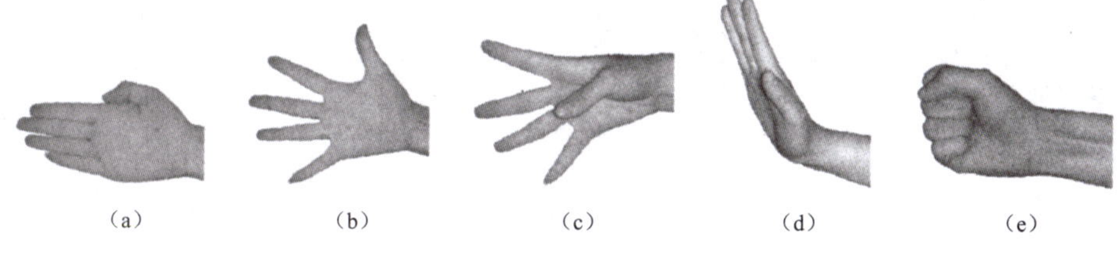

图 5-42 基本手型

(a) 并掌；(b) 开掌；(c) 花掌；(d) 立掌；(e) 拳

（三）健美操基本动作的变化规律

健美操动作看起来变化多端，其实都是在基本动作的基础上演变而来的。基本动作看似简单，其实变化无穷。掌握了这一规律，不但学得快、记得快，而且能按照规律随意编排，终身受益！

1）改变身体的方向（如转体 90 度或 180 度的开合跳，不同方向的连续踏步或带转体的踏步等）。

2）改变出脚的方向（如前后弓步跳和左右弓步跳，V 字步和 A 字步等）。

3）改变动作速度或强度（如节奏改变：快快慢，不同高度的踢腿跳等）。

4）上下肢动作相互组合（如相同的步法，不同的上肢动作，或者相反）。

5）不同步法相互组合（如吸腿跳与踢腿跳，开合跳与弓步跳等）。

6）复合变化（如在改变身体方向的同时也改变出脚的方向，改变速度的同时改变方向等）。

以踏步为例，让我们一起实践。

原地踏步—踏点步—V 字步—A 字步—漫步—变方向的三步一点（前、后、左、右）—转体 360 度三步一点（左、右）—小马跳。

三、健美操大众锻炼标准三级套路

健美操大众锻炼标准测试套路（三级）动作图解和说明见表 5-1～表 5-5。

（一）组合一

表 5-1　组合一　动作图解和说明

动作		 1　2　3　4　5　6　7　8	
节拍		下肢步伐	上肢动作
预备姿势		站立	
第 1 个八拍	1～4	右脚开始向侧迈步后屈腿 2 次，2 拍时右转 90 度	1～2 拍左臂摆至侧上举，右臂摆至胸前平屈，3～4 拍同 1～2 拍，但方向相反
	5～8	向右迈步后屈腿 2 次，6 拍时右转 180 度	双手叉腰
动作		 1　2　3～4　5　6～7　8	
节拍		下肢步伐	上肢动作
第 2 个八拍	1～2	1/2 V 字步	1 拍右臂侧上举，2 拍左臂侧上举
	3～8	6 拍漫步，8 拍右转 90 度	随脚的动作自然前后摆动
动作		 1　2　3　4　5　6　7　8	
节拍		下肢步伐	上肢动作
第 3 个八拍	1～8	右脚开始交叉步 2 次，左转 90 度呈 L 形	1 拍双臂前举，2 拍胸前平屈，3 拍同 1 拍，4 拍击掌，5～8 拍同 1～4 拍

续表

动作		 1　—　2　3~4　5~6　7~8	
节拍		下肢步伐	上肢动作
第 4 个八拍	1~4	右脚侧并步跳，1/2 拍后漫步	1~2 拍双臂侧上举，3~4 拍左臂摆至体后，右臂摆至体前
	5~8	左转 90 度左脚开始小马跳 2 次	5~6 拍右臂上举，7~8 拍左臂上举
第 5~第 8 个八拍，动作相同，但方向相反			

（二）组合二

表 5-2　组合二　动作图解和说明

动作		 1　2　3　4　5　—　6　7　8	
节拍		下肢步伐	上肢动作
第 1 个八拍	1~4	右臂向右前上步吸腿 2 次	双臂自然摆动
	5~6	左脚向后交换步	双臂随下肢动做自然摆动
	7~8	右脚上步吸腿	双臂自然摆动

续表

动作		 1　2　3　4　5~6　7~8	
节拍		下肢步伐	上肢动作
第 2 个八拍	1~4	左脚开始向右侧交叉步	双臂随步伐向反方向臂屈伸
	5~8	右转 45 度，左脚做漫步	5~6 拍双臂肩侧屈外展，7~8 拍经体前交叉摆至侧下举
动作		 1　2　3　4　5　—　6　7　—　8	
节拍		下肢步伐	上肢动作
第 3 个八拍	1~4	左脚开始十字步，同时左转 90 度	双臂自然摆动
	5~8	左脚开始向侧并步跳 2 次	双臂自然摆动
动作		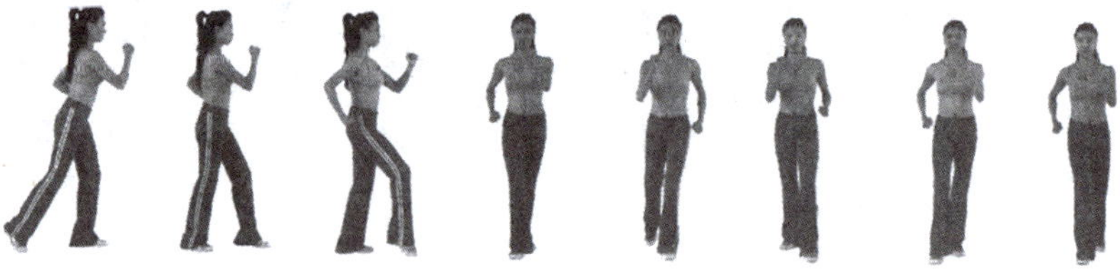 1　2　3　4　5　6　7　8	
节拍		下肢步伐	上肢动作
第 4 个八拍	1~8	左脚漫步 2 次，右转 90 度	双臂自然摆动
第 5~第 8 个八拍，动作相同，但方向相反			

（三）组合三

表 5-3　组合三　动作图解和说明

动作		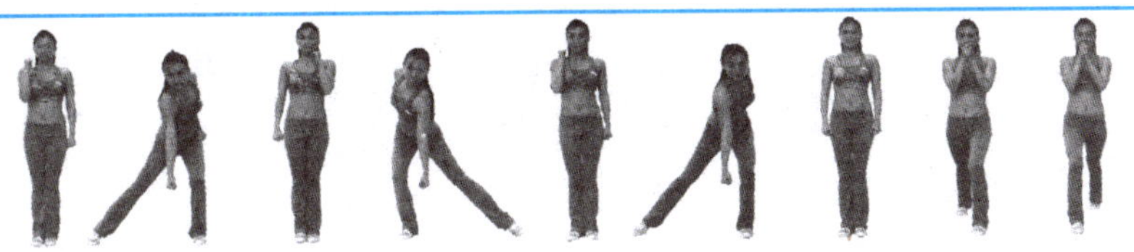 — 1 2 3 4 5 6 7 8	
节拍		下肢步伐	上肢动作
第 1 个八拍	1～6	右脚开始做侧点地 3 次	1～2 拍右臂向下臂屈伸，3～4 拍左臂向下臂屈伸，5～6 拍同 1～2 拍动作
	7～8	左脚开始向前走 2 步	击掌 2 次
动作		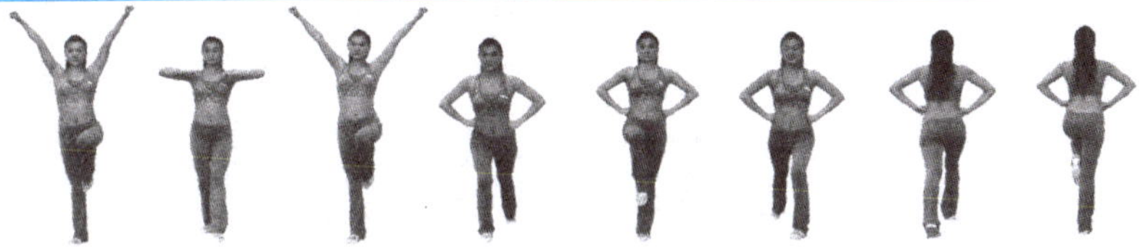 1 2 3 4 5 6 7 8	
节拍		下肢步伐	上肢动作
第 2 个八拍	1～4	左脚开始吸腿跳 2 次	1 拍侧上举，2 拍双臂胸前平屈，3 拍同 1 拍，4 拍叉腰
	5～8	吸右腿跳，向后落地，转体 180 度，吸右腿	双手叉腰
动作		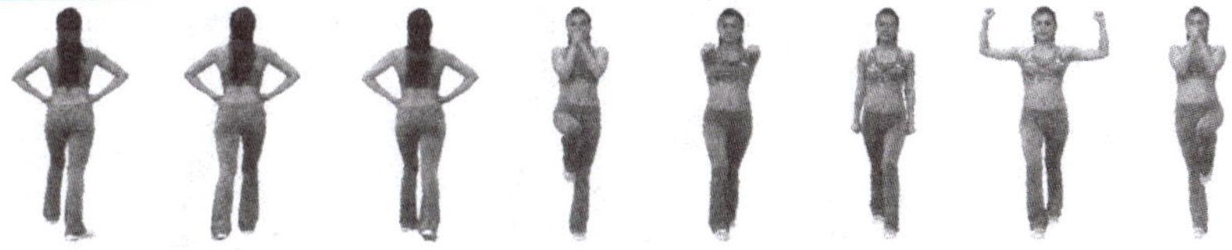 1 2 3 4 5 6 7 8	
节拍		下肢步伐	上肢动作
第 3 个八拍	1～4	左脚开始向前走 3 步吸腿跳，同时左转体 180 度	1～3 拍叉腰，4 拍击掌
	5～8	右脚开始向前走 3 步吸腿	5～6 拍手臂同时经前向下摆，7～8 拍经肩屈外展至体前击掌
动作		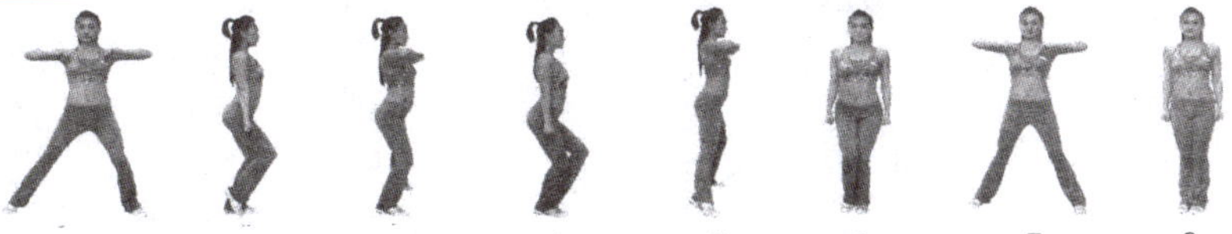 1 2 3 4 5 6 7 8	
节拍		下肢步伐	上肢动作
第 4 个八拍	1～8	左脚开始侧并步 4 次，呈 L 形	双臂做屈臂提拉 4 次
第 5～第 8 个八拍，动作相同，但方向相反			

（四）组合四

表 5-4　组合四动作图解和说明

动作		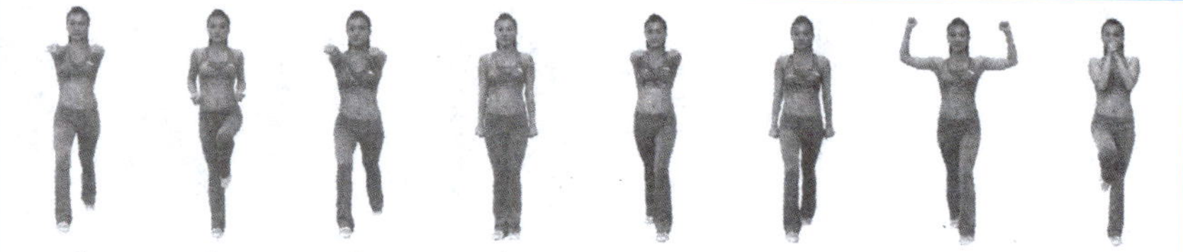 1　2　3　4　5　6　7　8	
节拍		下肢步伐	上肢动作
第 1 个八拍	1～4	右腿上步吸腿	双臂做向前冲拳、后拉 2 次
	5～8	左脚向前走 3 步吸腿	手臂同时经前向下摆，8 击掌
动作		 1　2～3　4　5～6　7～8	
节拍		下肢步伐	上肢动作
第 2 个八拍	1～4	1 拍右脚向侧迈步，2～3 拍向右前 1/2 拍前慢步，4 拍左脚向侧迈步	1 拍侧上举，2～3 拍随脚的动作自然摆动，4 拍同 1 拍动作
	5～8	右脚向左前方做漫步	双臂自然摆动
动作		 1　2　3　4　5　6　7　8	
节拍		下肢步伐	上肢动作
第 3 个八拍	1～6	右脚开始上步吸腿 3 次	1 拍肩侧屈外展，2 拍击掌，3～6 拍同 1～2 拍动作
	7～8	左脚前 1/2 拍漫步	双臂自然摆动
动作		 1　2　3　4　5　6　7　8	
节拍		下肢步伐	上肢动作
第 4 个八拍	1～8	左转 90 度向左侧交叉步转体 180 度接侧交叉步	1～4 拍双臂做外展、内收、外展、击掌，5～8 拍同 1～4 拍动作
第 5～第 8 个八拍，动作相同，但方向相反			

（五）力量练习部分

表 5-5　力量练习动作图解和说明

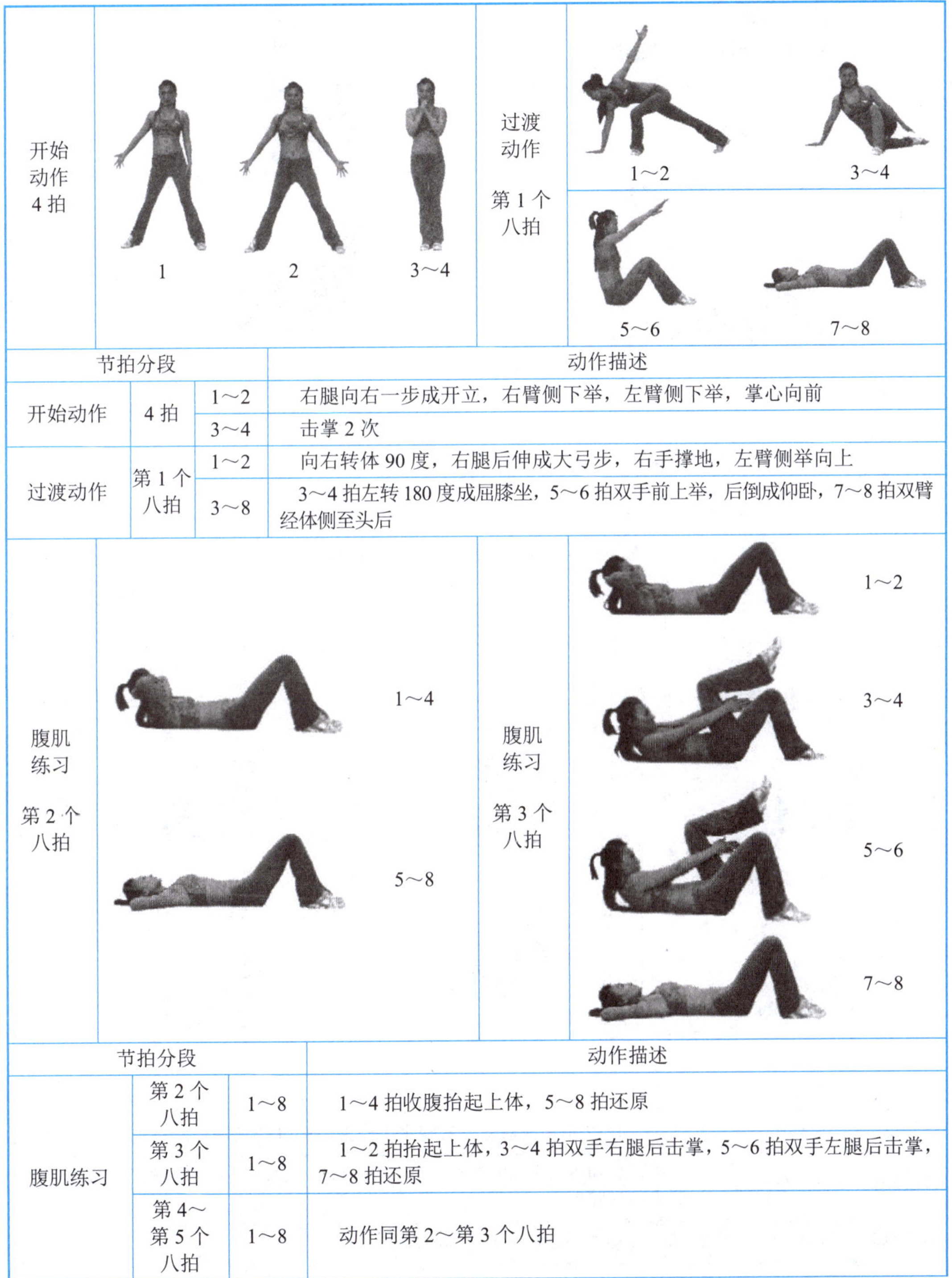

开始动作 4 拍	1　2　3～4	过渡动作 第 1 个八拍	1～2　3～4　5～6　7～8

节拍分段			动作描述
开始动作	4 拍	1～2	右腿向右一步成开立，右臂侧下举，左臂侧下举，掌心向前
		3～4	击掌 2 次
过渡动作	第 1 个八拍	1～2	向右转体 90 度，右腿后伸成大弓步，右手撑地，左臂侧举向上
		3～8	3～4 拍左转 180 度成屈膝坐，5～6 拍双手前上举，后倒成仰卧，7～8 拍双臂经体侧至头后

腹肌练习 第 2 个八拍	1～4　5～8	腹肌练习 第 3 个八拍	1～2　3～4　5～6　7～8

节拍分段			动作描述
腹肌练习	第 2 个八拍	1～8	1～4 拍收腹抬起上体，5～8 拍还原
	第 3 个八拍	1～8	1～2 拍抬起上体，3～4 拍双手右腿后击掌，5～6 拍双手左腿后击掌，7～8 拍还原
	第 4～第 5 个八拍	1～8	动作同第 2～第 3 个八拍

续表

过渡动作 第 6 个八拍	 1～2  3～4  5～8	过渡动作 第 7 个八拍	 1～4  5～8

节拍分段			动作描述
过渡动作	第 6 个八拍	1～2	抬起上体，双手抱右膝
		3～4	同 1～2 拍动作，抱左膝
		5～8	右转 90 度成侧卧右腿后屈，左小臂撑地
	第 7 个八拍	1～8	1～4 拍搬左侧腿，5～8 拍左转 90 度成屈腿坐，双手体后撑地，指尖向前

腹背练习 第 8 个八拍	 1～2  3～4  5～6  7～8	过渡动作 第 9 个八拍	 1～4  5～8	腹背练习 第 10 个八拍	 1～2  3～4  5～6  7～8

节拍分段			动作描述
腹背练习	第 8 个八拍	1～8	1～2 拍抬起髋部，右腿水平伸直，3～4 拍还原，5～8 拍换另一腿
过渡动作	第 9 个八拍	1～8	1～4 拍左转 90 度成左腿后屈侧卧，小臂撑地，搬右侧腿，5～8 拍还原成屈腿坐
腹背练习	第 10 个八拍	1～8	动作同 8 拍，但方向相反

续表

过渡动作 第 11 个八拍	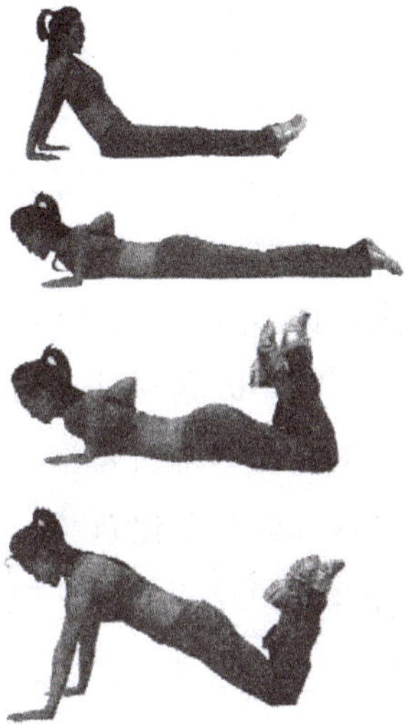 1～2 3～4 5～6 7～8	俯卧撑练习 第 12～第 15 个八拍	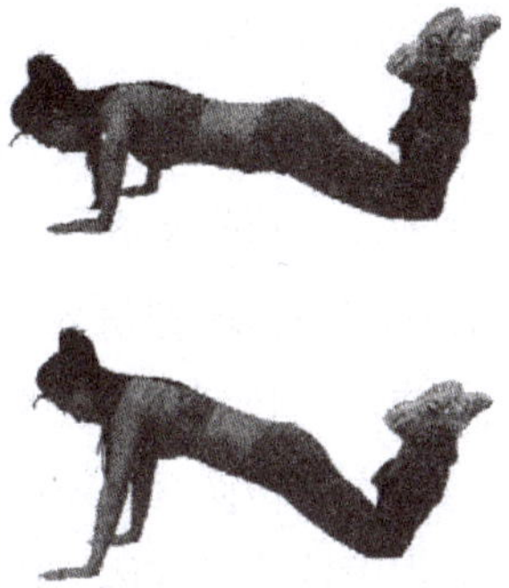 1～4 5～8

节拍分段			动作描述
过渡动作	第 11 个八拍	1～8	1～2 拍双腿伸直，3～4 拍右转 180 度成俯撑，双手体侧撑地，5～6 拍屈腿，7～8 拍双手伸直撑起成跪撑
俯卧撑练习	第 12～第 15 个八拍	1～8	1～4 拍屈臂，身体保持稳定，5～8 拍还原。4 拍同 3 拍相反，5～8 拍还原

过渡动作 第 16 个八拍	 1　2～4 5～8	过渡动作 第 17 个八拍	 1～2　3～4 5～6　7～8	结束动作 1 拍	

节拍分段			动作描述
过渡动作	第 16 个八拍	1～8	左转 180 度，左脚向前迈步左手撑膝站起
	第 17 个八拍	1～8	右脚向侧迈步成开立，1～2 拍左臂经肩侧屈至侧平举，3～4 拍右臂经肩侧屈至侧平举，5～6 拍双臂上举，双手互握，7～8 拍双手握拳至胸前
结束动作	1 拍	1	右脚向左前方迈步，屈膝，上体右转，双臂侧下举

四、健美操比赛规则

（一）健身健美操比赛

健身健美操比赛分为规定动作比赛与自选动作比赛。规定动作比赛主要强调动作的准确性、熟练性、动作整齐一致性及精神面貌和团队精神。自选动作比赛在完成方面与规定动作比赛的要求相仿，不同之处在于其编排及创意。成套编排突出艺术性与安全性。其中艺术性包括：主题健康，充满活力，富有激情；编排新颖，有创意；动作类型丰富，动作的转换自然流畅；充分利用场地和空间；队形变化新颖。安全性主要是指成套动作中没有对身体造成伤害的因素（不安全的动作）；不鼓励在成套动作中出现竞技健美操的难度动作，如果出现将不予加分，并对出现的错误进行扣分，可见健身健美操比赛强调的是其健身性。

（二）竞技健美操比赛

正规的健美操比赛分为男子单人、女子单人、混合双人、3 人、6 人共计 5 个比赛项目，其中 3 人与 6 人没有性别的规定。按照规则的要求，每套比赛动作必须包括难度动作、操化动作组合与过渡连接动作三部分，每部分都有具体的规定。例如，选择的难度动作必须含有 4 组难度类型，即动力性力量组（俯卧撑、旋腿等）、静力性力量组（支撑与水平）、跳与跃组、平衡与柔韧组，每缺一组动作就要扣 1 分。操化动作组合是指多种步法和手臂动作演绎的多元化、复杂化的配合形式。这些遍布在成套动作中的操化动作组合能充分显示运动员高水准的身体协调能力。过渡连接动作在难度与难度之间、难度与操化动作之间具有连接与过渡的作用。

（三）数字规则

健美操比赛规则的部分数字化体现了评分的量化标准，量化标准保证了裁判评分的客观性与公正性。

1）场地大小：单人、双人和 3 人操为 7 米×7 米；6 人操为 10 米×10 米，健身健美操场地是 12 米×12 米；出界按人次扣分。

2）成套时间：竞技健美操为 1 分 45 秒，并有加减 5 秒的范围；健身健美操比较灵活，一般在 3~5 分钟，时间不足或超过均酌情扣分。

3）难度规定：成套最多 12 个难度，其中最多 6 个地面难度，2 个俯撑落地难度。违反该规定，每次扣 1 分。有 4 组难度类型，难度级别从 0.1~1.0 分不等。国际比赛难度价值至少在 0.3 分以上。

4）拖延出场：运动员被叫后20秒内未出场，被扣0.5分，60秒内未出场，视为弃权。

5）总分值=艺术分（最高10分）+完成分（最高10分）+难度分。

6）其他：除单人操外，其他项目要有3次托举动作，多于或少于3次都要扣1.0分/次。

（四）健美操基本动作练习时应注意的问题

1. 动作的规范性

动作的规范性建立在动作的标准性上。因此，练习时肢体的位置、方向及运动的路线一定要准确。此外，注意动作速度、肌肉力度和动作幅度，使肌肉充分拉长与收缩，只有这样才能达到动作的整体效果。

2. 动作的弹性

动作富有弹性是健美操特点之一。动作的弹性所涉及的身体部位有踝关节、膝关节、髋关节、肘关节、肩关节以及脊柱。在练习时应注意，肌肉的收缩与放松要有控制，使动作富有弹性、节奏均匀，避免动作过分僵硬和关节的过度伸展。在进行高冲击有氧练习和力量性的练习时，应注意调整好呼吸，使健美操运动达到完美的最佳效果。

3. 动作的节奏感

掌握好动作的节奏对健美操运动非常重要。练习者要想表演出较好的动作节奏感，必须具有一定的肌肉控制能力、音乐节奏感及动作的完成能力。因此，在开始练习时，要重视开发、训练学生的动作节奏感，使他们在听懂音乐节奏的基础上慢慢掌握动作的节奏感。

基本步伐练习：包括走、跑、跳、跃等，这是健美操的基础，能够帮助熟悉节奏，掌握基本的运动技巧。

拉伸练习：在练习前后进行拉伸，可以帮助放松肌肉，预防运动伤害，提高身体的柔韧性。

力量练习：利用自身体重或健身器械进行力量训练，增强肌肉力量和耐力。

舞蹈元素融入：健美操中常融入各种舞蹈元素，如爵士舞、拉丁舞等，这不仅可以增加运动的趣味性，还能帮助你提升身体的协调性。

团体练习：和他人一起练习健美操，可以相互鼓励，共同进步，同时也能增加社交的乐趣。

探索与思考

1. 简述健美操的基本动作和要求。

2. 在实践中最容易忽视动作练习注意事项的哪一点？想一想为解决该问题应进行何种训练。

单元 5.2 瑜伽运动

学习目标

1. 了解瑜伽的起源与发展及其运动特点。
2. 掌握瑜伽的基本理论知识、呼吸法、体式法及放松冥想的调节方法。

一、瑜伽运动概述

瑜伽起源于印度，流行于世界。瑜伽是东方最古老的强身术之一。它产生于公元前，是人类智慧的结晶。瑜伽修持秘诀是理论和实践互相参证的法典。

瑜伽集医学、科学、哲学之成，是一门内容广泛的科学。它让人们达到内在的精神幸福和智慧，人的意识和性格都能得到改善。我们不仅要感性地，而且要理性地去实践“它”，以便拥有健美的身材、靓丽的肌肤，达到健康基础美、静态形体美、内在美、气质美、整体美 5 个层次美的追求。

瑜伽神奇的效果，超凡脱俗的感觉和无限的魅力，一次又一次地得到了人们的验证。世界各地的明星、政要都把瑜伽当成首选的健身美体项目。就连美国好莱坞明星麦当娜都非常痴迷瑜伽。由于练习瑜伽，即使在生了孩子以后她还保持着非常完美的体型。

瑜伽不但效果神奇，而且广泛地适用于大众练习。它不需要大蹦小跳，不仅练习频率舒缓，而且运动强度适中。瑜伽在宁静、舒缓、祥和的气氛中，给人们带来健康、美丽、自信和快乐。

目前，瑜伽已成为时尚的最前沿，在全世界广泛传播，成为适应高节奏、简便的新时代和新新人类的一种新的生活方式。

古代瑜伽注重心灵与肉体的超越自我，现代瑜伽则追求身心平衡和健康优雅。瑜伽的作用简直妙不可言。因为它对人体的作用是内外兼修，也是各种健身项目中唯一能达到这一目的的运动。现代瑜伽简单来说是由呼吸法、体位法、冥想法所组成，在一种自然健康的环境下，伴随悠扬的音乐，用意念指引自己的肢体，通过舒缓流畅的各种练习动作，同时配合呼吸，来达到调整身心、雕塑形体、提高气质、增强体魄。

瑜伽包含了许多哲理，让人们了解人生（生命）的真谛，学会如何做人。瑜伽是东方心灵哲学，通过调节内心活动，可清除人潜意识的垃圾，消除烦恼，是一剂减压和心灵美容的良方。

瑜伽是传统的生命科学，东方的身体文化，包含了动（练筋、骨、皮）、静（练精、气、神）结合的养生健身运动，适合各种年龄的人练习。瑜伽可以优化人生存的内环境，以适应生存的外环境（生活环境、人际关系）。瑜伽的姿势像柔软的体操、优美的舞蹈。它更是一种心操，使人们学会关注自己的内在世界，认识自我、提升自我。

二、瑜伽基本技术与练习方法

（一）瑜伽的呼吸

呼吸就是生命。如果没有食物和水，人的生命还可以维持几天。但是如果没有呼吸，我们在几分钟内就会失去生命。在瑜伽理论中，瑜伽学者们常常形容呼吸就是吸取生命之气。“生命之气”就是精气、精力，虽然看不到，但能时时刻刻感觉到。瑜伽呼吸由 3 个部分组成：吸气、悬息（屏气）、呼气。人们常常认为吸气是呼吸中最重要的部分，但事实上吐气才是最关键的部分。吐出去的废气越多，才越有机会吸入更多的氧气。所以在许多的瑜伽呼吸法中，吐气比吸气时间长。悬息会让氧气停留在体内的时间更长。如果初学者把握不好呼吸，尽量不做悬息的练习。

呼吸具有两大功能：一是供给脑部和血液足够的氧分，摄入生命之气，控制意识；二是可以洁净呼吸系统，排除身体毒素，更深地放松身体和精神，可以增加个人的精力，使其通向更广阔的精神认知领域。呼吸作为人的生理本能，是一种无意识的自然规律。平常人的呼吸在瑜伽的呼吸定义中被称为“肩式呼吸”。瑜伽的呼吸方法是一种特殊的方法，称为“完全呼吸法”。它是同时运用腹部、胸部和肩部三合一的呼吸原则，对呼吸重新调整而达到“调息”的呼吸练习方法。通过瑜伽呼吸法的练习，可将个人的肉体和精神联系起来的瑜伽呼吸方法有 10 多种，较为简单的，也容易为初学者所掌握的有“胸式呼吸法”“腹式呼吸法”“完全呼吸法”“交替呼吸法”等；稍复杂些的，也是程度较高的瑜伽研习者常用的有“鸣声呼吸法”“语音呼吸法”“风箱式呼吸法”等。

1. 胸式呼吸法

气息的吸入局限在胸的区域，气息较浅。这种呼吸适宜做针对性较强的动作（如上背部和胸部的动作）。

方法：呼吸时，意识集中于肺部，缓缓吸气，感觉自己的肋骨向外扩张，气息充满胸腔，保持腹部的平坦；缓缓呼气放松胸腔，将气呼尽。

2. 腹式呼吸法

气息的吸入局限于腹部的区域，气息较深，横膈肌下降得较为充分。

方法：呼吸时，更多关注腹部，缓吸气，感觉腹部被气息充分膨胀，向前推出，胸腔保持不动；缓缓呼气，横膈膜上升，腹部慢慢向内瘪进。

3. 完全呼吸（胸腹式呼吸）法

它是瑜伽练习中最常用的呼吸方法，是胸式呼吸和腹式呼吸的结合。它提供给身体最充足的氧气，帮助身体消耗脂肪，并使血液得以净化，将体内的浊气、废气、二氧化碳最充分地排出体外；能够温和地按摩腹脏器官，促进其机能，增进体内循环，防止呼吸道感染；消除肌肉、内脏的疲劳，尤其对平息剧烈运动后自主神经系统紊乱、内分泌不正常的就急状态特别有帮助；对提高人体免疫力、改善心理状态、控制情绪、培养注意力都有很好的效果。

方法：呼吸时，缓缓吸入气息，感觉到由于横膈膜下降，腹部完全鼓起；随后，肋骨处向外扩张到最开的状态，肺部继续吸入氧气，胸腔完全扩张，胸部上提；吸满气后缓缓地呼出，放松胸腔，将胸部的气呼出；随后温和收紧腹部，腹部向内瘪进去，感觉肚脐在贴后背，将气完全呼尽为止。

呼吸时注意：

1）意识集中到一呼一吸上。

2）一般只有鼻腔参与呼吸，因为鼻腔对灰尘和细菌有过滤作用。

3）每一次吸气时，犹如品尝空气一般，缓慢深长地吸入；呼气时，犹如蚕吐丝一般，细而悠长。意识中要将体内废气排出。

4）躺、跪、坐的姿势时，眼睛闭上，向内集中注意力；站立的姿势时，为了保持身体平衡，需要睁开眼睛。

5）保持自然、轻松的呼吸即可。进行瑜伽呼吸练习，以每天早上或睡前10~20分钟为最好。若以养生为目的，时间可适当延长。采用的姿势是坐姿或卧姿，宽衣松带，双手自然放置身旁，头、颈、脊柱成一直线，全身放松。

（二）瑜伽的静思与冥想

瑜伽健康的实践是体位法、呼吸法、冥想法三者融为一体，达到身心合一的完美境界。瑜伽中的静思与冥想不是宗教，也不是玄学，而是现代人可以利用和学习的一种与自我心灵对话的方式。只要你能放松自己，保持内心的平和，静观一切，心中无杂念，就能进入冥想状态。瑜伽静思与冥想形式常会被那些有经验的瑜伽研习者采用。在体位法练习过程中也可以进行冥想。瑜伽冥想的目的在于获得内心的和平与安宁，达到无限的精神之爱、欢乐、幸福和智慧。当在练习瑜伽体位法时，在每个动作完成后的静止过程中，闭上眼睛，配合缓慢深长的呼吸，用心体会动作刺激的身体部位，即从姿势的名称联想相应的图像。例如，练习“树式”姿势时，想象身体像一棵充满生机的树沐浴在阳光下，脚像有力的树根从大地汲取养分，生命变得充满活力自信。现代人的精神压力越来越大，冥想是一种很好的精神减压方式。冥想可以提高人集中精神、控制自身意识以及调节身心的能力，从而帮助人达到内心更平静、祥和的状态。因此，冥想是真正意义上的“寻找自我、认识自我”的方式，冥想并不在于可以保持思想清晰和集中的时间有多长，而在于培养反复转移注意力到某个选定目标上的能力。

这里介绍两种冥想技巧。

1）注意力集中于呼吸。就是仔细观察和感受呼吸过程，在任何情况下都不改变呼吸的节奏，也可把注意力集中在每一次呼气上。

2）注意力集中到某一物体上。将一支点燃的蜡烛、一枝花或一块带有条纹的石头等，置于身前不远的地板上或者放在与视线等高的地方，把注意力集中在烛焰上、花上或石头上等。当注意力分散时，重新把注意力集中到这些物体上。也可闭上眼睛，脑子里默想着烛焰、花或石头的样子，直到它们逐渐从脑海里消失。然后睁开眼睛，再一次凝视眼前的蜡烛、花或石头。

（三）瑜伽姿势（体位法）

瑜伽姿势又称瑜伽体位法。印度瑜伽先哲帕坦迦利所著《瑜伽经》将体位法定义为“将身体置于一种平稳、安静、舒适的姿势”。它是一种锻炼身体、强化身体，并使身体健康美丽的调身方法，与现代人的生理和心理健康有密切的关联。瑜伽体位法通过身体的前弯后仰、扭转侧弯、俯卧、仰卧等各种姿势，对人体脊柱、中枢神经、骨骼、肌肉、内脏进行全方位的刺激与按摩，配合自身的呼吸、消化、体液分泌物的运转循环，激活身体潜能，提升体内的优良素质，弥补自身的不足，增强人体的免疫力。这种配合呼吸缓慢做动作的体位法，有促进血液流通的按摩效果，可从根本上使身体恢复活力，从而达到强身、健体、塑身美容的功效。瑜伽体位法是缓慢、舒适、连续完成的有氧运动，不用爆发力和反弹力，有效地避免了其他剧烈运动对身体可能产生的种种伤害（如乳酸积累、精神紧张、肌肉老化等）。

（四）瑜伽的松弛法

瑜伽松弛法又称瑜伽休息术。它对身体有莫大的裨益，可使大脑、心脏、自律神经系统和肢体得到深度的休息，令身体得到“充电”而恢复活力。正规的放松应该是一种主动、清醒、意念集中的放松，这样才会有松弛的感觉。松弛法因不同目的、时间和环境而有不同的练习方法。如白天练习的目的在于消除疲劳，快速补充精力，只要做15分钟的休息术便可以了，关键一点是练习过程专注自身呼吸，保持清醒，不要入睡。在晚上睡觉之前练习，时间可尽量延长，直至自然入睡为止。睡眠质量会因此而得到很好的改善，即使睡较短的时间，早晨醒来也会非常清醒，精神奕奕。练习体位法后，可做10分钟的松弛训练，通过松弛来消除运动所产生的紧张。结束每节课或完成一组瑜伽姿势练习后，也可用此方法缓解身体的紧张，让体内的能量自由流动。具体方法如下。

1）双眼轻闭，采取仰卧姿势，将双腿分开20~30厘米，双臂放在身体两旁，两手掌心向上，让膝盖和脚趾自然放松。

2）深呼吸，让手臂和腿部轻轻转动几次，头部也轻轻转动几次，然后停止身体的一切动作，去感受身体的放松状态——开始让身体有融化的感觉，每一次吐气都感觉身体不断下沉。接下来让意识从下往上慢慢放松身体的每一个部分，做缓慢、平静的呼吸。

3）放松每一个脚趾、脚背、脚底、脚踝、小腿、膝盖、大腿、髋部，随着吐气的动作，放松腰部，感觉身体下沉；再继续让意识上行，放松肋骨、胸部、心脏、肩膀、上臂、下臂、手肘、手腕、手掌、手指；继续调匀呼吸，开始放松颈部、下巴、脸部肌肉、嘴、牙齿、舌头、鼻子、眼皮、眼睛、眉心、前额、太阳穴、头顶、后脑勺、整个头部；接着放松整个身体的背部：上背、中背部、下背部；放松整个脊柱；放松腰部、大腿、膝盖和小腿的后侧。整个身体每一部分都变得十分放松，呼吸也随之越来越放松、越来越稳定。可根据自身情况反复2~3次，直至身心完全平静、放松。

4）最后慢慢睁开眼睛，从右边侧身起，结束。

（五）练习时的注意事项

1）选择通风好的场地，在地上铺一块垫子或毯子。

2）宜穿着舒适、宽松的衣服，最好赤脚，冬天可穿袜子。首饰、手表最好摘掉，不穿紧身束型衣。

3）空腹2~3小时（因人而异，低血糖的人可食少量饼干、牛奶类食物来补充血糖和热量）。

4）练习开始前可做一些简单的运动，作为热身。因为只有热身后，韧带、肌肉才会变得柔软，不容易受伤。

5）瑜伽练完后30分钟之内，不洗澡、不吃食物、不做剧烈运动，以免破坏体内能量的平衡。

6）在练习过程中循序渐进，始终保持面部表情平和轻松。练习时要将意识专注到被伸展和被刺激的部位，不可存有杂念，不可说笑。动作幅度以自己感觉舒服即可，不要同别人比较，要按自己的状态衡量。

7）练习中如果肌肉颤抖或抽筋，立即停止按摩，放松后方可再练。

8）每做完一个瑜伽姿势后，应马上做“无空式”来放松身心，并深呼吸 5~6 次。

9）月经期间可选择一些较轻松的姿势来做，不做犁式、肩立式和一些增加腹压的姿势。

10）妊娠期期间必须慎选姿势，或者只练习呼吸法。生育 2 个月后，必须经医生同意方可练习，大病初愈或手术后不要立即做瑜伽练习。

11）有心脏病、高血压、糖尿病的患者以及有脊柱关节伤病的人，必须经医生同意后才可练习。

12）选择健康食品。营养、健康、自然的食品能排除体内毒素，保持身体清洁、柔软，使人身心纯净，并能提高人体免疫力。

（六）瑜伽基本动作练习方法

瑜伽包含伸展、力量、耐力和强化心肺功能的练习。它有促进身体健康、协调整个机体的作用，使人在学习如何使身体健康运作的同时也增加了身体的活力。此外，瑜伽还有助于培养心灵和谐和情绪稳定的状态，引导改善自身的生理、感情、心理和精神状态，使身体协调平衡，保持健康。

1. 鱼式

动作如图 5-43 所示。

1）平躺，双腿伸直并拢。

2）吸气，拱起背部，把身体躯干抬离地面，胸口上顶，抬头，轻轻地让头顶紧贴地面。

3）双臂伸直，呈合十状，双脚同时抬离地面。

2. 三角转动式

动作如图 5-44 所示。

1）自然站立，两脚宽阔分开；深吸气，举手臂与地面平行，双膝伸直，右脚向右转 90 度，左脚转 60 度。

2）呼气，上体左转，弯曲躯干向下，右手放于两脚之间；右手臂与左手臂成一竖线，双眼看左手指尖。

3）伸展双肩及肩胛骨，保持 10~30 秒；吸气，先收双手，再收躯干，最后两脚收回。然后换方向进行。

图 5-43　鱼式

图 5-44　三角转动式

3. 半莲花脊柱扭转式

动作如图 5-45 所示。

1）坐立，双腿向前伸直，弯曲左腿放在右大腿上，脚心朝上。

2）呼气，左臂前伸，左手抓住右脚脚趾，上身转向右边，将右臂收向背部，将右手揽住腰的左侧。

3）吸气，然后呼气，同时头部和上身躯干尽量向右转，保持 20 秒自然呼吸，换另一侧。

4. 简化脊柱扭动式

动作如图 5-46 所示。

图 5-45　半莲花脊柱扭转式

图 5-46　简化脊柱扭动式

1）坐立，两腿伸直，两手平放在地上，略微在臀部的后方，两手手指向外，把左手移过右腿，放在右腿之上。

2）把左脚放在右膝的外侧，左手掌进一步伸向背后，吸气，尽量把头部转向右方从而扭动脊柱。

3）蓄气不呼，保持这个姿势若干秒；呼气，把躯干转回原位，换另一侧。

5. 侧角伸展式

动作如图 5-47 所示。

1）站立面向前方，双腿尽量分开，双手侧平举与肩同高，手心向下；右脚向外打开 90 度，左脚收回 30 度；呼气，右膝弯曲，大腿与地面平行，左膝膝盖伸直。

2）沿右腿内侧放低右手手臂，手放在脚内侧地上；脸向上转，左手臂向头侧前方伸展，上臂贴太阳穴部位。

3）保持 30~60 秒，平稳地呼吸，吸气起身，换另一侧。

图 5-47　侧角伸展式

6. 鹭式

动作如图 5-48 所示。

图 5-48　鹭式

1）从“手杖式”开始，坐直腰背，与头和颈成一直线。右脚屈膝，小腿内侧紧贴着大腿的外侧，呈“半英雄式”坐姿。

2）左脚屈膝提起，双手握着左脚掌，呼气，然后慢慢提起向上伸直，保持大腿、膝盖和脚拇趾成一直线，保持腰背挺直。

3）将蹬直的脚继续拉近躯干，一边慢慢呼气，尽量将头、胸部和腹部贴着小腿及大腿。谨记是把蹬直的脚向自己身体拉近，而不是把身体向脚移近。保持这个姿势15~30秒。完成后，换另一只脚重复上述步骤。

若腘绳肌太紧无法向上蹬直大腿，或双手无法捉紧脚板，可在脚板套上一条毛巾或瑜伽绳，改而捉紧它。也可以置一个瑜伽砖在臀部后面，帮助完成“半英雄式”坐姿。

7. 站立伸展式

动作如图5-49所示。

1）从“山式”开始。双脚稍微分开，吸气，提起双臂向上伸直伸展，手心向内。膝盖及大腿收紧。

2）呼气，腰背挺直，伸展脊椎。盆骨向前伸展，上半身保持挺直，保持膝盖及大腿收紧。双臂保持在耳朵旁边的位置，头部、颈、脊椎和臀部形成一条直线。

3）吸气，保持背部挺直，接着一边呼气，一边使盆骨慢慢向前方地面伸展，直至坐骨朝天。腹部、胸部贴紧大腿，头部贴向小腿。双手握着脚踝后面，也可以平放在脚边，手肘贴在两侧。双脚保持蹬直以稳定身体的重心。自然呼吸。保持这个姿势30~60秒，然后倒序返回起始的“山式”姿势。

图5-49　站立伸展式

常犯错误：弯下的时候，上半身未伸展就将头部压在小腿上，令背部严重弯曲，可引致背痛；身体歪向一边，以致失去平衡；屏着呼吸；膝盖屈曲，膝盖及大腿没有收紧。

难度调整：如盆骨或腘绳肌僵硬，无法将躯干向前伸展，可先用墙壁来练习。面向墙，顺序完成步骤1）和2）。完成步骤2）后，双手平行按在墙上，保持头、颈、脊椎和臀部成一直线。

8. 猫式

动作如图5-50所示。

1）跪在地上，两膝打开与臀部同一宽度，小腿及脚背紧贴在地上，脚板朝天。俯前，挺直腰背，注意大腿与小腿及躯干成直角，令躯干与地面平行。双手手掌按在地上，置在肩膊下面正中位置。手臂应垂直，与地面成直角，同时与肩膀同宽。指尖指向前方。

2）吸气，同时慢慢地将盆骨翘高，腰向下微曲，形成一条弧线。眼望前方，垂下肩膊，保持颈椎与脊椎连成一直线，不要过分把头抬高。

3）呼气，同时慢慢地把背部向上弓起，带动脸向下方，视线望向大腿位置，直至感到背部有伸展的感觉。配合呼吸，重复以上动作6~10次。

完成步骤3）后，再一次挺直腰背，同时抬起你的右脚向后蹬直至与背部成水平位置，脚掌蹬直，左手向前方伸展。抬起头，眼望前方，伸展背部。伸直的手和脚与地面保持平行。

图5-50 猫式

9. 船式

动作如图5-51所示。

1）从“手杖式”开始。坐直腰背，背部微微向后。双脚靠拢，屈膝，脚板贴地，双手置在身后两侧。

2）吸气，提起小腿，直至与地面平行，脚尖朝天，上半身再向后倾，与地面成45度角，双手按在地上协助支撑身体，腹部收紧做整个身体的平衡重点。

3）呼气，锁紧脚跟，双脚以45度撑展蹬直，躯干与双脚形成一个V形。双手提起并向前伸直与地面平行。凝聚躯干力量，挺直腰背和胸膛，双脚并拢夹紧。保持自然呼吸，维持这个姿势约10秒或更久。

图 5-51　船式

10. 侧前伸展式

动作如图 5-52 所示。

1）从“山式”开始。双手置后，手掌向内合上，置在肩胛骨之间、身体正中的位置。这合掌的动作称为 namaka。挺胸收腹，肩膀往后转，手肘朝后方。

2）双脚分开约 3 英尺半宽，蹬直，左右脚跟保持在同一条线上，脚尖向正前方。

图 5-52　侧前伸展式

3）右脚向右转 90 度，左脚向右转 75~80 度，右脚跟与左脚弓对齐。然后把整个身体转右，与右脚保持相同角度朝着右方，双脚位置则保持不变。肩膀与盆骨保持垂直向着前方。

4）尽量蹬直及伸展右脚腘绳肌，收紧大腿肌肉，由脚跟支持身体的重量。左脚腘绳肌向后方用力，保持平衡。吸气，仰头，向上伸展胸部和腰腹，眼睛望向上方。保持手掌互相紧贴在背后，躯干稍微向后仰，但颈部不要过分仰后。

5）呼气，伸展脊椎，由盆骨带动，将躯干往前伸展。由腹部开始慢慢按在前面的大腿上，接着是胸部，最后将下颌按在膝盖上。肩膀和手肘尽量朝向上方。保持双脚蹬直，尤其后腿腘绳肌用力以保平衡。自然呼吸，保持这个姿势 20~30 秒。然后倒序返回步骤 1)，换另一只脚重复以上步骤。

11. 单脚背部伸展式

动作如图 5-53 所示。

1）从“手杖式”开始。右腿屈膝放在地上与左腿成 90 度，将右脚跟靠在胯下位置，同时将右脚趾贴着左腿的大腿内侧。

2）吸气，提起双臂，腰背挺直，将双手往上尽量伸展，两手手心向内。

3）由下盆带动，呼气，身体慢慢往右脚的方向前伸展，背部保持挺直。右脚跟蹬直，脚趾朝天。拉长肩膀，不要放松双臂，应继续向前伸展，直至到达甚至超越右脚掌的位置。

4）吸气，再次挺直背脊，接着一边呼气一边慢慢将上半身向前伸展，先是腹部，然后依次将胸部、脸，最后是额头贴在右小腿上。双手抓着右脚掌外侧。如果想增加难度，可改用一只手扣着另一只手腕的方式。注意要尽量挺直背部，蹬直的右膝盖不可弯曲。保持这个姿势 4~12 次呼吸或更久，练习时以感觉舒适为限度。然后轻轻按倒次序回到步骤 1)，再换另一只脚重复上述步骤。

图 5-53　单脚背部伸展式

12. 坐广角式

动作如图 5-54 所示。

1）坐下，双手着地置后，腰背挺直，眼望前方。双脚保持蹬直，慢慢打开。然后根据自己的柔韧度尽量打开双脚，确定大腿背部紧贴在地上，脚跟向前，膝盖及脚趾指向上。

2）吸气，提起双臂，两手掌平行向内，手指指向天花板。

3）一边呼气，一边由下盆带动，将上身慢慢向前伸展下来。先是腹部，然后是胸部，最后是下颌贴在地上。手掌张开放在前方的地上做身体的调整，同时尽量使腹部、胸部和头贴在地上。整个过程脊椎骨必须保持挺直。保持这个姿势 4～12 次呼吸或更久，练习时以感觉舒适为限度。然后轻轻倒次序回到步骤 1）的坐姿休息。

图 5-54　坐广角式

13. 头倒立式

动作如图 5-55 所示。

1）屈膝跪坐，双膝并拢。双手置前，十指交叉紧扣，手肘打开与肩膀同宽，使手臂和紧扣的双手形成一个三角形，牢牢固定在地上。

2）将头置在“三角形”内。头顶中心位置着地，后脑贴着手心，眼睛要能直线望向双脚后面的事物。无论过多看见自己的上半身，或过多看见地上，均表示你不是把头顶中心放在地上。其后，以手心包着头，慢慢蹬直膝盖，并抬高臀部。

3）将双脚完全蹬直，只以脚尖点地。双脚向自己的头部慢慢移近，直到躯干和地面呈垂直状态。

4）牢牢固定头部和手肘。收紧腹部肌肉，同时把臀部向后推。呼气，慢慢将双脚抬起直至大腿成水平状态，膝盖弯着，收紧大腿肌肉，双脚并拢。这时身体的所有重量应由三个部分用力支撑在地上：头顶中心的位置，以及一双手肘。初学者应把 20% 身体重量放在头顶，80% 身体重量放在手肘。日后慢慢增加至头顶及手肘各支撑身体重量的 50%。先停留在这个动作最少 20 秒，保持自然呼吸。若能轻松完成，才继续进行以下步骤。

5）吸气，慢慢蹬直双脚，脚趾往上抬。继续收紧腹部和大腿肌肉，双脚并拢向上伸展，使整个身体都成一条垂直线。身体不要左右或前后倾斜。初学者保持这个姿势 1 分钟，然后慢慢增加至 3~5 分钟或以上。其间保持自然呼吸，脸部肌肉尽量放松，然后轻轻按倒序回到步骤 1)。接着以“儿童式”作为休息姿势，令脑部及心脏恢复水平位置。

难度调整：初学者可以先用墙壁来辅助练习“头倒立式”。于离墙壁 10 厘米的位置跪下，按前述完成步骤 1) ~3)，然后双脚提起离地，将臀部贴在墙上。双脚蹬直后再把臀部移开，只有脚跟挂在墙上。保持身体垂直，不要左右倾斜。

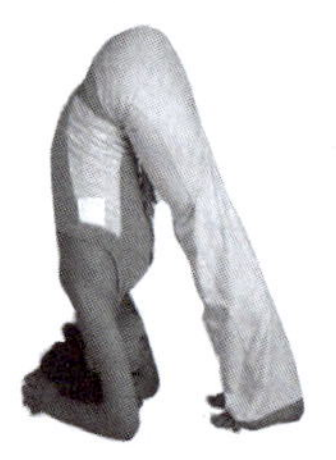

图 5-55 头倒立式

14. 肩立式

动作如图 5-56 所示。

1）仰卧在地上。肩膀及背部平躺在毛毡上。毛毡 2~3 厘米厚。屈膝，双脚并拢，脚板贴地。双手放在地上，手掌向下，靠在盆骨两旁。肩膀向下转动，令手臂外侧贴地，上背稍微离地。

2）吸气，凝聚腰腹力量，呼气，将膝盖和躯干往上抬起，随即把双手放在背上做支撑。大拇指置在腰的两侧，其余手指平均托着背部近肩胛骨位置，手指朝向臀部方向。手肘屈曲的同时，上臂应紧贴在毛毡上，两手肘与肩同宽，用力支撑身体，背部保持垂直。膝盖抬至额头上方然后停下，小腿垂直向上，脚板朝天，以肩膀和手肘支撑身体的重量。

3）吸气，双脚慢慢向上蹬直，然后将脚趾指向上。整个身体保持垂直。两手肘的距离保持与肩同宽，可用瑜伽绳辅助。手肘不要移离毛毡上，这样才能有力地支撑整个抬高了的身体。保持自然呼吸。初学者保持这个姿势 30 秒至 1 分钟，然后慢慢增加至 3 分钟或以上。然后轻轻按倒序回到步骤 1）的姿势休息。

15. 骆驼式

动作如图 5-57 所示。

1）跪立，小腿平放在地上，膝盖打开至臀宽，脚板朝天。大腿及躯干成一直线，与地面呈 90 度。双手放在盆骨上方，手肘屈曲，挺直腰背，肩膀及手肘朝向后方。

图 5-56 肩立式

2）吸气，由上背开始，慢慢把身体向后弯，收紧大腿股四头肌、臀部和腹部。脸朝着天花板，不要过分伸展颈项。

3）呼气，先把左手放在左脚跟上，手掌向下，手指向后，然后再把右手依同一方法放在右脚跟上。

4）吸气，双手往脚掌方向用力，由此借力令上胸挺高朝天。盆骨和大腿与地面保持垂直。头部放松，保持呼吸自然。保持这个姿势 15~30 秒。然后将双手放回盆骨上方，慢慢地恢复原来姿势，然后把臀部坐在脚跟上休息。

图 5-57 骆驼式

16. 蝗虫式

动作如图 5-58 所示。

1）俯卧在地上，双手置在身旁两侧，手心向上，脸向下，头保持在正中位置。双脚并拢及用力向后伸展，感觉整个身体被拉长了。收紧臀部及大腿肌肉。尾椎内收，然后指向脚跟。

2）呼气，头、胸部、双手及双脚同时慢慢向上提起，利用腰背的力量将肋骨部位尽量向上抬，只剩下盆骨和腹部在地上支撑身体。手、脚、脊骨尽量伸展。保持呼吸自然。保持这个姿势约 10 秒或更久，然后返回步骤 1）休息。

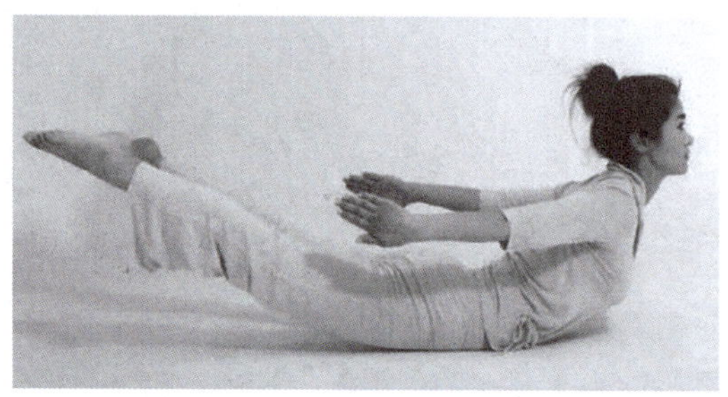

图 5-58　蝗虫式

17. 半月式

动作如图 5-59 所示。

1）先按步骤完成“三角式”。

2）右腿屈膝，与地面成 90 度。

3）视线转向地上右脚脚尖前方约 1 英尺位置，收起左手，放在左边盆骨上。右手往前面视线焦点移去，然后用指尖按着地面，手的拇指与脚拇趾相距约 1 英尺距离。身体微微向前伸展，使重心移往右脚，左脚脚跟离地，做准备提起左脚姿势。停留 2~3 秒，保持呼吸。

4）吸气，打开胸膛，伸展脊椎骨。呼气，右脚慢慢蹬直，同时带动左脚抬离地面。以蹬直后的右脚做平衡点，左脚蹬直及提升至与地面平行，膝盖及脚趾向前。左边盆骨及左边肩膀往后移；相反，右边盆骨及右边肩膀往前移，令胸部及腹部向前，整个身体呈水平状态。最后左手用力向上伸直，与肩膀及右手成一直线。如果平衡控制得宜，把头转向上方，眼望左手。深沉而平稳地呼吸。保持这个姿势 20~30 秒，然后按倒次序返回步骤 1)，换另一边脚重复以上步骤。

图 5-59　半月式

18. 斜支架式

动作如图 5-60 所示。

1）先完成“下犬式”。将力量集中在右手，为接下来身体转向右侧做好准备。

2）将两脚脚板和躯干右转 90 度，身体挺直。左脚板叠在右脚板上，脚跟并拢。收紧大腿和腰腹肌肉，右手臂伸直按在地上，将整个身体撑起。

3）提起左手向上伸直，掌心向前，直至左臂、肩膀和右臂成一直线。头朝上方看着左手。头部、躯干、双脚保持一条直线，同时保持平衡。保持这个姿势 10～20 秒，然后按倒序返回步骤 1），换另一边脚重复以上步骤。

图 5-60　斜支架式

19. 身躯转动式

动作如图 5-61 所示。

1）双腿屈膝跪坐，臀部坐在脚跟上，膝盖并拢。挺直腰背，双手放在大腿上。

2）把臀部移向右方地上，使两小腿贴在左边大腿外侧，脚跟抵着左边臀部，左脚板叠着右脚板。臀部不要离开地面。

3）左手放在右边大腿下，手掌向下并紧贴在地上，手指朝向左方。右肩膀及脊柱右侧的肩胛骨向后方转动，使右手弯向背部。吸气，挺直腰背，呼气，脊椎慢慢转动，由腹部开始将躯干转向右后方，头和视线同样转向右后方。保持臀部稳定地贴在地上。左手按着地以稳定姿势，右手则握着左手手臂。自然呼吸，保持每次吸气时，挺直背部；每次呼气时，尝试再把身躯往右后方转多些。保持这个姿势 20～30 秒，然后按倒序返回步骤 1），换脚及方向重复以上步骤。

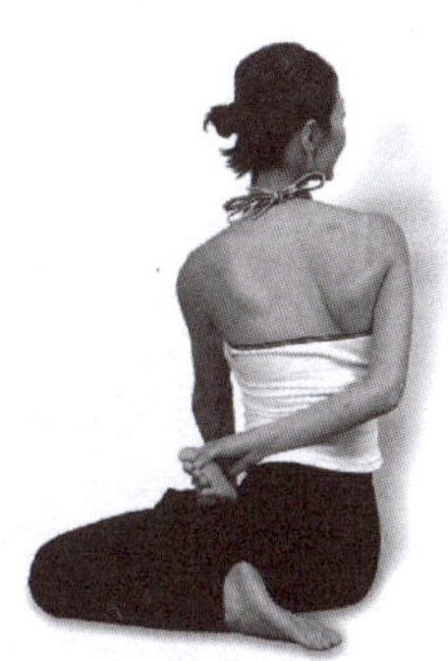

图 5-61　身躯转动式

20. 卧伸腿式

动作如图 5-62 所示。

1）平躺在地上，伸展脊椎，双臂放在身体两旁。双脚蹬直稍稍打开，脚跟向前，脚尖向上。右脚屈膝，右手握着右脚拇趾。

2）吸气，慢慢把右脚蹬直，尽量往上伸展，脚跟向上，脚趾朝向脸。左手按在左边大腿外侧的地上。左脚保持蹬直用力，左边盆骨紧贴地上。不要为着拉紧右脚而使背部拱起，也不要缩起或升高肩膀，两边臀部必须紧贴地面。保持自然呼吸。保持这个姿势 20~30 秒，然后换脚重复以上步骤。

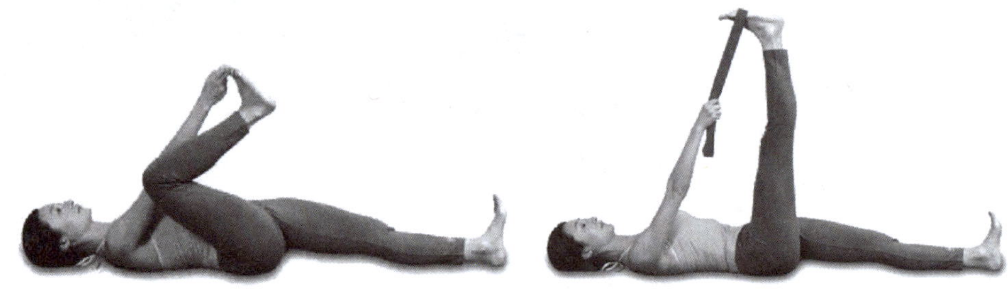

图 5-62　卧伸腿式

三、拜日式

拜日式是瑜伽的基础动作，搭配呼吸，可以从头到脚伸展一系列动作，是一种调适全身的热身运动，具有极佳的暖身作用，可以有效地避免运动伤害。拜日式能够稳定身心，柔软全身，促进血液循环，调整体质，预防神经系统、内分泌系统各种慢性疾病，具有强化心肺功能的效用。以下是其中的七个姿势。

（一）山式

动作：双眼平视前方，自然呼吸，如图 5-63 所示。

（二）祈祷式

动作：吸气，双臂上举，仰视看拇指，如图 5-64 所示。

（三）脊柱延展式

动作：吸气，抬头延展脊柱。呼气，向前屈身，低头，如图 5-65 所示。

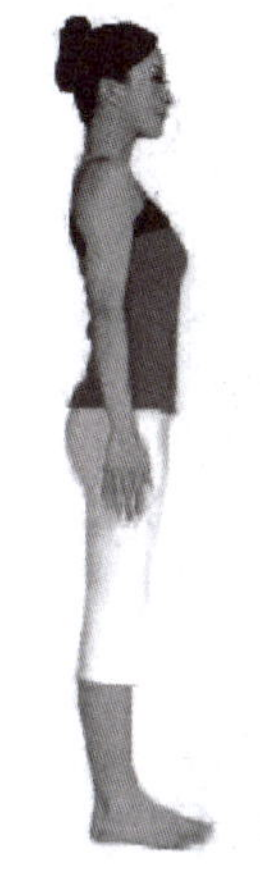

图 5-63　山式

图 5-64　祈祷式

图 5-65　脊柱延展式

（四）斜板式

动作：吸气，身体往下放平；呼气，躯体舒展，如图 5-66 所示。

图 5-66　斜板式

（五）上犬式

动作：吸气，伸展手臂，上身向前向上，骨盆抬离垫子，如图 5-67 所示。

图 5-67　上犬式

（六）下犬式

动作：呼气，双手推肩膀，臀部指向天空，如图 5-68 所示。

图 5-68　下犬式

（七）收式

动作：吸气，双手合拢指向天空，呼气缓缓放手，恢复到山式，如图 5-69 所示。

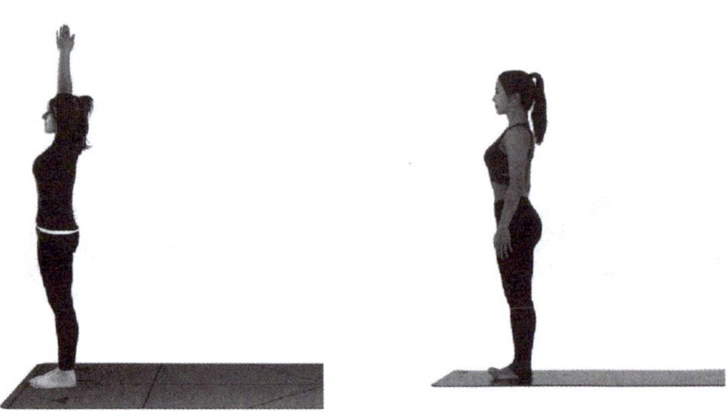

图 5-69　收式

四、瑜伽比赛规则

（一）瑜伽比赛规则简介

1. 参赛资格

1）参赛运动员必须是中华人民共和国合法居民。

2）运动员必须以俱乐部为单位进行报名。

3）参赛运动员必须是身体健康、无重大疾病的有自主行为能力的成年人。

4）参赛运动员必须保证已经购买比赛期间的意外伤害保险。

2. 比赛分组

1）成年专业组。

2）成年业余组。

3. 比赛规则

1）根据参赛选手人数抽签分为6~10组，每组3人。

2）预赛得分总分排名前12名的优胜选手将取得参加决赛的资格。

3）预赛每组进行规定动作3个，限5分钟内完成；自选动作6个，限10分钟内完成。

4）业余组决赛分4场，每场3人。每人完成规定动作2个及自选动作3个，根据得分评选出1~8名，分别给予积分和奖励。专业组单人决赛每场1人，并有口述。

5）所有参加决赛的人员都须有预赛阶段的比赛成绩。

6）比赛设有主裁判、评委、记分员、计时员、检录员。

7）比赛时未到场视为自动弃权。

8）参赛选手须自备瑜伽服进行比赛。

9）选手禁止在腰部周围添加任何多余的衣物。

10）须赤脚参加比赛。

4. 比赛要求

1）比赛期间，在比赛场地大声喧哗，以及有可能干扰比赛选手的行为举动均被禁止。如比赛时在场地内跑动、走动、吹哨等。

2）参赛选手应如实填写报名表内容，如发现有隐瞒实情的情况将被取消比赛成绩。

5. 评分细则

（1）评委计分办法

去掉一个最低分、一个最高分，其余评委分数的平均分为该选手的最后得分。

每位评委打分，业余组满分 10 分，专业组满分 15 分。其中，规定动作 5 分，自选动作 5 分，专业组口述 5 分。

每组比赛结束后评委进行亮分，记分员收取亮分牌，计算每人得分并做记录。

出现分数相等的情况进行加赛，由评委指定自选动作。

（2）规定动作评分标准（共计 5 分，以下标准各 1 分）

1）起始姿势自然优美。

2）体位完成准确到位。

3）动作配合呼吸进行。

4）具体动作优美程度。

5）整体连接流畅自然。

（3）自选动作评分标准（共计 5 分，以下标准各 1 分）

1）体位规范分：根据选手所做动作的规范程度予以评分。

2）体位难度分：根据选手所选动作的难易程度予以评分。

3）体位力度分：根据选手的肌肉肢体控制和力度予以评分。

4）体位节奏分：根据选手的体位停留时间是否具有整体统一的节奏评分。

5）选手表现分：要求表演顺畅，充分表现出瑜伽之美以及选手的个人风采。

（4）扣分方法

1）呼吸错误每处扣 0.2 分。

2）体位细节错误每处扣 0.3 分。

3）整体错误、失误或无法完成每个体位扣 0.5 分。

（5）专业组口述评分标准（共计 5 分）

1）口令清晰清楚表达动作要领。

2）运用解剖学对动作进行分析。

3）语言与音乐呼吸的配合。

6. 奖项设置

1）个人单项前 3 名给予奖励。

2）个人单项前 8 名给俱乐部积分。

3）最佳人气奖。

4）最具潜力奖。

（二）瑜伽运动欣赏

瑜伽体系是习瑜伽者形体再造过程中一个十分重要的艺术工程师。习瑜伽者的心、身在瑜伽动作的引领下，能够进入一个无限美妙的形体再造艺术天地。所以对瑜伽形体姿势的欣赏是打造瑜伽丽人的重要基础训练内容。

如何才能欣赏和体会瑜伽体系的思想内容和主题呢？总的来说，就是要通过瑜伽感知、情感体验、审美认识和判断这三个阶段。通过这三个心理活动的相互作用，使欣赏者（也是习瑜伽者）对瑜伽形体姿势有具体的感知和体验，对瑜伽形象有更准确的把握，欣赏者能够在此基础上深刻理解瑜伽形体姿势表现的深层内涵（至于瑜伽形体姿势的功能介绍，当然更可以通过解释了解姿势的内涵），并对瑜伽姿势的艺术价值做出审美判断，使欣赏者既得到精神的高度升华，又获得最大的艺术满足感，进而作用于人体，提升体态的艺术美感。

感知阶段是欣赏瑜伽姿势的感性阶段。在这一阶段，欣赏者感知瑜伽姿势中的节奏、力度、速度、造型等瑜伽基本要素，以及这些要素及其结构的综合形式，如平衡感、节奏感、和谐感、曲线结构、风格等，初步感知和理解瑜伽基本情感特征，如抒情、平和、安宁、愉快等。

接着就进入情感体验的阶段。表现情感是各类艺术的共同特征。在习瑜伽中，外在的客观性消失了，瑜伽与欣赏者的分离也消失了，瑜伽精灵于是透入人心与主体合二为一。因此，瑜伽成为最富于表情的艺术。不同的形体姿势组合形式、节奏感、刺激量、瑜伽精灵与心灵、形体响应等千变万化的力点组成形式，对人的心、身产生刺激，情绪上出现不同的联觉反应。如有的个体在演绎蛙式，感到蛙的呼吸悠长；别的个体同样习瑜伽蛙式时却悟到此物中气充沛。这时瑜伽形体姿势就能使欣赏者不仅调动自己平时所积累的生活经验与感情体验，而且还能与瑜伽姿势所表现的感情在基本性质上取得一致，使瑜伽欣赏中的感情体验在辩证统一中得以充分展开。

越过情感体验阶段后，就进入审美认识和判断的阶段了。认识即理解，判断即评价。要运用和发挥认识与判断的作用，首先就要对瑜伽形体姿势有一个理性的认识，即对姿势从形式到内容和人体意义的认识。欣赏者除了练习不同的瑜伽形体姿势，还有赖于对瑜伽姿势的标题、仿生灵物、灵物体态以及动、静感表现手段和方法的了解分析。例如，在欣赏瑜伽树式时，要了解树式所处的自然环境、生存状况和仿生灵物的生长规律、心灵状况，还要对其作用于人体的力度和方法以及人体生物内在结构和气质进行理解。这样才能真正体会到瑜伽体系仿生精灵的博大情怀和崇高的精神境界。

经过理解认识阶段，对瑜伽体系仿生精灵的审美评价也会随之而出。欣赏者往往会发出一些仿生灵物美不美这样的感叹和认识。这些感悟也就是对仿生灵物的审美评价。比如，习瑜伽者在反复练习和理解了瑜伽蛙式以后，会对此式与人体的艺术创新、表现出来的伟大精神力量和生物功能给予称赞与肯定。这种称赞和肯定，又会增强欣赏者欣赏该类瑜伽形体姿势的欲望，激起欣赏者更强烈的情感共鸣。

由于欣赏者的心灵境界、艺术修养和趣味等因素的差异，其审美个性同瑜伽圣贤的审美意识不可能完全相同。因此，在欣赏瑜伽形体姿势过程中，个体所理解的瑜伽形体姿势和瑜伽圣贤对姿势所表达的审美情感存在着差异性。这样，欣赏者在欣赏瑜伽形体姿势时既可以对欣赏对象入乎其中，感受、体验、理解瑜伽形体姿势，又可以出乎其外，按欣赏者自己的审美个性进行审美评价。总之，如果是以打造瑜伽丽人为目的，那么瑜伽形体姿势欣赏应该以审美体验为目的，以陶冶性情，激励积极人生为本。

练习小贴士

时间：练习瑜伽体式最好的时间是黎明或傍晚。

空腹：开始练习瑜伽前，应清空肠胃。

呼吸：在体式练习中，都应该只通过鼻孔进行呼吸，不要通过嘴呼吸。

特别注意：对于女性练习者，月经期间应该避免强度体式的练习，如腹部收缩练习、伸展练习、倒立练习等。

休息术：在完成瑜伽体式的练习后，都要躺下来做休息术，因为这样可以驱除疲劳。

探索与思考

1. 简述瑜伽呼吸法。
2. 尝试编排一组串联动作。
3. 学习拜月式，并了解其与拜日式的不同。

模块六　冰雪运动

模块导读

冰雪运动是北方广大学生非常喜欢的一项冬季户外运动，有效地开展冰雪运动可以使学生感受到冰雪运动的乐趣，促进学生心血管和呼吸系统机能的改善，增强腰、腹及腿部肌肉的力量和关节的灵活性，从而全面提高身体机能；经常参加冰雪运动可以有效地增强学生抗寒、耐寒能力，提高人体的平衡能力，培养学生勇敢顽强、不畏困难的良好品质。

一、滑冰运动

（一）滑冰运动的起源与发展

滑冰运动起源于荷兰。11 至 12 世纪，荷兰、英国、瑞士以及斯堪的纳维亚半岛一些国家就有脚绑兽骨，手持带尖木棍支撑冰面向前滑行的记载。13 世纪中叶，荷兰出现一种镶嵌在木板上的铁制冰刀。1572 年苏格兰人发明全铁制冰刀。17 世纪后，这种最初的冰上运输形式逐渐发展成为一种运动项目。1887 年挪威成立了世界上第一个滑雪俱乐部。1890 年加拿大成立了世界上第一个冰球协会。1892 年国际滑冰联盟在荷兰成立。1893 年，在阿姆斯特丹举行了首届男子速度滑冰锦标赛。1908 年，法国成立了世界范围的国际冰球联合会。在冰雪运动日益普及的情况下，现代奥运会创始人顾拜旦建议单独举办冬季奥运会。

1908 年第 4 届夏季奥运会上增加了花样滑冰项目。1920 年第 7 届夏季奥运会上增加了冰球项目。花样滑冰和冰球加入奥运会后引起了观众的极大兴趣。正式的冬季奥林匹克运动会始于 1924 年。当时，在法国的夏蒙尼市承办了当时被称为“冬季运动周”的运动会，两年后国际奥委会正式将其更名为第 1 届冬季奥林匹克运动会。

（二）滑冰运动项目的种类

1. 速度滑冰

速度滑冰（speed skating）是以冰刀为工具在冰上进行的一种冰上竞速运动。在国际体育分类学上属于滑冰运动。它是指在规定距离内以竞速为目的的滑冰比赛，简称速滑，是冬季奥运会的正式比赛项目。运动员脚着冰鞋在冰面上滑行，借助冰刀的刀刃切入冰面形成稳固的支撑点，通过两腿轮流蹬冰、收腿、下刀，滑进动作以及全身协调配合向前快速滑行。

速滑是一项历史悠久的运动，如前文所述，早在十一二世纪已出现滑冰运动的早期雏形。从 19 世纪 40 年代开始，速滑从英格兰和荷兰迅速传入其他国家，滑冰俱乐部也由此纷纷建立。19 世纪 70 年代，一些国家建立全国性滑冰组织的要求开始产生。1879 年，第一个全国性的滑冰领导机构——英国滑冰协会创立。1893 年 1 月，在国际滑联的领导下，第一届世界男子速度滑冰锦标赛在阿姆斯特丹举行。男、女速度滑冰分别于 1924 年、1960 年被列为冬奥会比赛项目，现设有比赛项目男子 500 米、1 000 米、1 500 米、5 000 米、10 000 米；女子 500 米、1 000 米、1 500 米、3 000 米和 5 000 米。

速度滑冰最高级别的组织机构是国际滑冰联盟，于 1892 年在荷兰成立。中国的最高组织机构为中国滑冰协会，于 1980 年在北京成立。

2. 花样滑冰

花样滑冰（figure skating）是冰上运动项目之一。运动员通过冰刀在冰面上划出图形，并表演跳跃、旋转等高难度动作。花样滑冰的裁判会按照动作的质量与艺术性表现进行综合评分，最高为 6 分。

花样滑冰起源于 18 世纪的英国，后相继在德国、北美地区国家迅速开展。1892 年，国际滑冰联盟在荷兰正式成立，并制定了该项目的比赛规则。1872 年，奥地利首次举办花样滑冰比赛。1882 年，奥地利花样滑冰选手弗列依和他的妻子在维也纳冰场手拉手跳起了双人舞后，诞生了双人滑。1896 年，俄国彼得堡举行首次世界男子单人花样滑冰锦标赛。1924 年，花样滑冰被列为首届冬季奥运会比赛项目，共设有男、女单人滑、双人滑和冰上舞蹈四个比赛项目。1990 年，亚洲滑冰联合会成立。

1930 年前后，西方花样滑冰传到中国，在北京、天津、哈尔滨、长春、沈阳等城市的学校，有些学生参加了花样滑冰运动。1935 年，在中国北京举行的滑冰比赛会上，进行了花样滑冰表演赛。1942 年冬，在中国延安的延河上举行了冰上运动会，表演了花样滑冰的图形和自由滑。1952 年 2 月 27 日至 3 月 1 日，在法国巴黎举行了首届冰上舞蹈比赛，共有 4 个国家的 9 对运动员参加，英国运动员维斯特伍德和戴米获冠军。1953 年 2 月，中国哈尔滨举行了首届全国冰上运动会，并进行了花样滑冰男女单人滑的比赛。1976 年，因斯布鲁克奥运会首次增设冰舞项目。1980 年，中国首次派代表团参加了在美国普莱西德湖举行的第十三届冬奥会。1980 年 3 月，中国派队参加了在德国多特蒙德举行的世界花样滑冰锦标赛。1990 年 11 月 20 日，中国的陈露在世界青少年花样滑冰锦标赛女子单人滑项目中，获得第三名，这是中国国旗首次在世界滑冰赛场上升起。2010 年，温哥华冬奥会成为中国花滑选手夺金的见证地，申雪—赵宏博、庞清—佟健包揽冠亚军，公同创造了中国冰雪运动的新辉煌。2022 年，北京冬奥会花样滑冰双人滑自由滑比赛在首都体育馆举行，中国选手隋文静—韩聪夺得双人滑冠军。

3. 短跑道速度滑冰

短跑道速度滑冰（short track speed skating），简称短道速滑，是在长度较短的跑道上进行的冰上竞速运动。短道速滑起源于加拿大，当时加拿大的一些速度滑冰爱好者常到室内冰球场上练习，随之产生了室内速度滑冰的比赛。20 世纪初，短道速滑逐渐在欧洲和美洲国家广泛开展。1975 年，国际滑冰联盟成立短跑道速度滑冰技术委员会。1981 年起，世界短道速滑锦标赛开始举办。1988 年，短道速滑在卡尔加里冬季奥运会被首次列为冬季奥运会表演项目。1992 年，阿尔贝维尔冬季奥运会将短道速滑列为正式比赛项目。

1981 年，短道速滑进入中国。

1992 年，李琰在阿尔贝维尔冬季奥运会上获得女子 500 米短道速滑银牌，这是中国短道速滑第一枚奥运奖牌。

1995 年，在世界短道速滑锦标赛上，中国队获得第一枚集体项目女子 3 000 米接力金牌。

1996 年，李佳军在世界短道速滑锦标赛男子 1 000 米项目上夺得金牌，他也成为中国在短道速滑项目上获得金牌的第一个男子世界冠军。

1997 年，杨扬在日本长野举行的世界短道速滑锦标赛上获得中国第一个全能世界冠军。

2002 年，在美国盐湖城举行的第十九届冬季奥运会上，杨扬夺得 500 米、1 000 米两块金牌，为中国实现了冬季奥运会上金牌“零”的突破。

2006 年，在都灵冬季奥运会上，王濛获得短道速滑女子 500 米冠军。

2010 年，中国女队包揽温哥华冬季奥运会短道速滑女子项目全部金牌。分别为女子 500 米（王濛）、女子 1 000 米（王濛）、女子 1 500 米（周洋）、女子 3 000 米接力（王濛、周洋、张会、孙琳琳），在 3 000 米接力中，中国队以 4 分 06 秒 610 的成绩勇夺冠军并打破世界纪录，在本届冬奥会上，王濛一人包揽 3 枚金牌，成为在此之前获得冬奥会金牌、奖牌最多的中国运动员。

2014 年，索契冬季奥运会短道速滑项目中，周洋在女子 1 500 米决赛中成功卫冕获得金牌，李坚柔获得女子 500 米金牌。

2018 年 2 月 22 日，武大靖在平昌冬季奥运会短道速滑男子 500 米决赛中以 39 秒 584 的成绩打破世界纪录并且为中国代表团夺得平昌冬季奥运会首枚金牌。

2022 年，在北京冬奥会上，中国获得 2 金 1 银 1 铜的战绩。在男子 1 000 米比赛中，任子威、李文龙分获冠亚军；在 2 000 米混合团体接力赛中，由范可新、曲春雨、任子威和武大靖组成的中国队获得冠军；在女子 3 000 米接力比赛中，由范可新、曲春雨、张楚桐、张雨婷组成的中国队获得铜牌。

（三）滑冰的基本技术

滑冰的基本技术主要包括直线滑行、转弯滑行和冰上停止等。

1. 直线滑行

直线滑行的练习分为八步，前四步练习属于原地练习，可以使初学者学会使用冰刀和掌握平衡；后四步练习是移动练习，可以使初学者逐渐掌握直线滑行的基本技术：

（1）陆地上模拟练习的基本姿势

动作说明：两腿、两脚并拢，两腿屈膝下蹲，膝关节尽量前弓，缩小地面与小腿的夹角，呈深蹲的姿势。上体前倾，重心落于两脚间，肩稍高于臀部，头稍抬起，目视前方地面。两手互握置于背后，如图 6-1 所示。

图 6-1　基本姿势

（2）冰上站立和蹲起练习

动作说明：在冰上两刀刃支撑身体自然站立，两脚左右开立与肩同宽，两脚尖外展，两刀刃成外八字形。然后两腿弯曲、膝前弓，重心落于两脚间，上体稍前倾，肩稍高于臀部呈半蹲姿势；蹲起练习时，两脚平行站立，身体由下蹲到深蹲，重心保持在两脚间。两臂向侧后方伸展，协助身体平衡。

（3）冰上原地踏步练习

动作说明：踏步前，两刀刃平行支撑身体自然站立，两脚左右开立与肩同宽，重心落于两脚间。重心移至右（左）脚，左（右）脚抬起，关节放松，刀尖自然下垂。左（右）脚落下，重心移至左（右）脚，右（左）脚抬起。两脚交替练习。随着熟练程度的提高，逐渐提高腿抬起的高度。

（4）原地移动重心练习

动作说明：身体呈半蹲姿势，双手互握置于背后，重心移至左（右）脚，正刃支撑身体，右（左）脚侧内刃着冰。接着右（左）脚正刃着冰支撑身体，同时重心移至右脚，左（右）脚侧伸，内刃着冰。两脚交替练习。

（5）冰上外八字走练习

动作说明：行走前，两刀刃平行支撑身体自然站立，两脚左右开立与肩同宽，呈外八字分开，重心落于两脚间。一只脚向前迈步，落地时脚尖外展，另一只脚用冰刀内刃向后蹬水重心移至前脚。待重心完全落于前脚，再抬起后脚向前迈出，迅速向迈出脚移动重心。两脚交替进行，向前移动。

（6）单脚蹬冰双脚滑行练习

动作说明：滑行前，上体挺直，目视正前方，两脚左右开立与肩同宽，两支冰刀平行站立。滑行时，双膝微屈，一只脚内刃向外侧蹬冰，同时将重心移至支撑脚上，蹬冰后迅速向支撑脚靠拢，重心落回两脚间，形成双脚向前滑行动作。两臂随滑行前后交替摆动，协助身体平衡，如图 6-2 所示。当速度下降时，再用另一只脚蹬冰滑行。两脚交替蹬地，向前滑行。

图 6-2　单脚蹬冰双脚滑行

（7）单脚蹬冰单脚滑行练习

动作说明：滑行前的姿势与单脚蹬冰双脚滑行的姿势相同。滑行时，一只脚内刃向外侧蹬冰，另一只脚正刃向前滑行，同时身体前倾重心移至支撑脚。蹬冰脚蹬冰后迅速向支撑脚靠拢呈半蹲姿势，单脚向前滑行。接着支撑脚蹬冰后迅速向另一只脚靠拢呈半蹲姿势，单脚向前滑行。两臂随滑行前后交替摆动，协助身体平衡，如图 6-3 所示。两脚交替蹬地，向前滑行。

图 6-3　单脚蹬冰单脚滑行

（8）冰上直线滑行练习

动作说明：滑行前，身体呈深蹲姿势，小腿与地面呈 50~70 度角，大腿与小腿呈 90~110 度角，上体与冰面呈 15~20 度角，肩稍高于臀部，双手随滑行前后交替摆动或互握置于背后。滑行时，单脚蹬冰单脚滑行，反复练习。

2. 转弯滑行

（1）原地向左移动练习

动作说明：两脚左右开立与肩同宽，两支冰刀平行支撑身体，呈半蹲姿势，重心移至右脚呈开始移动姿势。移动时，左脚向左跨出半步，同时重心移至左脚，右脚迅速向左脚靠拢呈开始移动姿势。左脚继续向左跨步左移。

（2）原地向左交叉步练习

动作说明：两脚左右开立与肩同宽，两支冰刀平行支撑身体，呈半蹲姿势，重心落于左脚，右腿向侧挺直伸出呈开始移动姿势。移动时，右脚向左脚左前方迈一大步。当右脚冰刀着冰时，身体重心由左脚移至右脚，同时左脚向身体右后方蹬直。左腿收回并向左侧迈出大半步，右脚迅速跟上呈开始移动姿势。右脚继续迈步向左交叉步移动。

（3）左脚支撑右脚连续蹬冰转弯滑行练习

动作说明：滑行过程中，身体呈半蹲姿势，重心落于左脚。左脚冰刀稍向左转，外刃着冰，同时身体左倾肩内转，右脚冰刀内刃向外侧连续蹬冰，在任意半径的圆弧上转弯滑行，双手随滑行前后交替摆动或互握置于背后，如图 6-4 所示。

图 6-4　左脚支撑右脚连续蹬冰转弯滑行

3. 冰上停止

冰上停止技术主要包括犁状停止法、转体内外刃停止法和转体右刀外刃停止法等。

（1）犁状停止法（又称八字停止法）

动作说明：滑行中上体前倾，两膝微屈内扣，重心下降，同时两刀跟外展成内八字形，用刀内刃切压冰面，直到滑行停止。

（2）转体内外刃停止法

动作说明：滑行中两腿并拢，两刀平行，身体向左（右）转体 90 度，同时身体重心下降，身体向左（右）倾斜，用右刀内刃、左刀外刃（左刀内刃、右刀外刃）逐渐用力压切冰面，直到滑行停止。

（3）转体右刀外刃停止法

动作说明：滑行中身体迅速向右转体 90 度，左脚稍扣离地面，随着转体，右脚冰刀的刀尖迅速外转，同时左腿屈膝降重心，身体向后倾倒，重心移至冰刀的后部，用右刀外刃压切冰面，直到滑行停止。

（四）速滑比赛规则

1. 比赛场地

速滑跑道是由两条直线跑道连接两条弧度为 180 度半圆式曲线组成的两条封闭跑

道，最大周长为400米，最小为333.33米。内弯道半径不得小于25米，不得大于26米，每条跑道的宽度不得小于4米，不得大于5米。

跑道分界线（又称雪线）宽10厘米，高5厘米，用雪堆砌而成（冰刀稍触及即能清楚地看出痕迹）。除换道区无雪线外，其余地方均堆砌雪线，雪线不能冻结在冰面上。如无雪，可用宽5厘米，长10厘米，高度不超过5厘米的橡皮、木块或其他合适的物质涂上协调颜色代替雪线，如图6-5所示。

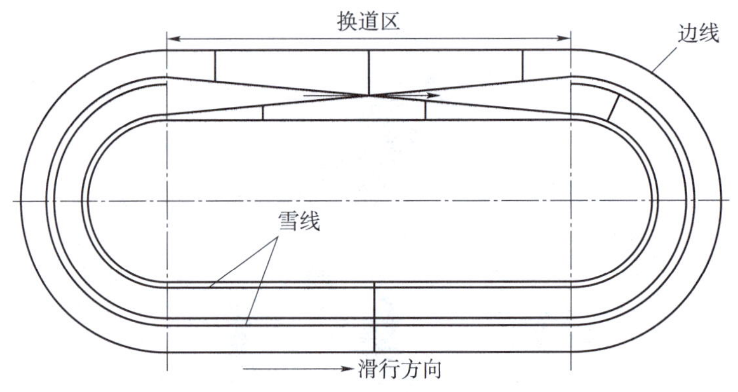

图6-5　速度滑冰的比赛场地

距起点线、边线、起跑预备线和终点线前5米的范围内每隔1米画一条标线，标线为蓝色，终点线为红色，线宽均为5厘米。

2. 装备

速度滑冰装备包括服装、冰刀和冰鞋等。

（1）服装

速滑运动员穿尼龙紧身全连服（衣、裤、帽、袜和手套连在一起）。由于尼龙服保温不好，在温度较低的气候条件下，运动员可穿贴身的棉毛内衣；天气极其寒冷时，可在膝和胸等部位垫上防风纸或其他物品。

（2）冰刀和冰鞋

冰刀刀刃多由优质高碳钢制成，其他部分由轻合金制成。

冰鞋由优质厚牛皮缝制，为半高腰瘦长形。鞋跟部坚硬，以包围和固定脚跟。鞋底为硬皮，以钉或铆钉将冰刀固定在鞋底。

刀尖比鞋尖要长8~9厘米，刀跟比鞋跟长5~6厘米。一般右脚冰刀尖装于右脚大脚趾正下面，冰刀后跟位于鞋跟正中间；左脚冰刀尖装于左脚大脚趾与二脚趾中间，冰刀跟位于鞋跟正中间。

3. 比赛通则

1）比赛中，运动员必须按逆时针方向滑跑。

2）内、外道起跑的运动员，滑行到换道区时要互换跑道继续滑行。

3）在换道区争道时，内道运动员要主动让道。

4）运动员在弯道滑跑中，冰刀不准切入雪线。

5）2 名以上运动员在同一条跑道滑跑时，后面运动员与前面运动员相距至少 5 米。在不影响前面运动员正常滑跑情况下，后面运动员可以超越前面运动员。

6）运动员的冰刀触及终点线，才算到达终点。

7）比赛中每组运动员只允许抢跑犯规一次，两次抢跑将被取消比赛资格。

二、滑雪运动

（一）滑雪运动的缘起和发展

1. 滑雪运动的缘起

关于古代滑雪运动的起源，目前有两种主流观点。一种观点是世界雪坛（特别是欧洲）不少人把挪威称为“滑雪的故乡”；另一种观点认为中国的阿勒泰地域是人类滑雪运动的发源地。

无论哪种观点，都一致认为最早的滑雪活动是人们利用雪、征服雪为行走、狩猎、运输、战争等服务的手段，大约开始于公元前 2500 年以前。滑雪的踪迹最早可以追溯到西伯利亚贝加尔湖以南的阿勒泰地域的历史记载。在挪威的洞岩石上也发现了刻有穿滑雪板的人体雕刻。最早的滑雪器具可能是人们把“雪踏”形状的器具用皮条绑在脚上，这主要是为了不陷进雪中，进而作为在雪面上滑走的用具。

公元前 4 世纪，希腊历史学家在小亚细亚旅行时，见到有关记载说，亚美尼亚山民穿着原始的雪靴，就如同在马脚上扎上布袋一样在雪上走滑。在中国古代地理书《山海经》的第十八卷《海内经》中曾有如下记载：“有丁令国，其民自膝以下有毛，马蹄善走，”这是有关中国滑雪的最早论述，所谓丁令国，即在贝加尔湖以南直至阿勒泰山一带从事游牧的我国北方的一个民族。此外，在中国的古籍《魏志》卷三十五的末尾曾指出：“北丁令有马胫国，其人严似雁鹫，自膝以上身首为人，膝以下有毛，有马胫、马蹄，不骑马而能奔驰，驭马更快，为人勇猛善战。”这段文字也清晰地描绘了奔驰雪上的古代人形象。

2. 现代滑雪运动的发展情况

现代滑雪运动被公认为起源于欧洲。20 世纪初叶，伴随人类社会的进步，经济、科技的发展，滑雪运动冲破了原有的局限，经过近代哺乳，跳跃式登上了现代的历程。现代滑雪运动在场地建设、器材设备的研制、技术理论的探讨、参与的人口等各方面得到发展，竞技滑雪、滑雪旅游在近几十年处于突飞猛进的发展之中。当代滑雪的重心在欧洲，大众参与程度可谓达到登峰造极的高度，其次是北美的美国、加拿大及亚洲的日本，目前世界五大洲都开展了滑雪运动。

3. 我国滑雪运动的发展情况

我国的近代与现代滑雪运动发展缓慢，近代滑雪20世纪二三十年代从俄罗斯及日本传入，并在部分地区零星开展。1957年我国组织了第一次全国性的滑雪比赛，从此拉开了新中国近代滑雪运动的序幕，以东北地区为代表，全国各地陆续开展了滑雪运动。由于受到自然条件和经济不发达的制约，发展速度缓慢，而且多局限于竞技滑雪领域。我国于1980年第13届冬奥会才首次参加冬奥会，就此实现现代滑雪的起步。

改革开放以来，群众性的旅游休闲滑雪自20世纪末期逐步开展，中国的滑雪产业已成为朝阳产业，1996年之后的不足十年间，滑雪场的数量与滑雪人口迅速增加。目前全国有超过20余个省级行政区域开展了大众滑雪运动，并且以迅猛速度发展。

（二）滑雪运动的分类

滑雪运动从历史沿革角度可划分为古代滑雪、近代滑雪、现代滑雪；从滑行的条件和参与的目的可分为实用类滑雪、竞技类滑雪和旅游类（娱乐、健身）滑雪。实用滑雪用于林业、边防、狩猎、交通等领域，现已多被机械设备替代，逐渐失去昔日的应用价值。竞技滑雪是将滑雪升华为在特定的环境条件下，运用比赛的功能，达到比赛的目的。娱乐健身滑雪是适应现代人们生活、文化需求而发展起来的大众性滑雪。

以上三类滑雪运动，从其所要求的器材、场地、设备及运动技术的形式来看，要达到的目的虽基本雷同，但作用和一些其他方面还是有很大差异。

最新出现的旅游滑雪项目有单板滑雪、超短板滑雪、越野滑雪（cross country skiing）等。其中越野滑雪是在低山丘陵地带（平地、下坡、上坡各约占1/3）长距离滑行，虽然远不如高山滑雪的乐趣和魅力，但从安全和健身角度而言，更具有广泛的参与性。超短板滑雪、单板滑雪（双脚同踏一只宽大的雪板）比高山滑雪更具有刺激性，技术更灵活，在中国尚未普遍开展，各类型滑雪项目见表6-1。

表6-1　各类型滑雪项目

项目	定义
高山滑雪	高山滑雪是以滑雪板、雪鞋、固定器和滑雪杖为主要用具，从山上向山下，沿着旗门设定的赛道滑下的雪上竞速运动项目

续表

项目	定义
越野滑雪	越野滑雪是借助滑雪用具，运用登山、滑降、转弯、滑行等基本技术，滑行于山丘雪原的运动项目。 越野滑雪起源于北欧，又称北欧滑雪，是世界运动史上最古老的运动项目之一。1924 年首次列入冬季奥运会比赛项目。 越野滑雪比赛路线分上坡、下坡、平地，各占全程的三分之一。雪道的最高点不超过 1 800 米。 滑雪板上要标有标记，根据规定，选手从起点到达终点，脚穿的滑雪板必须带有出发时裁判画上的标记，因为雪板底面表层涂有雪蜡，非常光滑，有助于滑行，打上标记是为了预防运动员中途换雪板
跳台滑雪	跳台滑雪是以滑雪板为工具，在专设的跳台上以自身的体重通过助滑坡获得的速度比赛跳跃距离和动作姿势的一种雪上竞技项目
自由式滑雪	自由式滑雪是以滑雪板和滑雪杖为工具，在专门的滑雪场上，通过完成一系列的规定和自选动作而进行的一种雪上竞技项目。 它是在高山滑雪的基础上孕育发展而成，是由空中技巧、雪上技巧和雪上芭蕾三个独立的小项组成。 表演者从陡峭而崎岖不平的雪坡向下滑降，同时表演后跳、踢腿甚至翻跟头等惊险的特技
北欧两项	北欧两项是由越野滑雪和跳台滑雪组成，在挪威和瑞典流传很长时间，成为北欧传统项目，又称北欧全能
单板滑雪	单板滑雪是一项以一块滑雪板为工具，在规定的山坡线路上快速回转滑降，或在特设的 U 形场地内凭借滑坡起跳，在空中完成各种高难度动作的雪上竞技项目
阿尔卑斯山式滑雪	阿尔卑斯山式滑雪是指沿雪坡滑降的滑雪运动，其名称是因滑降运动源于阿尔卑斯山而得，包括了各式技巧和动作，其中最基本的三种动作：直降、横渡和转弯
北欧式滑雪	北欧式滑雪包括越野滑雪和滑雪跳跃（ski jumping），之所以称为北欧式滑雪，是因为这种运动起源于北欧各国

（三）滑雪运动的装备

（1）滑雪板

滑雪板分单板和双板。一般滑雪板有木质、玻璃纤维和金属之分。

玻璃纤维滑雪板适合任何雪质的雪地，而且随着科技工艺日新月异，该滑雪板混合了木质与铝合金材质，最受滑雪者欢迎。

铝合金的金属滑雪板在轻而燥的深雪及冰面上回转轻便，但价格也较高。

木质滑雪板已经很少人用，其轻便且价格便宜，但易受潮变形，故使用前宜涂抹特制油脂，这样不易粘雪还可防止雪浸入。

初学者最好选用弹性好、长度短、雪板头较大、轻便的滑雪板。如果经济条件允许，滑雪者应考虑选购一套自己专用的滑雪器材（包括滑雪板、固定器、滑雪鞋、滑雪杖）。选购器材时主要应考虑厂家与商家的诚信度、雪板的质量与性能、售后的维护服务等方面，一定不能购置和使用糠心滑雪板。

（2）滑雪装

滑雪装首先要考虑其防水防风雪的性能，其次是保温透气功能设计、防风裙设计、填充棉设计等，以舒适合身、不妨碍行动及尽量减少风的阻力为原则。滑雪装已经发展为时尚与功能融合的产物，不仅适合滑雪，平时穿也很漂亮。滑雪最重要的就是服装，滑雪服都是以高韧度防水透气面料工艺设计，不仅美观而且能更好地使滑雪爱好者体会滑雪的乐趣。

（3）滑雪靴

滑雪靴一般是双层设计，即外层固定外壳和内层保暖内里。滑雪鞋的选择要使人感到既舒适又合脚，脚趾在鞋中能活动自如，但脚掌、脚背、脚弓、脚跟应能紧紧地被裹住，外壳上的卡子要卡得恰到好处，使踝关节可以向前屈膝，只有这样才能控制滑雪板和滑雪速度。初学者应选择轻便、灵活、富有弹性的滑雪鞋，它的可操纵余地较大。而技术好的滑雪者，可选择能将脚与滑雪鞋紧紧连为一体的滑雪鞋，从而使滑雪者任何一点微小的重力变化都能通过滑雪鞋传递到滑雪板上，以提高滑雪者对滑行姿态的控制能力。

（4）固定器

所有的滑雪板上都有将滑雪靴固定在其上的装置，在滑雪者跌倒时固定器会迅速松脱，因此是避免滑雪伤害的重要防护器具之一。

（5）滑雪杖

滑雪杖（单板不用）用于保持平衡，简称雪杖。其作用是帮助滑行及维持身体的平衡。选择时以质轻、不易断折、平衡感好、适合自己身高为原则。一般由拦雪轮起算，最长不过肩，最短不低于肋下。可将之穿过皮手环，握杖挥动时适手为佳。

除跳台滑雪、空中技巧滑雪、单板滑雪外，其他项目都使用雪杖。雪杖是滑雪者控制重心必不可少的工具。在选择时，一般以本人手臂下垂后肘部距地面的高度作为选择滑雪杖的长度。初学者可选择长一点的雪杖，待技术提高后，再选择短一些的雪杖。雪杖上要有佩带，它可套在手腕上，防止脱落。雪轮可防止雪杖在雪里插得过深，在高速滑行的瞬间提供一个稳定的支点。

（6）滑雪镜

雪地上因阳光反射强烈，容易造成雪盲症，必须戴上滑雪镜来保护眼睛。镜架以塑胶制品较为安全；镜片颜色以黄色或茶色为佳。

滑雪镜应具备以下几个功能。

第一，防止冷风对眼睛的刺激。

第二，防止紫外线对眼睛的灼伤。

第三，镜面不能起雾气。

第四，跌倒后滑雪镜不应对脸部造成伤害。（注意：戴眼镜的滑雪者应选择镜框厚一点的滑雪镜，以便能将所戴眼镜全部罩住。）

（四）滑雪运动的基本技术

从当前滑雪运动发展现状分析，高山滑雪作为娱乐滑雪的主要形式，同时也是竞技滑雪的主要项目，受到几乎所有滑雪爱好者的欢迎，无论从人数、器材、场地及设施等各个角度来看，都是滑雪运动的主体。因此，高山滑雪基本技术成为滑雪运动的入门技术。

1. 前导练习

（1）不着雪板的练习

穿上雪鞋后，由于雪鞋的鞋跟较高，踝关节的可动性很小，活动受限，为了尽快适应雪鞋及提高对雪的兴趣，可进行不持雪杖只穿着滑雪鞋的各种游戏，通过各种游戏及活动，使练习者在不知不觉中提高对雪鞋的适应性，增强对雪的兴趣。在此基础上两手持雪杖进行有支撑的走或慢跑的练习，体会雪杖与运动的配合。

（2）着雪板的练习

1）站立练习。

穿雪板站立姿势是滑雪者进入雪场后应持的基本体态姿势，分为平地站立姿势与斜坡站立姿势。

平地站立练习：身体放松自然站立，双雪板平行，间距不超过胯宽，双雪板放平，共承体重，重心居中，压力均匀，双雪杖起立插于固定器前部的外侧，目视相关方向。

斜坡站立练习：在平地站立姿势的前提下，加进雪板的立刃及身体的小反弓形姿势，形成左、右不对称。双雪板平行横在山坡上，与滚落线垂直，山上板较山下板位置略高，山上侧腿微屈，可稍前于山下侧腿半脚距离，双膝微微向山上侧倾斜，山下板立内刃承担主要体重，刻住雪面；山上板立外刃刻住雪面，重心向山下侧偏移，上体微微向山下侧与立刃的雪板对应横倾和转向，形成微小的反弓反向姿势。

2）穿雪板原地改变方向练习。

原地变向是指滑雪者在平地或坡面上处于非滑行的“静态”状态下改变方向。初学者只有掌握了原地改变方向之后才能比较自如地进行各种练习。

踏步式变向：无论板尖展开变向还是板尾展开变向都要注意雪杖的位置，板尖展开变向时雪杖支撑位置应在体前。初练时雪板一次展开距离不宜过大，随着对雪板的适应再逐渐加大展开的角度与距离。在展开雪板时，身体重心要明显地放在支撑腿上，移动要快。展开雪板时，要保持身体的平稳站立姿态。

180 度变向（向后转）：呈穿板站立姿势，雪板与滚落线垂直；双雪稍前移至体前两侧支撑，左板后部提起向后预摆；右板承重，左板向前上踢成起立状态；将直立的左板以板尾为轴心向左侧下方转动约 180 度，右板内侧着地并承重，左雪板转动的同时，上体跟着左转约 90 度；体重移至左腿，右板抬起从左腿后侧通过并力争也转动 180 度，放到左板同一方向并平行的位置上，上体随同右板再左转约 90 度；双板同时承重，完成了向后转体的目的；两雪杖在体侧根据转向情况顺势支撑，维持平衡协助后转，雪杖不要影响雪板的动作；若滑雪杖妨碍雪板转动，雪板不垂直滚落线，安然后转是不可能进行的。

3）着雪板移动练习。

着单板练习：一只脚穿雪鞋，另一只脚穿着雪板，通过穿雪鞋脚的蹬动及穿着雪板脚的支撑及滑进，循序渐进地加深对雪板和雪板着雪感觉的体会及提高支撑平衡能力。练习内容包括平地行走、单板撑杖滑行、各种登坡。

着双板练习：在平坦场地进行，其目的是进一步适应雪板、雪鞋及雪杖，达到人与器材的协调一体，练习方法包括走、滑行、双杖推进滑行及双杖推进滑行到停止。

2. 登坡技术

登坡技术是指滑雪者穿着雪板从山下向山上移动。登坡时因技术水平、雪质坡度和滑雪者自身体力的不同而采用不同的登坡方法。

（1）双板平行登坡

可适用于各种坡面，登坡者侧对垂直滚落线，可用雪杖协助登坡。双板平行登坡可用于直登坡，也可用于斜登坡。其动作要领如下：向上迈出的板步幅不要太大，迈出时保持双板平行，重心随之向上移动，可用雪杖协助支撑；用上侧板外刃刻住雪面后重心随之移到上侧板上，接着下侧腿向上侧腿靠拢，并用内刃刻住雪面；下侧板内刃刻住雪面后，再进行第二步的登行。

（2）八字登坡

一般用于缓坡、中坡。登坡者应面对登坡方向，垂直向上登行。其动作要领如下：面对山坡，用两板内刃刻住雪面，身体前倾，向前上方依次迈出雪板，步子不宜过大，防止板尾交叉，同侧的雪杖协助支撑，可用手握住雪杖握把的头。在向上登坡时重要的是板内刃刻住雪面和重心的移动。

3. 停止、安全摔倒与站起

（1）停止

减速或停止是通过对雪板的控制使雪板与前进方向成一定的角度或完全横对前进方向的同时，增大立刃的幅度以加大摩擦力来完成的。初学者主要采取犁式停止法。其动作要领如下：在滑降中使雪板成犁式状态。重心稍后移，形成稍后坐姿势的同时两板尾蹬开，使立刃、两侧内刃逐渐加大刮雪力量，逐渐加大板尾向外侧的立刃和蹬出力量直至停止。

（2）安全摔倒

安全摔倒是指在滑降过程中，通过主动摔倒的方式分解冲力，避免撞击，化解险情。其动作要领如下：跌倒前急剧下蹲，降低重心；臀部向后侧方坐下，臀部一侧触及雪面头朝上向山下滑动。防止头部触地或向前摔倒；可能时双脚举起、双臂外展，尽可能使雪板、雪杖离开雪面；不要挣扎，顺其自然下滑，严防滚翻；停止之前或受伤后，不要盲目乱动。

（3）站起

在山坡上摔倒后，首先要弄清自己的头朝什么方向，然后再移动身体使头朝山上、雪板朝山下方向，形成侧卧状态。然后抬起上体形成侧坐，收双板时使双板横对山下侧，尽量使双板靠近臀部并用山上侧板外刃刻住雪面，再用手或雪杖支撑站起。

4. 滑降技术

高山滑雪滑降基本是顺着滚落线由上向下的滑行，通常只靠重力自动加速滑行。滑降技术是高山滑雪的基础技术，是滑行速度最快的技术，应用于高山滑雪，乃至其他滑雪项目诸多技术领域。

（1）滑降的基本姿势

高山滑雪滑降（滑雪）的基本姿势是最基础的姿势，是在“穿雪板自然站立”姿势的基础上增加几个简单的人体动作，被视为滑雪实际技术的第一位，几乎应用于滑雪技术全领域，对高山滑雪各种技术有具有决定性的、长久的影响。

（2）基本姿势的动作要领

1）呈“平地穿雪板站立姿势”，身体放松，双雪板平行放平，受力均匀，两板距离约同胯宽。

2）双脚或双脚弓处承担体重，并结实地将雪板踩住，做到脚下不发虚，重心不落后和“下沉”，两侧居中。

3）双膝前顶，使其具有万向接头的功能，有弹性地调整姿势。

4）臀部适度上提，收腹，上体微前倾。

5）提起双雪杖，肩放松，双手握杖置于固定器前部外侧，与腰部同高，微外展，杖尖不拖地。

6）目视前方 10~20 米的雪面。

7）进入学习转弯点杖阶段，在进入中级水平之后，基本姿势应适度压缩，便于上下肢的配合，适应快速滑行。

（3）滑降技术的种类

1）直滑降。

指雪板呈平行状态，雪板底面与雪面吻合，与滚落线方向相同，自上而下滑行直滑降的技术重点是用腿部的屈伸调节并保持正确的滑行姿势。包括双板平行直滑降、犁式直滑降等类型。

2）斜滑降。

指与滚落线形成一定角度，向斜下方滑行的方式。斜滑降技术是高山滑雪基本功练习的主要内容，包括双板平行斜滑降、犁式斜滑降等类型。

3）横滑降。

指双雪板横在山坡上，与滚落线大致垂直，沿着滚落线的方向，自上而下地滑降。横滑降呈“坡面穿雪板站立姿势”，两板尽量平行靠近，山上板也可稍前；身体侧对滚落线方向，与斜滑降比较，上体有更大的向山下扭转的感觉；双腿基本直立，由双雪板山上侧立刃刻住雪面，通过调整雪板立刃角的大小及放平来增减下滑的速度。加大立刃角度时减速，放平雪板时速度增快；滑雪杖基本不用，当横滑速度太慢时，可用雪杖放于上侧推助或支撑；雪板前部用力大些，雪板向前下方滑动；雪板后部用力大些，雪板向后下方滑动。

5. 转弯技术

转弯又称“回转”，是指利用相适应的动作方式使滑雪板不时地改变方向地滑降，即为滑雪的转弯。转弯时雪板在雪面上运行的板迹是连续的S形曲线。转弯是高山滑雪技术的重点、关键和精华。按转弯时雪板的板型及动作结构的不同可分为犁式转弯与犁式连续转弯、半犁式转弯、半犁式连续转弯、踏步式转弯、绕山急转弯、登冰式转弯、双板平行转弯、双板平行连续转弯、双板平行摆动转弯、登跨式转弯、跳跃式转弯、卡宾式转弯技术。

（1）犁式转弯

犁式转弯是高山滑雪转弯的重要基础技术。犁式转弯是在犁式直滑降的基础上向一侧雪板移动重力（或增大一侧雪板的立刃或加强一侧腿部蹬转力，改变雪板迎角）的方式，左、右轮换地强化主动板的作用，达到左右转弯。

犁式转弯技术：犁式直滑降状态中向一侧雪板移动体重（横移重心），促使该雪板成为主动板，便形成犁式的自然转弯。在犁式直滑降状态中加大一侧雪板的立刃角度，使其产生较大的雪面阻力，促使该雪板成为主动板，便形成犁式的转弯。在犁式直滑降状态中，强化一只雪板的蹬转力，改变该雪板形成迎角变为主动板，实现犁式转弯。

（2）卡宾转弯

当代卡宾滑雪板的出现，滑雪技术较传统板型技术又增添了新的特点。

卡宾转弯技术：增宽双板间的距离，一般为肩宽，特别是在陡坡、斜坡、硬雪中的滑行，更不能收窄，应尽量在合理范围内增大支撑面积；双雪板始终趋于在雪面上滑行，简化了引申及“提并板”过程，双雪板基本是“原地变刃”进行转弯；腰部以上的躯体稳定，增加了上体对转弯的倾过及导向功能；身体重心通常总处于中间，而不是向前点或向后点都可以；转弯的动作更向下肢胯部集中；双雪板负重比例差缩小，根据实际情况调整两只雪板间的重力比例。

（五）滑雪比赛规则

滑雪比赛的规则因不同的比赛项目和级别而有所不同。以下是一些常见的滑雪比赛规则。

1）单板滑雪平行回转。预赛轮滑行两次，独立计时，总成绩前 16 名进入决赛。决赛采用单次对抗滑行的比赛模式，包括 1/8 决赛、1/4 决赛、半决赛、小决赛和大决赛。

2）自由式滑雪。比赛时运动员在 U 形滑道内滑行，伴随音乐做各种旋转和跳跃动作。裁判根据动作的高度、难度、表现等评分，去掉最高分与最低分后取平均分决定选手名次。

3）高山滑雪。比赛包括滑行通过标注旗门和快速滑下斜坡两个部分。选手必须穿越设置在滑行路线上的一系列旗门，错过旗门需重新穿越，否则失去比赛资格。

4）障碍追逐 。选手在设有障碍的线路上同时快速滑降，绕过障碍，完成一系列跳跃动作，以到终点的先后决定比赛名次。

5）坡面障碍技巧 。裁判根据运动员从起跳到着地的控制能力、动作流畅性和稳定性、动作组合与场地利用等进行评分。

6）大跳台。选手从高处滑行而下后通过大跳台一飞冲天，表演各种花式技巧。

7）雪上技巧。包括资格赛和决赛两个阶段，资格赛分两轮进行，决赛共三轮。决赛中，成绩最好的运动员晋级下一轮，直至决出最终名次。

三、冰壶运动

（一）冰壶运动简介

冰壶运动又称冰上溜石，起源于 14 世纪的苏格兰，至今在苏格兰还保存着刻有 1511 年份的砥石（即冰壶）。1795 年，第一个冰上溜石俱乐部在苏格兰创立，1838 年，苏格兰冰上溜石俱乐部制定第一个正式的比赛规则。1807 年，冰上溜石活动传入加拿大，1820 年，开始在美国等地流行。从此，冰上溜石作为一项冬季运动在欧洲和北美逐渐开展起来。20 世纪初，通过加拿大冰上溜石爱好者的努力，这项运动的比赛规则和方法更加完善，并由室外逐渐移入室内，并于 1927 年举行首次全国冰上溜石比赛。

首届世界冰壶锦标赛始于1959年，最初称为苏格兰威士忌杯赛，于1968年改称加拿大银扫帚锦标赛，1986年，正式定名为世界冰壶锦标赛。

1924年，冰壶首次以表演项目的形式在冬季奥运会上亮相。1966年，国际冰壶联合会成立，于1991年改为世界冰壶联合会，同时获得了国际奥委会的承认。冰壶运动曾于1924年、1932年、1936年、1964年、1968年、1992年6次被列为冬季奥运会表演项目。1993年，国际奥委会决定，从1998年开始，冰壶被列为冬季奥运会正式比赛项目。

（二）冰壶装备

冰壶运动的装备包括冰壶、比赛用鞋和毛刷。冰壶由苏格兰不含云母的花岗岩凿磨制成，标准直径为30厘米、高为11.5厘米、质量为19.1千克，如图6-6所示。大赛用壶的壶把上装有传感器，又称“前掷线上的眼睛”，专门探测投壶者是否犯规（投壶者必须在前掷线前松手，否则被视为犯规）。参赛队员脚穿比赛专用鞋，两鞋底部质地不同，蹬冰脚的鞋底为橡胶制成，而滑行脚的鞋底为塑料制成。冰壶用的刷子是为了减小冰壶与冰面间摩擦。冰壶受到摩擦力作用的过程，是一个减速的过程。

图6-6　冰壶

（三）冰壶场地

冰壶运动所用场地是一个长为44.5米、宽为4.32米的冰道。冰壶赛道的横截面是U形的，并不水平，U形的冰面可以帮助高水平运动员打出弧线球。冰道的一端画有一个半径为1.83米的圆圈作为球员的发球区，被称作本垒。冰道的另一端也画有一个圆圈，被称为营垒。营垒是由4个半径分别为0.15米、0.61米、1.22米和1.83米的同心圆组成，外面两圆之间涂为红色。在场地两端各装有一个斜面橡胶起蹬器。在冰壶场地前后两端各有一条蓝色的实线称为“前卫线”和“后卫线”。冰壶石掷出后，如果未进前卫线或越过后卫线都视作无效，将被清出场外。掷石时，若冰壶石已通过掷球区的圆心线，则不可再重掷。冰壶石掷出后，己方的刷冰员可在冰壶石通过标的区的圆心线之前进行刷冰；之后，对方将有权进行刷冰，以使冰壶石离开圆心。

（四）冰壶术语

1）得分区。直径 12 英尺（约为 3.66 米），带有四个中心圈，内面直径 8 英尺（约为 2.44 米）。

2）一个冰壶队。有 4 个队员：即第四号队员（拿刷子的队员），第三号队员（或副刷子队员），第二号队员和首号队员（最先掷石队员）。在每次掷石中所有的队员都参与，要有一个掷石，两个刷子，一个呼叫策略。

3）赛区。146 英尺（约为 44.50 米）的赛区。赛区设计两个方向均可使用。

4）拉引击石。这是最基本并最广为应用的射击，即将冰壶石掷在得分区之前或得分区内。

5）防卫击石。将冰壶石掷在拱线和得分区之间用来防御对手的冰壶石进入得分区。

6）敲退击石。将冰壶石放在一个或是多个已经存在场上的冰壶石的前面。敲退击石就是将对手的冰壶石轻敲挤退远离得分中心线，但不将它击出，而使其停在掷石者的冰壶石的后面，如此一来对方便很难将这颗冰壶石击出场。

7）通道击石。在两颗冰壶石中间的缝隙叫作通道，当掷石者需要让他的冰壶石通过两颗或是多颗阻碍石时，他便需要掷出一个通道击石。

8）晋升击石。晋升击石是将一颗在得分区之前的冰壶石，由射石撞击到更接近得分区的中心。同时这颗射石被晋升为中心石，起到卫兵的作用。

9）晋升移除掷石。一颗冰壶石被射石撞击之后，往后推近并碰击到对方的冰壶石，而使对方的冰壶石被驱离得分区或出局。

10）精彩击石。若希望将冰壶石掷到一颗卫兵石的后面；或是希望将一颗被保护得很好的冰壶石击出场，有一种方式是将冰壶石丢掷去撞击一颗停在外围的冰壶石，然后让掷石转向朝目标地方向前进。这种射击大概是冰壶最精彩的射击之一，因为这种射击通常会出现意想不到的结果。

11）奉送击石。奉送击石有两种形式，这两种都涉及（两颗、多颗）冰壶石十分接近甚至靠在一起的情况。一种情况是连接两个冰壶石中心的线，朝（指）向得分区中心或目标区；另外一种情况是两颗冰壶石接点的切线，朝（指）向得分中心或目标区。

12）削剥击石。当你的队处于领先的状况，或是你的对手有一颗冰壶石在得分区中，并被良好地保护着，你会希望移除在得分区之前的障碍（卫兵）石。当这种情况存在时，这个射击会被称为剥削击石。剥削击石涉及移除一个在得分区之前的冰壶石，而射石和被移除石将同时出局，不会进入（经过）得分区，以免造成任何损失。有时，利用撞击推进卫兵石，去移除被卫兵石保护的冰壶石，会是一个好的策略。但是这个策略也有很大的风险，只要一点小小的失误，你的射石就会留在原地成为对方的卫兵，并奉送对手一个机会再放一个卫兵石或是放另一冰壶石到得分区中。

（五）比赛规则

冰壶比赛时，每场由 2 支球队对抗进行，每队由 4 名球员组成。比赛共进行 10 局。两队每名球员均有 2 个冰壶石，即有 2 次掷石机会。两队按一垒、二垒、三垒及主力队员的顺序交替掷球，在一名队员掷石时，由两名本方队员手持毛刷在冰壶石滑行的前方快速左右擦刷冰面使冰壶石能准确到达营垒的中心。同时，对方的队员为使冰壶石远离圆心，也可在冰壶石的前面擦扫冰面。球员掷石时，身体下蹲，蹬冰脚踏在起蹬器上用力前蹬，使身体跪式向前滑行，同时手持冰壶石从本垒圆心推球向前，至前卫线时，放开冰壶石使其自行以直线或弧线轨道滑向营垒中心。掷球队员在力求将冰壶石掷向圆心的同时，也可在主力队员的指挥下用冰壶石将对方的冰壶石撞出营垒或将场上本方的冰壶石撞向营垒圆心。最后当双方队员掷完所有冰壶石后，以场地上冰壶石距离营垒圆心的远近决定胜负，每石 1 分，积分多的队获胜。

一场比赛需 2 组冰壶石，每组各 8 颗，印上色彩以使在冰道另端仍可轻易辨识。传统上，在第一局中未拥有最后一球掷球权的一队可选择该队的球色。

一场比赛分为 10 局，比赛时间约 2 小时 30 分。2 个队共投 16 个石为一局。以双方队员掷出的石离大本营中心的个数多少来计算得分并决定胜负。

主将应领导球赛。当队员掷石时，主将应持冰刷，作为掷石之目标物。主将应指示冰壶石的旋转方向及应滑行的距离，并使队员了解掷石的目的，使刷冰员决定应如何刷冰，因为刷冰可使冰壶石增加滑行距离，同时减少行进的曲度。

基础训练：包括体能训练、平衡训练和技术训练等。通过进行有氧运动和力量训练，来提高身体的耐力和力量，增强滑雪时的稳定性和控制性。

技术训练：重点训练滑行姿势、弯道控制和停止技巧等。通过反复练习，来提高滑雪技术的熟练程度，做到游刃有余。

身体保护：冰雪运动是一项有一定风险的运动，合理的身体保护对于冰雪运动爱好者来说非常重要，应佩戴头盔、护膝和护肘等防护装备，以减少受伤的风险。

探索与思考

1. 滑雪运动的基本技术有哪些？
2. 简述冰壶运动的术语。

模块七　机电特色体育

模块导读

本模块学习内容针对河北机电职业技术所开展的特色运动项目设计，主要包括：王其和太极拳、梅花拳和拓展训练三个单元。

王其和太极拳、梅花拳为国家级非物质文化遗产项目，其中王其和太极拳作为太极拳的一种流派被列入联合国教科文组织人类非物质文化遗产代表作名录，上述两个传统体育项目均发源于河北省邢台市，具有健身价值高、适宜人群广的特点，近几年在学院推广效果良好，深受学生喜爱。

拓展训练具有挑战性与趣味性并存、实践与理论相结合、个体与团队共同发展的特点，项目学习的价值较高，对提升个人身体素质、增强团队凝聚力、培养创新思维具有很好的效果。

单元7.1　王其和太极拳

单元导读

王其和太极拳发源于河北任县。任县古称“壬”，这里地处九河下梢，历史上著名的大陆泽不仅汇集着浩渺无际的漫天大水，还孕育流传着丰富多样的武术拳种，成为太极拳的重要传播基地，造就出不少太极名家。大家所熟知的杨澄甫、郝为真二位宗师的得意弟子在任县就有5位，其中就有王其和先生。清朝末年，王其和先生在长年习练武式、杨式太极拳的基础上，根据自己的体悟，将两拳精心相融而创编出一套新型拳式。

本单元将学习王其和太极拳的基本功法，包括手型、手法、眼法、身型、身法、步型、步法、腿法，重点掌握王其和太极拳十三式简化套路。

一、王其和太极拳的起源

王其和，字春山，出生年份说法不一，卒于1932年。河北省任县邢湾镇环水村人。该地地处大陆泽腹地，当年曾是繁华的水旱码头，民风淳朴，信息灵通，视野宽阔，自古崇文尚武。在这种环境的熏陶下，王其和自幼酷爱武术，先随本村人习洪拳，功夫精湛，尤其使得一手好绳鞭。相传他在屋里发出绳鞭，穿过窗棂能将房顶上的人拿住。180斤重的铸铁大刀，他耍得得心应手。可他不满足于本乡拳艺，于是走出家门，遍访名师。适逢清末武举景廷宾在任县、巨鹿一带教武学，王其和便拜景廷宾为师，苦练景家刀法。他还拜著名镖师刘瀛洲为师，学习三皇炮捶，历经数年，功夫大增，被京都会友镖局聘为镖头，闯荡江湖，威震四方。一次他在与一位太极高手较技时，输给对方，他深感太极拳的功法神奇。此时，他的老师刘瀛洲也开始推崇太极拳，并与太极名家杨兆林、郝为真等结为盟友，交往甚密。经刘先生介绍，王其和到广府城拜郝为真为师，并与老师朝夕相处，学习武式太极拳达6年之久。其间还受到杨兆林、杨兆元等前辈的指教，受益匪浅。

1914年，王其和随郝师傅赴京。在京期间，见到了杨式太极大师杨澄甫先生。因民国初年广府发大水时，在滏阳河搞水运的王其和曾救过杨澄甫先生的家人，再加上王其和此时已具备了扎实的功夫，所以一见面，便得到了杨澄甫先生的器重和厚爱，并将其留在身边朝夕学艺。其间王其和还经常得到杨健侯老先生和杨少侯先生的指教。杨家两代大师将其拳技奥秘倾囊相授，并将王其和视为杨式太极拳的重要传人。在杨澄甫先生1931年所著的《太极拳使用法》一书中，王其和作为精选传人名列在该书的传承表中。虽然后来由于种种原因，王其和未能随杨师傅南下沪、广或闯荡海外，而是带艺回乡，终老村野，大大地减少了知名度，但他毕竟身怀绝技，且终生教练不辍，用毕生的精力研创了王其和太极拳，并为该拳在当地的传播、发展奠定了深厚而扎实的社会基础，产生了广泛而深远的历史影响。尤其是对该门派传人秉性朴实、心无旁骛的心性培养和“练拳重真功、学艺轻浮名”的门风形成，起到了至关重要的作用。

纵观太极拳的发展史，郝为真、杨澄甫先生是民国年间武式、杨式太极拳的标志性领袖人物，而能够同时得到这两位宗师亲传的人可谓凤毛麟角。王其和先生有幸追随两位宗师，并深受器重、得其真传。他不图名利，只求真功，但又不满足于已得之功，潜心探索，追求更深、更独到的功夫。在多年的悉心研练中，他根据自己的体悟，默识揣摩，融会贯通，逐渐形成了一套独具特色的太极拳套路。该拳路下盘结构严谨、步伐灵活、转换自如，上身舒展大方、庄重柔和，整体拳架大小适中，圆满紧凑，练用结合，健身与实战完美统一。行拳时，以心行气，以意导形，内气发自丹田，沿经络节节贯穿，达于四梢，使气息通达全身，并回归于丹田。体用时，动作轻灵，外柔内刚，手法绵软而发劲干脆。此举可说是将已臻完美的杨式、武式太极拳进行了精细完美的融合，既使杨式、武式太极拳的精髓得以传承，又形成了一些新的功法和特点；既有浓厚的杨式、武式太极拳的传统风格，又有“二合一”的独特韵味。

此拳在形成过程中，王其和先生无意标新，完全是在潜心追求太极真功的心境中顺势而成，但他所付出的努力和取得的成就在太极拳史上无疑具有重要的意义。该拳在创编之后的很长时间内并无任何名称。当年，王其和先生边练、边研、边传，只说是郝为真、杨澄甫等先生所传的太极拳。经过几十年，逐渐流传开后，才有人称其为“混合架”“综合架”或“郝杨架”“杨武架”“软硬架”，也有直呼“其和架”或“王式太极拳”的，直到近年，才统一称为“王其和太极拳”。

二、两代功法的演变

在百年的传承中，经该门派历代传人的潜心总结，该拳在拳架套路和拳理拳法上日渐丰富、完备。如今常练套路有八十四式和一百零八式传统套路，十三式、二十四式和二十九式简化套路，三十八式快拳套路，还有刀、枪、剑等器械套路。辅助功主要有打坐、无极桩、太极桩、独立桩、下势桩、四象桩、定步平衡功、定步旋转功、活步动练功等。练功形式有定练、动练、反练、慢练、快练、散练、对练、内练等。拳理拳法上的主要成果有“修炼四字要旨（德、真、悟、恒）”“十字要诀（正、静、顺、轻、松、柔、圆、活、灵、空）”“浑圆劲的修炼”“散手战略战法”“内修门径”“松柔、知觉、内劲三大功夫”等，形成了身法、步法、手法、腿法、眼法、劲法、心法等完备的功理功法体系。这些成果不仅是本门派的练功指南，也为丰富大太极理论作出了积极的贡献。

该拳自创始以来，最早由任县传播到邢台市区和邢台市所辖的巨鹿、平乡、广宗、隆尧、宁晋等县及天津、太原两大城市，后来随着第三、四代传人交流范围的扩大，逐渐传入北京、上海、山东、江苏、广东、宁夏、浙江、吉林、福建、四川、香港、澳门、台湾等地，习练者数以万计。如今随着交流的便捷和各类媒体的推介，该拳已广为海内外武术文化界所熟知。

王其和一生授徒众多，代表人物有刘仁海、王景芳、张金榜、吴振奎等。该门派第二代传人中，功夫最深、理论最高、贡献最大、影响最广的当首推王其和先生的大弟子刘仁海先生（1904—1982）。活跃在当今武坛的该门派中坚力量多传自刘仁海先生。刘仁海与王其和先生同村，十几岁时便拜王其和先生为师，深受教诲，颇受恩师器重，深得王其和太极拳之精髓。他为人谦和、温文尔雅、天生睿智、虚心好学。练拳悟理，六十余年从不间断，因此拳技精湛，拳理妙通。尽管他身怀绝技，但从不轻与人斗，即使婉拒不就，也留有余地，坚持“点到为止”“制人而不伤人”，使来者心悦诚服。他当年所演练的拳架有幸被弟子们拍成了一套完整的图片资料，成为王其和太极拳存世最早、保存最为完整的一套影像资料。几十年后的今天，再潜心研赏这套拳架，都会深深地感觉到它集健身、技击、艺术、观赏于一体的无穷魅力，而且随着欣赏者功力的加深和眼力的提高，从中所领略到的魅力便愈加丰富。因此，刘仁海先生的这套拳架被本门传人奉为套路圭臬。1960 年春，可谓太极之乡的邯郸大专区在巨鹿县城承办全省大型武术赛事，刘先生首场亮相便取得太极拳成年组第一名，名扬河北武坛。可是刘仁海先生淡泊名利，放弃了参加全省乃至全国的赛事，静心在家练功传艺。刘先生一生授徒近千人，平时即使家事、农活再忙，他教拳授徒依然是循循善诱，不厌其烦。其中不乏外地嗜武者远道而来，慕名拜师。可以说，他为王其和太极拳的传承、发展付出了毕生的心血，作出了卓越的贡献。众多弟子在他身上不仅学到或见到了正宗王其和太极拳的精湛功夫，更重要的是在他身上感受到了那种平凡而高尚的人格力量，并深受其影响。刘先生已成为弟子们心目中的“武林孔子”，他的教导成为弟子们一生的精神财富。

王其和先生之子王景芳（1913—1982），生于太极世家，未成年时就对太极拳的精要心领神会。他个性鲜明，身手矫健，一生崇拜杨班侯先师，笃信“不打不成交”，专喜往访各派名家高手，定见输赢，一生未曾失手，平生只服师兄刘仁海一人。他拳架大方灵活，尤善散手，出手绵软，发劲干脆。凡遇实战，举手之间，只听一声：“去！”对手无不应声倒地。王先生不仅拳脚好，而且水性好、善使船，更具有威武不屈的民族气节。抗战时期，他曾冒险为邓小平摆渡，夜过澧河转战冀南；曾被日寇用枪将右腿打残致僵，落下残疾，但他仍能保持“前蹿一丈，后退八尺”的功夫，动作凌厉，使人叹服。由于他脾气暴躁，嫌徒弟们学得慢，恨铁不成钢，再加上学拳者怕挨“打”，所以弟子较少。但王景芳先生为该拳的扬威显名所作出的贡献以及传奇的人生经历，鲜有其比。

三、王其和太极拳的形成和发展

王其和太极拳的形成和发展，到目前大体经历了三个阶段。第一个阶段在清朝末年，王其和先生经过二十多年的早期研练，形成基本的拳架功法套路；第二个阶段在我国改革开放之前的60多年，以刘仁海先生为代表的第二代传人，对该拳进一步完善，并使之有较大范围的传播；第三个阶段是从20世纪80年代至今，随着改革开放和各级政府的重视、支持，以及第三、四代传人和众多爱好者的努力，该拳得到了迅速发展。特别是近年来组织体系的建立、完善和国家非遗的认定，对王其和太极拳的发展起到了极大的推进作用。2013年年底，河北省王其和太极拳协会正式成立，经大会选举，由檀杏敏女士任协会主席。石家庄、太原、天津、深圳、厦门、邢台及邢台各县市区共13家分会相继成立，现有练功站、点300多处，习拳者达数万人之多，正式会员2 000余人，各项工作得到了全面推进。王其和太极拳协会多次与国家有关部门联合组织举办武术文化活动，影响深远，还积极参与国内外重大赛事，摘金夺银，展示实力。其间还正式出版了《王其和太极拳二十四式简化套路》《王其和太极拳图册》《王其和太极拳探秘》《武魂·太极》等专著和专刊，共计2万多册，并在《中华武术》《太极》《武当》《中国功夫》等武术杂志和当地报刊中发表文章一百多篇。中央、省、市媒体及不少海外媒体多次以动态新闻和文化专题的形式报道该协会的活动和该拳的功理功法。如今的王其和太极拳不仅在太极拳界崭露头角，引人注目，而且已经成为当地县、市乃至省的一张文化名片，在对外宣传、展示形象，促进全民健身和和谐社会建设中发挥着无可替代的作用。

抚今追昔，作为这一非遗项目传承人的李剑方，常常缅怀王其和太极拳先师的不朽功业，感慨他们当年不逐名利，蛰居乡里，化尽心智，修研拳艺，以致今日开宗立派，普惠众民。为此，他曾作七律一首咏怀：

精修杨武渐相融，无意标新顺势成。
两代研磨明大道，百年历练铸纯功。
承接正脉追先辈，吸化真传启后生。
古树新姿枝叶茂，千秋国粹续无穷。

王其和太极拳，这株中华武林中历经沧桑的百年老树，在时代春风的吹拂下，正在舒枝展叶，涨绿凝翠，焕发出无限生机。我们可以想见，在以后更加漫长的岁月里，这棵英姿老树，或临晨风夕露，或沐春风秋雨，一定会葩吐丹砂，果结金黄。

四、王其和太极拳的手型、手法

（一）掌

手指自然舒展，指缝间隙适当，掌心内凹，似荷叶状，简称荷叶掌。

1. 立掌

五指自然舒展，掌尖朝上，掌心斜向前，手腕微坐（见图 7-1、图 7-2）。

图 7-1　单立掌

图 7-2　双立掌

2. 抚掌

五指自然舒展，掌尖向前，掌心向下，手腕向下微压（见图 7-3）。

3. 仰掌

五指自然舒展，掌心向上，手腕微屈（见图 7-4）。

图 7-3　抚掌

图 7-4　仰掌

4. 横掌

五指自然舒展，拇指斜向上，其他四指向前，掌心向内（见图 7-5）。

（二）拳

四指并拢，向内卷屈于手心处，俗称“攥拳如卷饼”，拇指屈压于中指和食指的第二关节上。拳面要平，成四方拳。打拳时，手腕要平，不可上翘，也不可下弯。拳有拳心、拳背、拳眼和拳面（见图 7-6）。

勾手捏法：拇指、食指和小指三指指尖捏拢，中指、无名指指尖分别压在食指、小指的指甲盖上，五指尖捏住，呈梅花瓣状。腕部上提，指尖自然下垂。勾手时不可僵劲拙力，掌心要空，舒松自然（见图 7-7）。

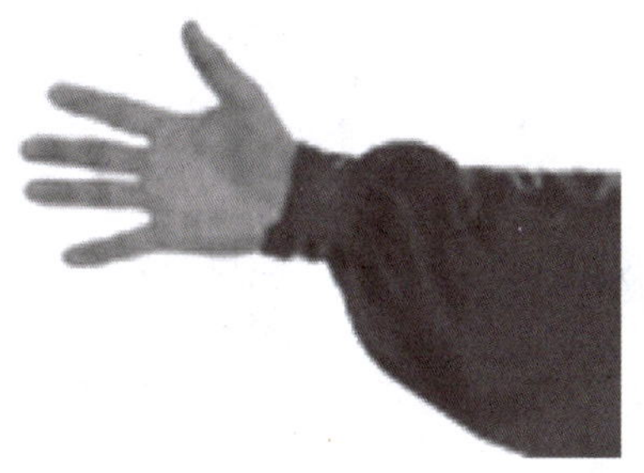
图 7-5　横掌

图 7-6　拳

1. 掤

臂成弧形，前臂由下向前上方掤圆，环于胸前，掌心向内，意注前臂（见图 7-8）。

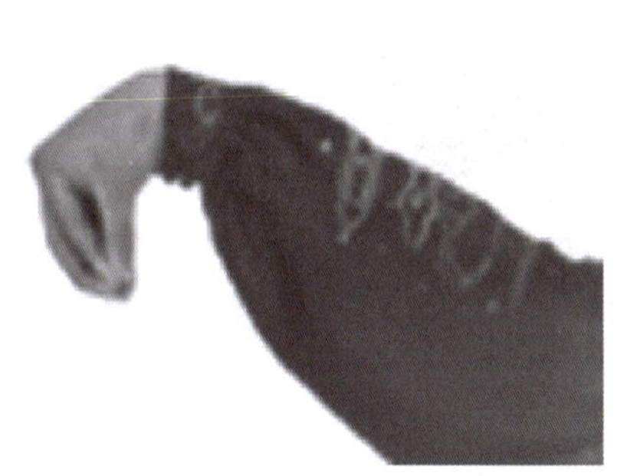
图 7-7　勾手

图 7-8　掤

2. 捋

两臂稍屈，掌心斜相对，两掌随腰转动，由前上方向斜下方划弧（见图 7-9）。

3. 挤

后掌贴近前掌，掌根斜相对，两臂同时向前挤出，注意手背；挤出后两臂撑圆，高不过肩，低不过胸（见图 7-10）。

4. 按

两掌同时由后向前推按；按出后，手腕高不过肩，低不过胸，掌心斜向前，指尖朝斜上方，臂将展未展，肘部松沉（见图 7-11）。

图 7-9　捋

图 7-10　挤

图 7-11　按

五、身型和眼法

（一）眼法

精神贯注，以意导形，神态自然。每个动作转换之前，目光领先，形随意动。定势时，目光平视前方。

（二）身型

1. 头

虚领顶劲，下颌微收，头直容正，目平视，神态自若，唇微闭，齿轻合，颈部正直，自然舒松。

2. 肩

肩保持自然松沉，不可耸肩，也不可用力下坠。

3. 肘

肘微屈呈弧形，自然下坠，不可僵直、外翻或扬起。

4. 胸

胸微含，舒松自然，不可挺胸外凸，也不可过分内缩。

5. 背

背自然放松，舒张拔身，不可故意弓背。

6. 腰

腰自然放松，不要后弓或前挺，运转时要松柔灵活，以腰为轴，带动肢体运动。

7. 脊

脊节节松开，保持中正，不可歪斜，不可前挺后弓。

8. 臀

臀内敛，尾闾有前卷、上提之意，不可向后凸出或摇摆。

9. 胯

胯要松、正、平，不可左右凸出歪扭。

10. 膝

膝伸屈要灵活，膝尖与足尖自然相呼应。

（三）身法

身体保持中正安舒，端庄松活，不偏不倚，自然平稳。动作以腰为轴，带动四肢，上下相随，不可俯仰歪斜、忽起忽落。

六、步型、步法、腿法

（一）步型

1. 弓步

前腿屈膝前弓，脚尖朝前，膝部不得超过脚尖。

后腿自然微屈后蹬，脚尖斜向前方，与前脚夹角 45 度，全脚着地，两脚之间横向距离为一至两拳的宽度（见图 7-12）。

2. 虚步

后腿屈膝下蹲，身体重心后坐。

前腿脚掌虚着地，膝关节微屈，两脚之间横向距离为一至两拳的宽度（见图 7-13）。

图 7-12　弓步

图 7-13　虚步

3. 马步

两腿平行开立，两脚之间距离略宽于肩，圆裆开胯，两膝外撑，重心居中，下蹲时，保持虚领顶劲，勿挺胸，臀部勿后凸（见图 7-14）。

4. 仆步

两腿分开，右腿屈膝下蹲，脚尖和膝部微外展。

左脚自然舒展平仆，脚尖朝前，全脚着地，上体微前俯，但不可弯腰（见图 7-15）。

图 7-14　马步

图 7-15　仆步

（二）步法

1. 上步

后脚向前一步或前脚向前进半步。

2. 退步

前脚向后退一步。

3. 跟步

后脚向前跟进半步。

4. 撤步

后脚向后撤半步。

5. 碾脚

以脚跟为轴，脚尖外展或内扣；以前脚掌为轴，脚跟外展或内旋。

各种步法变换必须做到位置准确、轻灵沉稳、虚实分明，抬脚不可过高，也不能拖地，俗称“趟泥步”。要做到“迈步如猫行”。

（三）腿法

1. 分脚

支撑腿微屈站稳，另一腿屈膝提起，小腿上摆，脚尖绷直，脚面向上，略高于腰。腿法要求支撑稳定，膝关节不可僵直，髋关节松活，上体维持中正，不可低头弯腰、前俯后仰、左右歪斜（见图 7-16）。

2. 蹬脚

支撑腿微屈站稳，另一腿屈膝提起，小腿上摆，脚尖勾起，脚跟外蹬，略高于腰。腿法要求支撑稳定，膝关节不可僵直，髋关节松活，上体维持中正，不可低头弯腰、前俯后仰、左右歪斜（见图 7-17）

3. 摆脚

支撑腿微屈站稳，另一腿屈膝提起，小腿从内侧向外侧成扇形摆动，脚面绷直，略高于腰。腿法要求支撑稳定，膝关节不可僵直，髋关节松活，上体维持中正，不可低头弯腰、前俯后仰、左右歪斜（见图 7-18）。

图 7-16　分脚

图 7-17　蹬脚

图 7-18　摆脚

七、王其和太极拳十三式简化套路

王其和太极拳十三式简化套路，是由传统王其和太极拳套路中精选的十三个代表性姿势组合而成，具有套路简短、动作简练、要领简明的特点，既充分体现了传统王其和太极拳的特色和韵味，又简便易学，非常适合太极拳初学者入门练习和单位工余、学校课间健身的需要。学会此套路之后，可以反复练习，适度加大运动量；也可以在此基础上，进一步学习二十四式、二十九式简化套路和八十四式、一百零八式传统套路。为便于教学和记忆，按要领编写了《王其和太极拳十三式简化套路歌诀》，每式两句，可以掌握节奏，引导练习。王其和太极拳十三式姿势名称及动作要领如下。

太极拳要领

虚领顶劲、尾闾中正、含胸拔背、沉肩坠肘、松腰敛臀、步分虚实、上下相随、气沉丹田、以意导行、连绵不断。

（一）预备势

1. 要领

1）两脚并行站立，脚尖向前，下颌微收，目视前方，唇微闭，齿轻合，身体中正，双臂垂于身体两侧（见图 7-19）。

2）轻抬左脚，向左平移，与肩同宽，两脚站平，全身放松（见图 7-20）。

图 7-19　预备势（a）

图 7-20　预备势（b）

2. 歌诀

并立开步肩同宽，身正体松要自然。

3. 容易出现的错误

1）胸、腹部前挺。

2）低头或抬头。

3）腿部及手臂关节僵直。

（二）起势

1. 要领

1）两手向前上方抬起，掌心向上，高不过脐（见图 7-21）。

2）两手向前、向外、向上划圆弧合抱（见图 7-22）。

图7-21　起势（a）

图 7-22　起势（b）

3）两手行至与肩同高同宽，掌心斜向下方（见图 7-23）。

4）胯部及腿部各关节同时放松，尾闾下沉，身体下蹲，头顶保持上提，沉肩坠肘，两手轻按（见图 7-24）。

图 7-23　起势（c）

图 7-24　起势（d）

2. 歌诀

两手抱球缓缓起，尾闾下落顶头悬。

3. 容易出现的错误

1）弯腰。
2）撅臀。
3）两手臂过宽、过高或过低。

（三）上步七星掌

1. 要领

1）右脚尖微内合，身体微向左转 45 度，同时，左脚跟轻提，重心移向右腿，成左虚步；两手随身体左转摆向左前方（见图 7-25）。

2）两手向右胯外侧方向落下，再划弧提起，两手掌与右胸相对，指尖斜向上方；左脚向左前方 45 度迈出（见图 7-26）。

3）两手随着身体重心前移向左前方推出，两手掌斜向前上方；同时，右腿逐渐蹬直，成左弓步（见图 7-27）。

图 7-25　上步七星掌（a）

图 7-26　上步七星掌（b）

图 7-27　上步七星掌（c）

2. 歌诀

身体转向左前方，迈步推手划立圈。

3. 容易出现的错误

1）迈步时，左脚跟落地位置不准确，易形成“钢丝步”；
2）弓步左膝过度前屈，超过脚尖儿；
3）身体前倾。

（四）揽雀尾

1. 要领

揽雀尾由四个动作组成。

1）第一个动作——掤。右脚向左脚跟的后面跟半步（见图 7-28）。

2）以左脚跟为轴，身体右转 135 度，两手随之在胸前向右平转，两掌心向下；右脚跟轻提，成右虚步（见图 7-29）。

图 7-28　揽雀尾（a）

图 7-29　揽雀尾（b）

3）右手继续向右、向下，再向左划弧，到左手的下方，两掌相对，呈抱球状，重心仍在左腿，成右虚步（见图 7-30）。

4）右脚向前方迈步，重心前移，渐成右弓步；同时右手臂前掤，左手向左胯部外侧方向下按（见图 7-31）。

5）揽雀尾的第二个动作——捋。左手向右手的方向上移，并转为手掌向上；同时，右手向前舒展，手掌向下，两手指尖向前上方，两掌心斜相对（见图 7-32）。

6）两手向左胯部外侧方向后捋；同时，重心向左腿移动（见图 7-33）。

7）揽雀尾的第三个动作——挤。两手上提于胸前，两掌根斜相对，接着向正前方挤出；同时，重心前移，渐成右弓步（见图 7-34）。

8）揽雀尾的第四个动作——按。左脚向前跟半步，同时翻左手，两掌心与胸相对（见图 7-35）。

图 7-30　揽雀尾（c）

图 7-31　揽雀尾（d）

图 7-32　揽雀尾（e）

图 7-33　揽雀尾（f）

图 7-34　揽雀尾（g）

图 7-35　揽雀尾（h）

9）重心向左腿后移，渐成右虚步；同时两臂回收，两手的小指侧向外旋转，两掌心在胸前斜向前方（见图 7-36）。

10）右脚向前方迈出，重心前移，渐成右弓步；同时两手向胸前推出，左腕舒指，两掌心斜向前方（见图 7-37）。

图 7-36　揽雀尾（i）

图 7-37　揽雀尾（j）

2. 歌诀

左腿为轴脚跟转，掤捋挤按四式连。

3. 容易出现的错误

1）向前弓步时，身体前倾；
2）重心后移时身体向后仰；
3）跟步、迈步时，落脚位置、方向不准确。

（五）十字手单鞭

1. 要领

1）左脚向右脚的左后方跟半步；同时左手翻转，两掌心斜相对（见图 7-38）。

2）以右脚跟为轴，向左后方转 135 度，左脚跟轻提，成左虚步；转体同时，两手相合，左手在内，右手在外，两掌心向内，交叉于右胸前，形成“十字手”（见图 7-39）。

3）左脚向前方迈出，重心前移，渐成左弓步；同时两手外旋，平行分开，左臂于胸前微屈，左掌心朝向右前方，食指尖与鼻尖同高；右臂舒展，右手与肩同高，掌心向外（见图 7-40）。

图 7-38　十字手单鞭（a）

图 7-39　十字手单鞭（b）

图 7-40　十字手单鞭（c）

2. 歌诀

跟脚转身十字手，迈步分掌拉单鞭。

3. 容易出现的错误

1）右脚内转不到位，左脚迈步时位置、方向不准确。
2）两手高低不平。

3）撅臀，身体前倾。

（六）下势

1. 要领

右脚略提起向后移，脚尖适度外撇，重心向右胯、右腿后蹲，渐成左仆步；同时右掌根后撑，手掌心向下；左手由胸前向下回收至左膝内侧，掌心向右，指尖向前上方（见图 7-41）。

图 7-41　下势

2. 歌诀

撤步下蹲练腿力，姿势高低顺自然。

3. 容易出现的错误

1）勉强过低下蹲，造成撅臀、弓腰或身体过度前倾。

2）左脚尖或右脚跟抬起。

3）挺胸、抬头或低头。

（七）左金鸡独立

1. 要领

1）右脚尖微内扣，身体重心向左腿前移并升高；同时，左掌向前上方伸出，掌心向右，右掌向前至右胯右侧，掌心向下（见图 7-42）。

2）左脚尖外摆，上右步于左脚右侧，脚尖点地（见图 7-43）。

图 7-42　左金鸡独立（a）

图 7-43　左金鸡独立（b）

3）右膝上提与胯平，脚尖下垂，左腿站直；同时向前上方穿右掌，掌心向左前方，指尖向上；左掌下按至左胯左侧，掌心向下（见图 7-44）。

（八）右金鸡独立

1. 要领

右脚下落至左脚右侧，左膝上提与胯平，脚尖下垂，右腿站直；同时向前上方穿左掌，掌心向右前方，指尖向上；右掌下按至右胯右侧，掌心向下（见图 7-45）。

图 7-44　左金鸡独立（c）

图 7-45　右金鸡独立

2. 歌诀

金鸡独立分左右，身体平衡不斜偏。

3. 容易出现的错误

1）提膝过高或膝部外撇。

2）向上穿掌过高或偏离中心。

（九）摆莲腿

1. 要领

1）左脚下落至右脚左前方；同时左手下落至左胯前，掌心向上；右手向左上方合拢，至左腹左侧，与左掌上下相对（见图 7-46）。

2）左脚尖向右扣，重心移向左腿；身体向右转 90 度（见图 7-47）。

图 7-46　摆莲腿（a）

图 7-47　摆莲腿（b）

3）两手向右上方右旋划弧；同时向左上方提起右脚（见图 7-48）。

4）两手向左下方旋转摆动；同时右脚向右上方斜踢，高与腰平（见图 7-49）。

图 7-48 摆莲腿（c）

图 7-49 摆莲腿（d）

2. 歌诀

左脚内扣右转体，分手踢腿走摆莲。

3. 容易出现的错误

1）右转体角度不准确。

2）手臂与脚、腿动作不协调。

（十）弯弓射虎

1. 要领

1）收右腿，右脚落于左脚右前方，脚尖点地，成右虚步；同时，两手攥拳向右下方，分别落于两胯两侧（见图 7-50）。

2）上右步，右脚跟落地的同时，两拳向右上方划弧提起，左拳于右胸前，拳眼向前；右拳于右肩右侧前上方，拳眼斜向后上方（见图 7-51）。

3）两拳同时向左前方打出，左臂旋转出拳，较平直，右臂较弯曲，右拳在右胸前上方，两拳眼均向上；出拳时重心移向右腿，渐成右弓步（见图 7-52）。

图 7-50 弯弓射虎（a）

图 7-51 弯弓射虎（b）

图 7-52 弯弓射虎（c）

2. 歌诀

弯弓射虎右弓步，一屈一伸看左拳。

3. 容易出现的错误

1）脚步位置、方向不准确。
2）出拳方向不准确。
3）身体前倾，头部歪斜。

（十一）双抱捶

要领

1）左拳右移、右拳左移，两拳并于胸前、拳眼相对；同时上左步，脚尖点地，成左虚步（见图 7-53）。

2）两拳从胸前落下，再内旋提起于胸前，两拳背向前；同时向左前方 45 度迈左步（见图 7-54）。

3）两拳随重心前移，从胸前打出，两拳拳背向前，渐成左弓步（见图 7-55）。

图 7-53　双抱捶（a）

图 7-54　双抱捶（b）

图 7-55　双抱捶（c）

2. 歌诀

三点相合不停顿，轻迈左步出双拳。

3. 容易出现的错误

1）脚步位置、方向不准确。
2）两拳距离过宽。

（十二）手挥琵琶

1. 要领

1）右脚向前跟半步，脚尖点地；同时两拳变掌，右掌在左掌前上方，两掌心斜相对（见图 7-56）。

2）撤右步，将脚放正；左手在胸前由下向前上方托起，掌心向上；同时右手回收到胸前下按；收左脚，脚尖点地，成左虚步（见图 7-57）。

图 7-56　手挥琵琶（a）

图 7-57　手挥琵琶（b）

2. 歌诀

先跟后撤左虚步，手挥琵琶在胸前。

3. 容易出现的错误

1）身体后仰。

2）撤右脚时，站位角度不正确。

（十三）收势

1. 要领

1）两手向下回落到胯前两侧，两掌心斜向前上方；左脚回收到与肩同宽的位置，双脚平行（见图 7-58）。

2）两手同时向胸前合抱，与肩同高同宽，手掌斜向下方（见图 7-59）。

3）重心向右腿移动，左脚轻抬，向右脚靠拢，成并立步站稳（见图 7-60）。

4）两手缓缓下落至身体两侧，掌心向内；同时两腿缓缓直立（见图 7-61）。

2. 歌诀

两脚收平归原位，上下合拢又还原。

图 7-58 收势（a）

图 7-59 收势（b）

图 7-60 收势（c）

图 7-61 收势（d）

3. 容易出现的错误

1）身体直立时，胸、腹部前挺。
2）站位及方向不准确。
3）低头或抬头。

王其和太极拳十三式简化套路歌诀

第一式　预备势。并立开步肩同宽，身正体松要自然。
第二式　起势。两手抱球缓缓起，尾闾下落顶头悬。
第三式　上步七星掌。身体转向左前方，迈步推手划立圈。
第四式　揽雀尾。左腿为轴脚跟转，掤捋挤按四式连。
第五式　十字手单鞭。跟脚转身十字手，迈步分掌拉单鞭。
第六式　下势。撤步下蹲练腿力，姿势高低顺自然。
第七、八式　左右金鸡独立。金鸡独立分左右，身体平衡不斜偏。
第九式　摆莲腿。左脚内扣右转体，分手踢腿走摆莲。
第十式　弯弓射虎。弯弓射虎右弓步，一屈一伸看左拳。
第十一式　双抱捶。三点相合不停顿，轻迈左步出双拳。
第十二式　手挥琵琶。先跟后撤左虚步，手挥琵琶在胸前。
第十三式　收势。两脚收平归原位，上下合拢又还原。

探索与思考

1. 王其和太极拳的基本功法有哪些？
2. 请简要说明王其和太极拳十三式简化套路中各式的动作要领。

单元7.2 梅 花 拳

单元导读

梅花拳是我国古老而优秀的传统武术门派之一，简称梅拳，又称梅花桩，为僧门教派。在当今四大武术门派中属昆仑派系，内含文道、武道、医道三大部分，不仅具有其他拳派的拳理功法，并兼容释、道、儒的思想与法则文礼于一身，且独具“文武双修”之特色，故称“文化拳”。于2006年5月，梅花拳以邢台梅花拳的名义，被中华人民共和国国务院列为首批国家级非物质文化遗产，张西岭被中华人民共和国文化部命名为国家级非物质文化遗产邢台梅花拳项目代表性传承人。

本单元内容包括梅花拳综述、基本手型、热身基本动作练习、腿部基本功练习、基本步型、手法步法基本功练习、梅花拳基本拳势、梅花拳阴阳五势变化、五势拳法练习、五势腿法练习、梅花拳部分稀有兵器介绍等。

学习目标

1. 了解梅花拳的起源与发展。
2. 熟悉梅花拳的拳理及功法特点。
3. 熟练掌握梅花拳阴阳五势技术动作。

一、梅花拳简介

（一）梅花拳的起源

梅花拳的文武功法起源于西周时期。据《列子・汤问》及《史记・赵世家》中记载，在西周穆王时期，大将造父助周穆王平定天下，后被赐封赵城，成为“赵”姓的始祖，赵父创建了“干支五势梅花桩”功法，就是梅花拳的雏形。梅花拳盛行于周、秦、汉，到唐、宋已经发展到鼎盛时期。南宋末期，部分隐居民间的大臣，开始将这整套的文武功法在民间秘相传授，并传承下来。直至明末清初，原先从不公开外传的文武功法，经一代宗师邹宏义系统整理完善后，正式命名为“梅花拳”，并公开传之于世。邹宏义亦被后世弟子尊为“梅拳始祖”。

（二）梅花拳的拳理

梅花拳崇尚武德，以善为本、以孝为先、以和为贵、以德为重。梅花拳武学功法简单易学，朴实无华，老少皆宜；其武术动作舒展大方，既有实战意义，又有欣赏价值，并能伸筋拔骨，且具祛病延年之效。

梅花拳有文场和武场，文场指导武场。文场以儒家思想教育梅花拳弟子，制定了“五戒、五要和收徒十二条规矩”，研究梅花拳文理、为人准则及道德规范；武场以练武功为主，功法有梅拳五势、套路、徒手、常规器械、稀有兵器、实战法、擒拿法、分筋挫骨法、太阳功、梅花桩法、梅花桩阵法、祛病法、益寿养生法等功法。

梅花拳讲究天人合一、究本求原、动静至极、刚柔相济、开合适机，其动静结合的功法构成了完整的体系。梅花拳强调“大道至简”“先备先用”“文武双修”“以德立人”等武学要义，在发展及传承过程中始终坚持“以文治武、以武载文”“文居内而武彰外”，其文韬武略的理念形成了鲜明的特色。

梅花拳以“理”为内，以“艺”为外。其中“理”就是各种技艺术中的要领和道理，“知理”是学好功梅花拳的前提；而“艺”是指各种拳法、心法，无论是外练筋骨皮，还是内练一口气，都是“艺”，都为“外”。

（三）梅花拳的发展

在几千年的传承过程中，梅花拳形成了自身独特而系统的文理思想。这主要包括艺理、纲常、易理等诸多方面，成为中国优秀传统文化的一部分，也为梅花拳作为一个武学门派却能够以文治武、以武传文提供了可操作的实践法则。在其门派内，经过历年传承，形成了诸多典籍，如《皇极卷》《梅花拳谱》《立道根源》《习武序》等典籍。

经历代宗师的传承与发展，现在梅花拳传人弟子已遍布我国各地及欧、美、亚 20 多个国家和地区。每年农历正月十六，在梅花拳发源地河北平乡后马庄村的始祖墓前广场上，举行来自海内外数以万计的梅花拳弟子祭祖亮拳的盛大活动。1993 年梅花拳圣地“邹氏墓群”被河北省人民政府列为“省级重点文物保护单位”。梅花拳于 2006 年被国务院批准为首批“国家级非物质文化遗产”，张西岭被国务院批准、文化部命名为“国家级非物质文化遗产邢台梅花拳代表性传承人”，2008 年成立了“国家非物质文化遗产邢台梅花拳传承总会”。

二、梅花拳的武学功法

梅花拳代表性的武学功法有梅花五势拳法、干支五势梅花桩、稀有兵器小法车，以及兵法、桩阵、套路、常规器械、擒拿法等。

（一）梅花五势拳法

梅花五势拳法是梅花拳最典型的拳法，有着其深刻的原因，主要有三种基本手法与二十八种手法，五路基本腿形与二十五路腿法。在通过五势的逐层训练而生发出各种手法和腿法之后，进入更高层次的技艺训练，就是归合与集中的训练。这种归合训练运用“五合五正、二合归一”的方法，将集力量、速度、灵敏、耐力于一体，“拳打眨眼之功，胜败哼哈之间”，其攻防均在极短的瞬间完成，正所谓“出手不见手，用拳不见拳”。梅花拳正是通过阴阳、五行、把方的原理，将自身的心、眼、手、身、步守正持中，察彼之未动及欲动，使敌方一旦被纳入自己的“心意圈”，便无处可遁，必败无疑。

梅花拳秉持深厚的哲学原理，应用阴阳五行学说，从最基础的“五势架子功”，演变成融合各种腿形、手形、步形、身形的拳法，并延伸成各种器械功法、战阵兵法，以及独具代表性的梅花桩法。梅花拳沿用完善的练功方法由简而繁，又归于简，由静而动，又归于静，逐层生发，生生不息。梅花拳遵循科学的应用规律外练身形，内修其心，静守动攻，法由彼生，持中守正，后发先至。梅花拳可以说是我国一个渊源深厚、体系完备、风格鲜明、简便有效的武学门派，载华夏文明之大道，蕴民族思想之精髓，故虽历三千年而熠熠生辉。梅花拳的习练是从“拉架子”开始。而所谓的拉架子，就是循序渐进地练习“梅花五势拳法”，全称“干支五势梅花拳法”，它是梅花拳所有武学的基础。

第一，大势。又称正势，此势属金，金有肃杀收敛之性。白色，辛味，西方，虎，肺脏（上焦），大肠。肺主气，主间发与肃降，主皮毛，开窍于鼻。

第二，顺势。又名单鞭，此势属水，水有寒凉滋润之性。黑色，咸味，北方，蛇，肾脏（下焦），膀胱。肾为先天之本，藏精之本，主骨之髓；通于脑，主水液，纳气开窍于耳及二阴。

第三，拗势。又名十字势，此势属木，木有生长发育之性。青色，酸味，东方，龙，肝脏（下焦）。肝胆藏血，主筋，主疏泄，主胁肋，开窍于目。

第四，小势。又名丁腿势，此势属火，火有炎热向上之性。赤色，南方，猿，心脏（心包），小肠（三焦）。心藏神，主血脉，其华在面，开窍于舌。

第五，败势。又名扑势，此势属土，土有和平厚实之性。黄色，味甘，中央，马，脾脏（中焦），胃。脾通血，主运化，主四肢肌肉，气间生，性喜燥，恶湿，其华在唇，开窍于口。

在练武功法上，梅花拳最具代表性的“练架子”（五势拳法的代名词）也分动、静两部分，静为五势，动为变化，五势及变化组成了左右对称、动静相宜的全方位运动。初练架子须缓须慢，气沉丹田，稍后便可真正做到时缓时急、动静相宜、错落有致的特点，从而有效地训练神经，锻炼精气神，久久练之，可身强体壮，精力充沛，改善气质，修养身心，身手矫健，思维敏捷。当练神练气达到一定程度后，丹田饱满，内气充实，内外合一，真正达到精气神合一的境界。

（二）干支五势梅花桩

干支五势梅花桩以“立木为涂，仅可容足，计步而置，履之而行，趋走往还，无跌失也，尽得其巧。”在立桩上练习走桩、沿桩的动作轻巧，穿行自如，往返灵活，行走敏捷，变化迅速，这种在桩上练习的方法，可使人“进退履返，而旋中规矩，取道致远，而气力有余”，并“得之于手，应之于心”而“心闲体正”，达到一种“不以目视”便可“回旋进退，莫不中和”的境界。

古老的梅花桩法包括桩功、桩阵、车阵、战阵。这是一套完整的从武术功法到战阵韬略的武学体系。梅花拳内有歌诀这样形容梅花桩法：“静之如山岳，按之有阴阳；无穷如天地，充实如太仓；动之如江河，行之似波浪；浩渺如江海，圆耀如三光。”梅花桩桩粗因脚而定，粗不过足（一般 6~8 厘米），距不过步，低桩最为难练，因为练功时头部不能超出桩顶。初级桩（俗称的“天罡桩”）为 36 根、高 36 寸①，中级桩为 72 根、高 33 寸，高级桩为 108 根、高 8 寸。桩功练习可分桩上、桩下两种练法。梅花拳在桩上练功，其目的是拉开脚骨关节弹性，增强整体爆发力和达到步法起落精确，再配合桩下功法，使心眼手脚身五合集中，正合一体，达到高度警惕性和心理反应之灵活性。不管什么名称的梅花桩，如果超出了脚的长度和宽度，那与在地面上练功没什么两样，不会练出桩上效果。

梅花桩功是一种“以步为根、以角度为本”的训练方法，能有效训练实战所需的灵活性，以及有章可循的规律性。

桩上：桩上梅花拳又名“空中梅花”，练习时可跃步直接上桩，也可攀桩而上，桩法云：“脚包桩，无敌伤；桩包足，不出屋。”在桩上练习是为了加强各种招式在竞技中不同角度的灵活应用。桩上梅花拳有站桩、行桩，其练法与地上五势练习相同；另有俯、仰卧桩的桩功，做到固步形、定路线、布角度，在练习手、眼、身、法、步的过程中，达到高度警觉机敏的效果。

桩下：桩下梅花拳，习练者要头不过桩顶，足不出桩围，讲究要想无敌手，必在宿下走（宿是指桩 28 寸，取二十八宿之数），主要练习闪展腾挪、攻防进退、贴身拷打等技法，基本动作有绕桩、靠桩、撑桩、拉桩、吊桩、拔桩等。桩法要领是进退留神意，起落含机警，闪躲实中虚，与桩生中级。

---

① 1 寸=3.33 厘米。

（三）稀有兵器

梅花拳中的近距离兵器包括硬兵器与软兵器两种。硬兵器有闻名遐迩的梅花枪、春秋大刀以及梅花刀、梅花剑等；软兵器有流星锤、三节棍、九节鞭、捎节棍等。梅花拳中的远距离兵器有著名的梅花镖（飞镖）、梅花针（飞针）以及常见的飞刀、袖箭、飞弹（飞簧石）等。

三、梅花拳阴阳五势

（一）起势变大势

预备势：两腿并步站立，两手臂自然下垂，目视前方，如图 7-62 所示。

起势：左脚向前一步，右脚随跟与左脚并步，两腿直立，脚尖向前，右手直臂由下向上举，指尖朝上，掌心向左，左手不动，目视左方，如图 7-63 所示。

转身盖掌：身体右转，右脚向右后方撤步成右弓步，左手由下向右上方、向右膝方劈（盖）掌，掌心向下，右手由向左后方向按掌，掌心朝后，指尖向下，目视前方，如图 7-64 所示。

图 7-62　预备势

图 7-63　起势

图 7-64　转身盖掌

上步托掌：上动不停，身体左转，右手向下、向前、向上直臂托掌，掌心朝上，指尖向左，左手由前向下按掌，掌心朝下，指尖向右，目视左前方，如图 7-65 所示。上动不停，身体前倾左腿直立，右脚向前跟半步脚掌蹬地，左手掌自下而上推掌，掌心朝上，指尖向后，右手掌由上向前、向下按掌，掌心朝下，指尖向前，目视前上方，如图 7-66 所示。

1. 动作要点

起势动作的上步与右手上举要同时到位。右手摆臂转身盖掌时要与右脚撤步的衔接一起合成。仆步上托掌时左、右臂形成上托下按的反弹力。

虚步亮掌时，挺胸、沉胯、松肩、双臂伸直，如图 7-64 动作变化时，左脚要从右脚后跟平行迈出一大步，使双脚掌形成一条线。

2. 易犯错误

撤步转身、仆步托掌的动作不协调；虚步亮掌变大势时，左脚向左迈出的步子小；双臂动作不到位。

3. 纠正方法

讲解连贯动作的基本要领，按动作要求练习，加强撤步转身、仆步托掌动作的配合练习，虚步亮掌变大势时，先练步型，再加上动作。

4. 教学提示

示范讲解每个动作的要点和在应用中的攻防意识，每个动作可以分开练习，熟练后再组合练习。

虚步亮掌：右腿屈膝下蹲，左腿悬膝，脚尖点地，双手交叉收于胸前，掌心朝上，指尖向外，目视前方，如图 7-67 所示。上动不停，重心后移，双手外展，右高左低，掌心朝上，指尖向外，目视左前方，如图 7-68 所示。

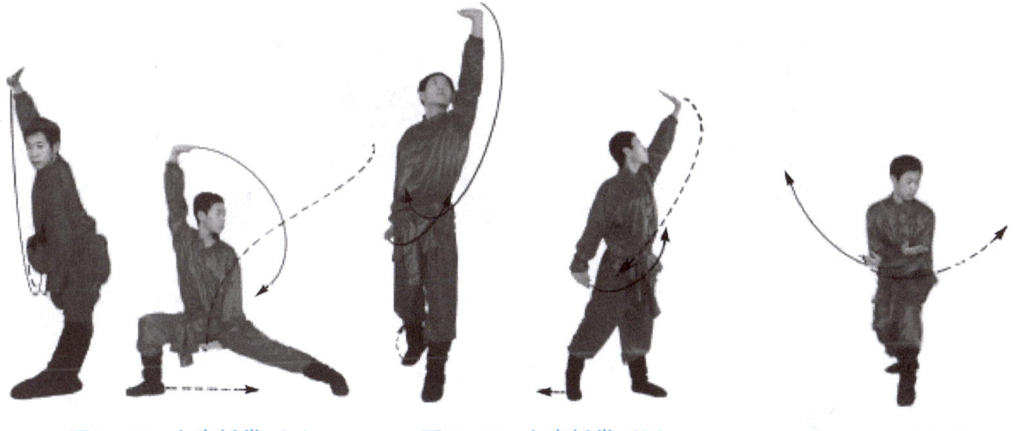

图 7-65　上步托掌（a）　图 7-66　上步托掌（b）　图 7-67　虚步亮掌（a）

外摆手变右大势：右脚向右前方上一步屈膝，左腿提膝，左脚收于右腿后，脚掌朝右，左手掌向上内压掌置于腹部，掌心朝下，右手掌内收再外展，掌心朝右，指尖向上，目视前右方，如图 7-69（a）所示。左腿向左开步脚掌放平，脚尖朝左膝微屈，右腿屈膝，小腿垂直于地面，左手外展向左直臂出立拳，右手内旋向上直臂顶拳，拳眼向左，目视左前方成右大势，如图 7-69（b）所示。

（二）大势变顺势

裹手变顺势：右腿屈膝前提，身体左转，左腿微屈膝，左拳上抬外扩，右拳内旋下压，目视右前方，如图 7-70（a）所示。左脚蹬地直膝，右腿屈膝向前迈一步，成右弓步，右手阳拳上抬，拳与下肩平，左手阳拳下挎，拳与耳根平，目视右前方，如图 7-70（b）所示。

图 7-68　虚步亮掌（b）

（a）　（b）

图 7-69　外摆手变右大势

（a）　（b）

图 7-70　裹手变顺势

（三）顺势变拗势

按掌抄腿变拗势：右腿直立，左腿向前撩起，脚与膝高，同时，左拳内扣上迎至胸前与右手交叉后，向外展手，掌心朝外，右手自上而下内旋与左手在胸前交叉后，向右下撑掌下按，掌心朝下，目视右前方，如图 7-71（a）所示。左脚向前踏一步，脚面放平内扣，双腿直膝蹬步，右手阳拳上抬，拳与下颚平，左手阳拳下挎，拳与耳根平，目视右前方，如图 7-71（b）所示。

（a）　　（b）

图 7-71　按掌抄腿变拗势

1. 第二节、第三节动作要点

1）此两节动作如图 7-68、图 7-71 所示，在上步左转身的同时右脚提膝，左右手随着身体左转的同时完成左手上举，右手护裆的姿势。

2）右脚向前迈步的同时右手直臂前伸左手直臂下落，呈右顺势。

3）左腿提膝上步，同时，左右手在胸前交叉后双手臂展开，与左腿形成反弹力。

4）虚步亮掌时，挺胸、沉胯、松肩，双臂伸直。

5）如图 7-68、图 7-69 所示动作变化时，左脚向前迈大步，落地的同时拧腰、合胯，左右手直臂平伸，握拳松肩。双腿蹬直，左右脚尖向内扣，使双脚掌形成一条线。

2. 易犯错误

上步转身动作不协调；顺势后手低，动作不规范；拗势拧腰幅度不到位，双臂动作不标准。

3. 纠正方法

讲解连贯动作的基本要领，提膝出掌要协调。增加提膝上步、拧腰转体的练习。

4. 教学提示

示范讲解每个动作的要点和在应用中的攻防意识，每个动作可以分开练习，多做定步拧腰、转胯、直臂上抬的动作练习，熟练后再组合练习。

（四）拗势变小势

端拳独立步变小势：上身右转，左腿屈膝成左弓步，右拳收手至胯部，左拳由左向下、向右、向上端拳，拳面朝上，拳心朝里，目视左前方，如图 7-72（a）所示。右腿直立，左腿提膝，脚尖内扣，脚面绷直，脚尖朝下，左拳直臂护于裆部，右拳直臂上顶，拳心朝左，目视左前方，如图 7-72（b）所示。右腿屈膝下蹲，左腿随之下落，左脚掌贴于右脚跟，重心右移，右拳向上直顶，拳眼向左，左手直臂向左出立拳，拳眼向上，目视左前方，如图 7-72（c）所示。

（a）　（b）　（c）

图 7-72　端拳独立步变小势

左右挎手变败势：左脚向左跨步，微屈膝，右腿提膝紧跟，脚面绷直，脚尖朝下，右拳下挎至臀部，左拳内收外翻向左盖拳，拳背朝下，目视左前方，如图 7-73（a）所示。右脚向右跨步，微屈膝，左腿提膝紧跟，脚面绷直，脚尖朝下，左拳内旋外挎至臀部，右拳上抬外翻向右盖拳，拳背朝下，目视右前方，如图 7-73（b）所示。左腿向左直膝蹬步，脚尖内扣，右腿屈膝成右弓步，右拳上挑，左掌下按，重心左移，

左手握阳拳向左前下方伸直，右拳向左方回探，目视左前方，如图 7-73（c）所示。

图 7-73　左右挎手变败势

1. 动作要点

1）拧身出左拳要同时，出拳速度要快，如图 7-72（a）所示。

2）右臂上举、左腿提膝动作要同时完成，要有力度，如图 7-72（b）所示。

3）右腿屈膝缓缓下蹲，同时，左手握拳直臂向左伸直，拳与肩平，如图 7-72（c）所示。

4）跨步变败势的动作要连贯，右脚上步要大，上下盖拳要有力，左手回探手时要有韧性，如图 7-73 所示。

2. 易犯错误

独立步不稳；挎手盖拳时跳步；败势腰部拉伸力不够。

3. 纠正方法

讲解连贯动作的基本要领，多练提膝独立步和蹲起，增加腿部力量。按动作要求练习跨步、抡臂盖掌动作。

4. 教学提示

示范讲解每个动作的要点和在应用中的攻防概念，每个动作可以分开练习，增加盖拳、跨步动作练习，熟练后再组合练习。

（五）拗势变大势

双抄手变左大势：身体右转，左脚向前上一步屈膝，右腿微屈膝，脚面贴地，右手由上后摆再向前，左手由后向前与右手向前双抄手，掌心朝上，目视手前方，如图 7-74（a）所示。上体右转 90 度，右腿上翻，脚面放平，左小腿垂直地面，同时，右手立拳直臂向右平伸，左手直臂上举，拳面朝上，拳眼向右，重心偏左，目视右前方，如图 7-74（b）所示。

图 7-74　双抄手变左大势

拧身变左顺势：左脚蹬地提膝，右腿立起膝微屈，身体向右转 180 度，右手向上摆臂拳面朝上，拳眼向左，左拳下挎护于裆部，目视前左方，如图 7-75（a）所示。

左腿向前迈一步屈膝，右腿蹬直脚尖内扣，成左弓步，左手直臂向左出阳拳，拳与肩平，右拳向右出阳拳，拳与耳根平，目视左前方，成左顺势，如图 7-75（b）所示。

图 7-75　拧身变左顺势

倒插步变拗势：右腿直立，左腿提膝，脚面绷直脚尖朝下，左拳屈臂护于胸前，右拳由后向前绷拳，目视右拳方，如图 7-76（a）所示。左脚向右后插步，身体右转 90 度，双腿蹬直，脚面放平，脚尖内扣，同时，左拳向左冲阳拳，拳与肩平，右拳直臂后摆成阳拳，拳与耳根平，目视左前方，呈右拗势，如图 7-76（b）所示。

图 7-76　倒插步变拗势

1. 动作要点

1）右转身提膝需要顺肩、合胯，右腿屈膝下蹲时左手直臂护裆。右脚向前迈步的同时右手直臂前伸，左手直臂下落，成右顺势。

2）左腿提膝和双手出拳要同时完成，出拳要有力和速度。

3）左腿向后插步的同时双臂前后平伸并拧腰、合胯、挺胸，上体垂直地面。

2. 易犯错误

提膝出拳无力，撤步拧身、出拳的动作不协调；上步、倒插步迈出的步子小，导致动作不到位。

3. 纠正方法

讲解连贯动作的基本要领，多练拧身插步，先练小步动作再加大强度。转身摆臂时下肢稳定。

4. 教学提示

示范讲解每个动作的要点和在应用中的攻防意识，每个动作可以分开练习，多练上步、插步动作，左右腿交替练习。

（六）小势变败势

端拳变小势：上体左转 180 度，左腿蹬地，右腿屈膝成右弓步，左手向后按掌，右拳由后向下、向前端拳，目视右拳方，如图 7-77（a）所示。右腿提膝，左腿直立，左掌由下向上直臂冲（顶）拳，拳眼朝左，右拳下叼直臂护于裆前，目视右前方，如图 7-77（b）所示。左腿屈膝下蹲，右腿屈膝下落（悬起），左拳直臂上顶，右拳向右直臂冲立拳，目视右前方，如图 7-77（c）所示。

挂手变左败势：右脚向右跨步，微屈膝，左腿提膝紧跟，脚面绷直，脚尖朝下，左拳下挎至臀部，右拳内收外翻向右盖拳，拳背朝下，目视右前方，如图 7-77（d）所示。

1. 动作要点

1）拧身出右拳要同时，出拳速度要快，如图 7-77（a）所示。

2）左臂上举、右腿提膝动作要同时完成，要有力度，如图 7-77（b）所示。

3）左腿屈膝缓缓下蹲，同时，右手握拳直臂向右伸直，拳与肩平，如图 7-77（c）所示。

4）跨步变败势的动作要连贯，右脚上步要大，上下盖拳要有力，如图 7-77（c）、图 7-77（d）所示。

（a） （b） （c） （d）

图 7-77 小势变败势

2. 易犯错误

独立步不稳；跨手盖拳时跳步；败势腰部拉伸力不够。

3. 纠正方法

讲解连贯动作的基本要领，多练提膝独立步和蹲起，增加腿部力量。按动作要求练习跨步、抡臂盖掌动作。

4. 教学提示

示范讲解每个动作的要点和在应用中的攻防概念，每个动作可以分开练习，增加盖拳、跨步动作练习，熟练后再组合练习。

（七）败势变大势

左脚向左跨步，微屈膝，右腿提膝紧跟，脚面绷直，脚尖朝下，右拳内旋外挎至臀部，左拳上抬外翻向左盖拳，拳背朝下，左腿屈膝成左弓步，右掌下按，目视左拳方，如图 7-78（a）所示。上动不停，重心左移，左手握阳拳向左前下方伸直，右拳向左方回探，目视左前方，如图 7-78（b）所示。

双抄手变右大势：身体左转，右脚向前上一步屈膝，左腿微屈膝，脚面贴地，左手由上后摆再向前，右手由后向前，双手向前抄手，掌心朝上，目视手前方，如图 7-78（c）所示。上体左转 90 度，左腿上翻，脚面放平，左小腿垂直地面，同时，左手立拳直臂向右平伸，右手直臂上举，拳面朝上，拳眼向右，重心偏左，目视右前方，如图 7-78（d）所示。

图 7-78　败势变大势

1. 动作要点

1）跨步变败势的动作要连贯，左脚上步要大，上下盖拳要有力，右手回探手时要有韧性，如图 7–78（a）、图 7–78（b）所示。

2）右脚上步要大，转身动作要快，挺胸、开胯、松肩，摆臂时与上体左转同时进行。大势动作按标准要求，如图 7–78（c）、图 7–78（d）所示。

2. 易犯错误

右脚上步小；败势腰部拉伸力不够；转身变大势时脚下不稳。

3. 纠正方法

讲解连贯动作的基本要领，多练拧身摆臂动作，增加腿部力量。多练腰部拉伸力量和韧性动作。

4. 教学提示

示范讲解每个动作的要点和在应用中的攻防概念，每个动作可以分开练习，摆臂与转身分开习练，增加基本功的锻炼，熟练后再组合练习。

（八）大势变收势

虚步亮掌变收势：身体微右转，左腿蹬直成右弓步，左手下按掌，目视前方，右手上托掌，左腿直立右脚向前跟半步，脚掌蹬地，如图 7–79（a）所示。左手下按，右手上撑，身体正直 ，右腿成弓步，如图 7–79（b）所示。右手前臂下按，左手掌向前上方托掌，目视左手方，如图 7–79（c）所示。右腿屈膝后蹲，左腿悬膝成左虚步重心后移，双手掌收于胸前再向外展，右高左低，掌心朝上，指尖向外，目视左前方，如图 7–79（d）所示。上身不动，右腿直立左脚向后倒插步，双掌外展掌与肩平，目视左前方，如图 7–79（e）。重心后移，左腿直立，右腿随之，双掌反掌下压，目视前方，右脚回撤与左脚并步，双手直臂下垂，站正身体，目视前方，如图 7–79（f）、图 7–79（g）所示。

1. 动作要点

1）右腿直立跟左腿后撤、双臂平伸展开同时完成，如图 7–79（e）所示。

2）双手屈臂内收，在胸前阴掌（掌心朝下）下压与右腿后撤并步一起完成，如图 7–79（f）所示。

2. 易犯错误

撤步转身、双手屈臂内收的动作不协调；双掌下按与右腿后撤并步动作不顺畅。

(a) (b) (c) (d) (e) (f) (g)

图 7-79　虚步亮掌变收势

3. 纠正方法

讲解连贯动作的基本要领，加强撤步转身收臂动作的配合练习；根据动作要求，多做撤退并步练习。

4. 教学提示

示范讲解进退步法的要领，每个动作可以分开练习，熟练后再组合练习。

四、梅花拳部分稀有兵器介绍

稀有兵器是梅花拳始祖北上传艺时，推着的一辆小车，这辆小车由几十个稀有兵器组装而成，拆开后每件都是实用的兵器，有长有短、有大有小、有软有硬、有单有双，并且每一个兵器有它独特的练法和攻防技法，其形状世属罕见，因此被后人称为“神奇小法车”（见图 7-80）。

图 7-80　小法车

（一）风火轮

风火轮（见图 7-81）是梅花拳稀有兵器之一，是小法车的组成部分——车轮大件。

1. 外观形状

风火轮圆形周边有六支枪头，握柄是车轮轴，侧边是樱桃状。

2. 技击功能

旋转刺击、直点、直刺等。

3. 使用方法

风火轮可以单手练、双手练，也可以配单刀或小拐练。

（二）油瓶枪

油瓶枪（见图 7-82）是梅花拳稀有兵器之一，是小法车的组成部分——注油润滑器具。

1. 外观形状

油瓶枪中心轴似油瓶，一边有两支枪头，另一边是握柄。

2. 技击功能

旋转刺击、直点、直刺等。

3. 使用方法

油瓶枪属于双器械，可以单手练、双手练，也可以配短兵器演练。

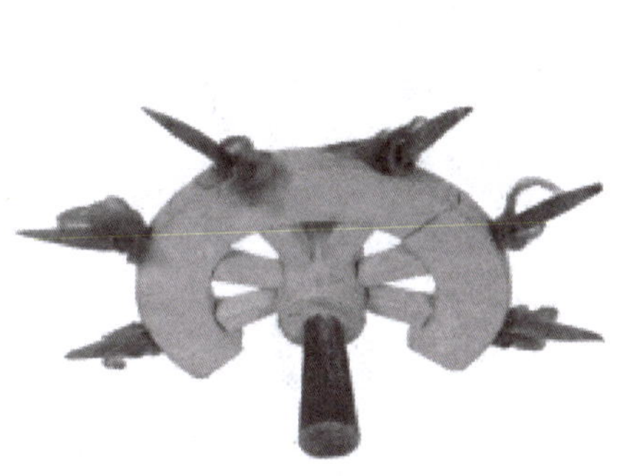

图 7-81　风火轮

图 7-82　油瓶枪

（三）判官笔

判官笔（见图 7-83）是梅花拳稀有兵器之一，是小法车的组成部分——车身前支臂。

1. 外观形状

判官笔前半部似一支大毛笔，后半部是握柄。

2. 技击功能

劈、砸、杵、点、刺等。

3. 使用方法

判官笔属于双器械，可以单手练、双手练，也可以配短兵器演练。

（四）梅花刺

梅花刺（见图 7-84）是梅花拳稀有兵器之一，是小法车的组成部分——车身下支臂器具。

1. 外观形状

梅花刺貌似旋转的风车，三边有三支枪头，另一端是锤头状。

2. 技击功能

旋转刺击，砸、点、直刺等。

3. 使用方法

梅花刺属于双器械，可以单手练、双手练，也可以配短兵器演练。

图 7-83 判官笔

图 7-84 梅花刺

（五）小抹子

小抹子（见图 7-85）是梅花拳稀有兵器之一，是小法车的组成部分——车轮小件，与风火轮一体。

1. 外观形状

小抹子貌似蒲扇，上边有支枪头，中间扇面，另一端是握柄。

2. 技击功能

旋转刺击，砸、点、直刺等。

3. 使用方法

小抹子属于双器械，可以单手练、双手练，也可以配短兵器演练。

（六）阴阳棒

阴阳棒（见图 7-86）是梅花拳稀有兵器之一，是小法车的组成部分——车身后支臂。

1. 外观形状

阴阳棒一支前端似棒槌，一支前端似钻头，后端是握柄。

2. 技击功能

砸、点、劈、刺等。

3. 使用方法

阴阳棒属于双器械，可以单手练、双手练。

图 7-85　小抹子

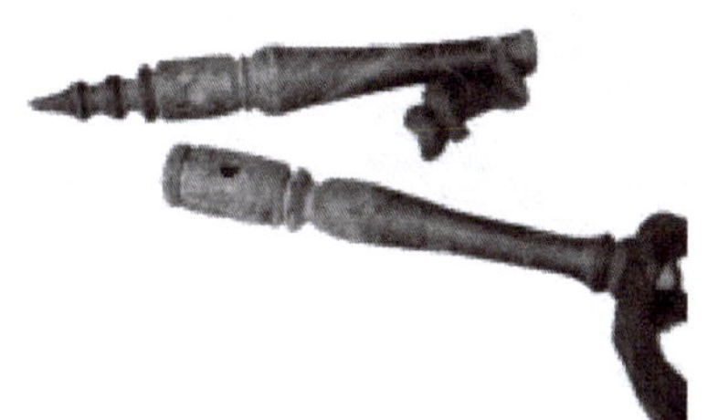

图 7-86　阴阳棒

（七）武棒

武棒（见图 7-87）是梅花拳稀有兵器之一，是小法车的组成部分——车身部件。

1. 外观形状

武棒为直长 35 毫米方体，下端握柄处凹圆，侧面有月牙形护手。

2. 技击功能

砸、点、劈、刺、格、架等。

3. 使用方法

武棒属于双器械，可以单手练、双手练。

（八）文棒

文棒（见图 7-88）是梅花拳稀有兵器之一，是小法车的组成部分——车身部件。

1. 外观形状

文棒为直长 35 毫米方体，下端握柄处凹圆。

2. 技击功能

砸、点、劈、刺、格、架等。

3. 使用方法

文棒属于双器械，可以单手练、双手练。

图 7-87　武棒

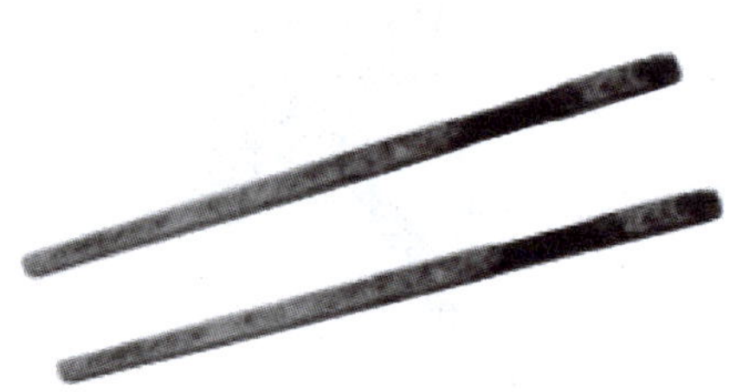

图 7-88　文棒

（九）小梢子（梢子棍）

小梢子（梢子棍）（见图 7-89）是梅花拳稀有兵器之一，是小法车的组成部分——车身部件。

1. 外观形状

小梢子（梢子棍）为直径约 35 毫米圆体，分为两节，以套环链接并加响环 N 个。

2. 技击功能

砸、点、劈、轮、扫、盘等。

3. 使用方法

小梢子（梢子棍）属于长软器械类，单只，双手练。

（十）大梢子（三节棍）

大梢子（三节棍）（见图 7-90）是梅花拳稀有兵器之一，是小法车的组成部分——车身部件。

1. 外观形状

大梢子（三节棍）为直径约 35 毫米圆体，分为三节，中节长，以套环链接并加响环 *N* 个。

2. 技击功能

砸、点、劈、轮、扫、盘等。

3. 使用方法

大梢子（三节棍）属于长软器械类，单只，双手练。

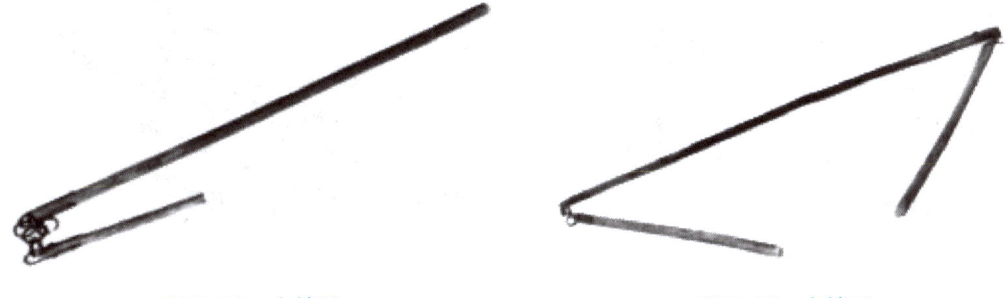

图 7-89　小梢子　　图 7-90　大梢子

（十一）提戟

提戟（见图 7-91）是梅花拳稀有兵器之一，是小法车的组成部分——车身部件。

1. 外观形状

提戟直长 35 毫米方体，前端双月牙合体，中下端握柄处凹圆，侧面有月牙形护手，末端月牙形。

2. 技击功能

砸、点、劈、刺，格、架等。

3. 使用方法

提戟属于双器械，双手练，也可以单练。

（十二）护身披

护身披（见图 7-92）是梅花拳稀有兵器之一，是小法车的组成部分——车帮主件。

1. 外观形状

护身披为扁方形，貌似古窗棂，内件约30毫米方体，两端各有枪头，中下端握柄处凹圆，侧面有月牙形护手。

2. 技击功能

点、劈、刺，格、架等。

3. 使用方法

护身披属于双器械，可以单练配单刀。

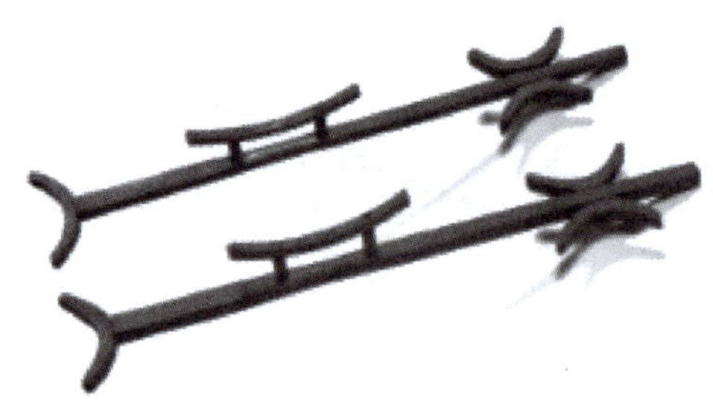

图7-91　提戟

图7-92　护身披

（十三）落子枪

落子枪（见图7-93）是梅花拳稀有兵器之一，是小法车的组成部分——车身部件。

1. 外观形状

落子枪为直长约35毫米方体，长形，两端各有枪头，中端握柄处凹圆，三面有支架形护手。

2. 技击功能

点、刺、格、架等。

3. 使用方法

落子枪属于双器械，可双手练。

（十四）小拐

小拐（见图7-94）是梅花拳稀有兵器之一，是小法车的组成部分——车身部件。

1. 外观形状

小拐为长形，一端横木稍长，中下端握柄处凹圆，上下有短横木护手。

2. 技击功能

点、刺、格、架等。

3. 使用方法

小拐属于双器械，双手练。

图 7-93　落子枪

图 7-94　小拐

（十五）五虎锛

五虎锛（见图 7-95）是梅花拳稀有兵器之一，是小法车的组成部分——车身部件。

1. 外观形状

五虎锛为长形，两端有五个枪头，方向各异，中端横向握柄处。

2. 技击功能

点、刺、锛、劈、格、架等。

3. 使用方法

五虎锛属于双器械，双手练。

（十六）一锛三枪

一锛三枪（见图 7-96）是梅花拳稀有兵器之一，是小法车的组成部分——车身部件。

1. 外观形状

一锛三枪为长形，两端有三个枪头，方向各异，中下端横向握柄处有一锛。

2. 技击功能

点、刺、轮、劈、格、架等。

3. 使用方法

一锛三枪属于双器械，双手练。

图 7-95　五虎锛

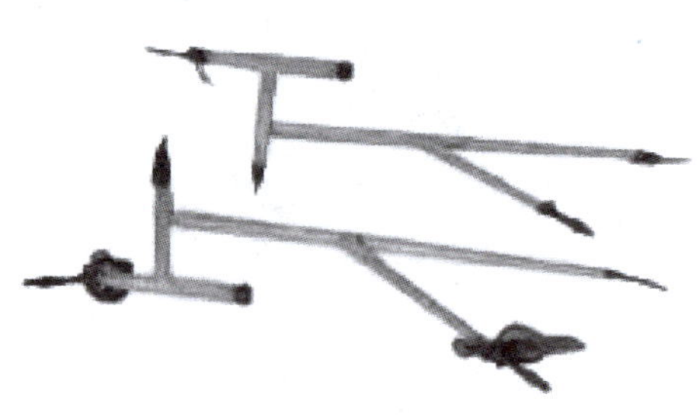

图 7-96　一锛三枪

（十七）牛角拐（牛心拐）

牛角拐（牛心拐）（见图 7-97）是梅花拳稀有兵器之一，是小法车的组成部分——车身前支臂部件。

1. 外观形状

牛角拐（牛心拐）上端为横木，前端形状像牛角，后端如锤子，下端握柄圆形略粗。

2. 技击功能

砸、点、轮、劈、格、架等。

3. 使用方法

牛角拐（牛心拐）属于双器械，双手练，也可以单手加软鞭习练。

（十八）邹祖拐

邹祖拐（见图 7-98）是梅花拳稀有兵器之一。

1. 外观形状

邹祖拐为直体长形，如老人拐杖。上端为横木，前端有枪头，末端锤头处朝上有一枪头，下端握柄圆形直径约 30 毫米。

2. 技击功能

砸、点、轮、劈、刺、格、架等。

3. 使用方法

邹祖拐属于单器械，双手握练。

图 7-97　牛角拐

图 7-98　邹祖拐

（十九）量天尺

量天尺（见图 7-99）是梅花拳稀有兵器之一。

1. 外观形状

量天尺为直体长形。两头末端为方体并有横木，如尺，中段为圆形，直径在 30 毫米左右。

2. 技击功能

砸、点、轮、劈、刺、格、架等。

3. 使用方法

量天尺属于单只长器械，双手握练。

（二十）圈天母（群枪母）

圈天母（群枪母）（见图 7-100）是梅花拳稀有兵器之一。

1. 外观形状

圈天母（群枪母）为直体长形，顶端有横木，有一半圆形将顶端横木与器械主体链接，长柄为圆形，直径在35毫米左右。

2. 技击功能

砸、点、轮、劈、格、架等。

3. 使用方法

圈天母（群枪母）属于单只长器械，双手握练。

图7-99　量天尺　　图7-100　圈天母

（二十一）护车篮

护车篮（见图7-101）是梅花拳稀有兵器之一，是小法车的组成部分——车身前吊篮。

1. 外观形状

护车篮为长形，两端各有枪头，中端握柄为弧形，护臂如弓形，两端有锛刺。

2. 技击功能

点、刺、挑、格、架等。

3. 使用方法

护车篮属于双器械，双手练。

（二十二）三节梃

三节梃（见图7-102）是梅花拳稀有兵器之一，是小法车的组成部分——车身部件。

1. 外观形状

三节梃为直径约35毫米的圆体，分为等长的三节，以套环链接并加响环 *N* 个。

2. 技击功能

砸、点、劈、轮、扫、盘等。

3. 使用方法

三节梃属于长软器械类，单只双手练。

图 7-101　护车篮

图 7-102　三节梃

单元7.3 拓展训练

单元导读

拓展训练，又称素质拓展训练或外展训练（Outward Bound），起源于“二战”期间的英国，最初是为了提高海军的生存能力而设计的户外训练活动。随着时间的推移，拓展训练逐渐扩展到民间和商业领域，成为一种旨在提高个人和团队在面对挑战时的适应能力、创新能力和协作能力的训练方式。拓展训练项目通常富有挑战性，如攀岩、高空跳跃、信任背摔等，既考验参与者的身体素质，也考验其心理素质和团队协作能力。同时，这些项目也注重趣味性，让参与者在轻松愉快的氛围中挑战自我，感受团队合作的乐趣。本单元将重点学习拓展训练的经典破冰项目、地面项目、中空项目与高空项目，通过练习提高身体素质，增强体能和耐力，改善心理素质，提升自信心和勇气，增强团队协作能力，培养创新思维。

学习目标

1. 了解拓展训练的起源与发展、目的与作用以及课程特性。
2. 通过课程学习，增强体能，提高心理素质。
3. 培养团队意识、创新意识与安全意识。

一、拓展训练介绍

（一）拓展训练的起源与发展

户外拓展训练起源于第二次世界大战时期落水海员的获救经验。在第二次世界大战时，大西洋上有很多船只受到攻击而沉没，大批船员落水，由于海水冰冷，又远离大陆，绝大多数的船员不幸牺牲，但仍有极少数的人在经历了长时间的磨难后得以生还，当人们深入了解这些生存下来的人的情况后，发现了一个令人非常惊讶的事实，这就是在那些能生还下来的人，既不是最年轻的，也不是体格最强壮的。经过一段时间的调查研究，专家们终于找到了这些人之所以能活下来的原因，其关键在于这些人有良好的心理素质，他们意志力特别顽强；家庭生活幸福，有强烈的责任感和丰富的生存经验；以及很多常人或缺的品质，包括团队的协调和配合。当遇到灾难的时候，他们坚定信念：“我一定要活下去。”而那些年轻的海员可能更多想到的是：“这下我可能就完了，肯定不能活着回去了。”拓展训练是一种“户外体验式学习”，源于英文outward bound，它原是一个航海术语，是用于召唤船员的旗语。当船就要出发时，船上就会打出旗语，船员们看到后会很快回到船上整装待发。

1941 年，一位德国教育者 Kurt Hahn 和一位英国海运大亨 Lawrence Holt 爵士在威尔士的阿德伯威成立了世界上第一所拓展训练学校。这所学校最初有一个具体的任务，即让被德国潜艇轰炸的年轻英国海员心中充满较强的自立和精神韧性，同时还要摆脱传统的教学方式。Kurt Hahr 发现人们能够从充满挑战刺激的环境中赢得信心、自尊和自立，还能够形成和同伴通力合作的精神。

20 世纪 60 年代，拓展训练被 Josh Miner 引入美国，他发现性格发展对个人成功非常重要，在此基础上形成了一套课程，即拓展训练，这种突破常规的教育模式也就成为体验式学习的真正权威。受到这种新颖理念和教育模式的启发，Miner 在美国发起了拓展训练运动。

拓展训练是突破传统教育思想和模式要求的一种全新学习与教育方式，其课程独具创意，融思想性、教育性、挑战性、实用性和趣味性于一体。学员通过在高山大海中接受挑战练习，变得乐于面对困难，勇于接受挑战，具有积极的心态，并能够引发学习兴趣。拓展训练的独特创意和训练方式逐渐被推广开来，训练对象由海员扩大到军人、学生、工商人员等群体。训练目标也由单纯体能、生存训练扩展到心理训练、人格训练、管理训练等，拓展训练已成为一种体系化的课程，在越来越多的领域发挥其特有的教育作用。

中国拓展训练市场还处于早期开发阶段，前景光明。现代企业面临着竞争和压力，对从业者提出了很高的要求，他们除了需要具备良好的业务素质和明确的职业规范，还需要健康的心理素质，坚强的意志，敢于进取、创新的精神，良好的人际关系、团队意识及组织协调能力，而这些都需要在实践或强化培训中培养。由于拓展训练符合完善人格、提高素质和回归自然的要求，因此成为素质教育的新时尚。拓展训练已成为国家机关、外资企业和其他现代化企业、各类学校的日常培训课程。

1995 年，北京某公司对新华社全体员工进行拓展训练，拓展训练首次进入中国。1999 年，清华大学率先将体验式教育引入 MBA 和 EMBA 的教学体系中，拓展训练首次进入高校。2002 年，北京大学开设了“体育综合素质课”，并把该课程命名为“素质拓展”。2005 年，北京体育大学成立户外运动中心，同年开始招收该专业的学生。

河北机电职业技术学院素质拓展基地（见图 7-103），占地面积 4 660 平方米、器材设备投入资金 90 多万元，设施齐全程度位居河北省高校首位。包括场地拓展类（毕业墙、信任背摔、模拟电网、有轨电车等），高空拓展类（攀岩、空中断桥、悬崖峭壁、天梯、空中独木桥、缅甸桥、翘板桥等 11 个项目），综合拓展类（人生棋盘、人体多米诺等），WETOP 中空体验设施共计 17 个项目。学校通过体验式培训，培养学生的综合素养，更好地为社会培养复合型技能人才，服务河北省区域发展。

图 7-103　河北机电职业技术学院素质拓展基地

拓展运动同时也是喜爱挑战的人们闲暇时间挑战自我、锻炼自我、展示自我的重要形式。一项运动最初都是由大众娱乐游戏开始，继而发展为成熟的运动项目，拓展训练也在走这条道路。拓展训练如今成为人们的比赛项目之一。拓展运动由“拓展培训”发展演变而来，是一项新兴的时尚体育运动，是利用自然地形地貌或人工修建的体育专属设施开展的以团队、双人和个人为单位的竞速、竞距、计数和具有对抗性质的系列运动。其主要由地面项目、低空项目、高空项目、水面项目四大类项目组成。

中国登山协会自 2004 年开始在开发拓展运动方面做了大量工作，针对拓展训练具有鲜明运动元素的特点，初步确定了全国比赛项目，制定了相应的比赛规则，并于 2006 年举办了全国首届拓展运动展示大会，2008 年和 2010 年分别成功组织了全国山地运动会拓展比赛。随着我国社会经济的发展，群众体育力度的加大，许多高校、俱乐部等都热衷开展此项运动，从而推动了拓展运动的发展。2010 年 7 月底在吉林省吉林市北大湖举办的首届全国户外拓展大赛有 28 支代表队近 200 名运动员参赛，是国内首次组织开展的规模最大的一次全国性拓展运动赛事。

（二）拓展训练的分类、目的及作用

现代社会是一个高度人际互动的社会，拓展训练融合高低挑战元素，学员在个人和团队的层面，都可通过危机感、领导、沟通、面对逆境的辅导和培训得到提升。拓展训练课程分为水上、野外、场地三类。水上课程包括游泳、跳水、扎竹筏、划艇等。野外课程包括远足露营、登山攀岩、野外定向、户外生存技巧等。场地课程是在专门的训练场地上利用各种训练设施，开展各种团队课程，如攀岩、跳跃等训练活动。

拓展训练项目还可分为个人挑战项目和集体合作项目：个人挑战项目主要是通过一定难度的考验，最大限度地激发学员体能和心理潜能，从而自我挑战、自我超越以及促进心智模式改变；集体合作项目则是以复杂性和艰巨性为特征，通过所有人的相互理解、信任、合作，融合学员的团队意识，学习系统思考的内涵，体验协作的真正意义和处理团队中出现的各种问题。

（三）拓展训练环节

体验学习是拓展训练的基础理论架构，也是体验教育主要的学习模式，拓展训练环节主要分为四个阶段，分别为体验（experiential）、反思（reflecting）、归纳（generalizing）和应用（applying），这四个阶段是一个循环模式，如图 7-104 所示。

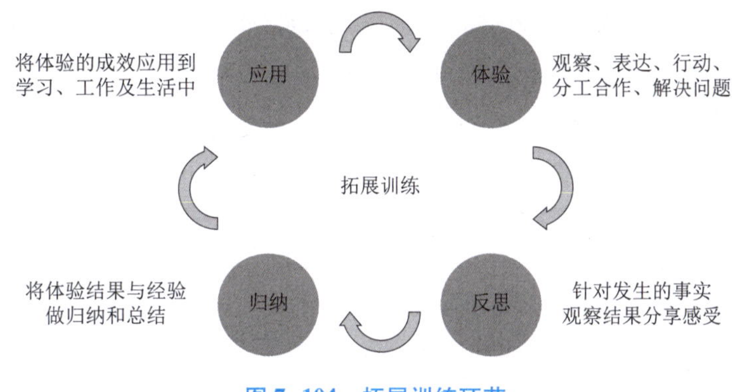

图 7-104　拓展训练环节

1. 体验阶段

体验阶段是以活动来促进团队成员利用自身的能力、团队的分工合作、人际沟通、领导与被领导、面对挑战或压力、问题解决等历程，使团队成员有逻辑性且有方法地循序渐进达到活动设定的目标，并学习到有价值的观念。

2. 反思阶段

反思阶段着重于此时此刻的经验与感受。就活动过程中发生的事实，引导者与参与者检视个人与团体在活动时所经历的问题状况，成员们互相分享活动感受，引起成员们内心的反思。

3. 归纳阶段

归纳阶段将反思的结果与经验做归纳和总结，形成概念以作为解决问题的最佳应用，是此阶段的重点。引导者一般会引导团体作如下思考：在活动中所发生的现象与事实，是否也存在于我们的生活中？过去个人在某些场合或情景中，是否曾发生类似的情形？借此转化与联结的过程，使客观的活动经验与成员的主观经历产生联结关系，出现更宽广的思考空间。

4. 应用阶段

应用阶段的重点是引导者与参与者所设定的目标相配合。在这个阶段中，引导者可引导成员进行思考：这个活动让我们对自己有什么认识？这个发现在面对未来的生活、工作或学业时，可以持续或改进的地方有哪些？参与者的成效，就是个人可以应用由参加活动中得来的经验，把所学到的方法、态度、知识与技能甚至是自我发现推理到外在世界并加以实践。此阶段着重在将这些活动经验应用到正确的情境，将体验学习的经验有意义地应用到个人的日常生活中。

这四个阶段是连续且随时都可以发生的，同时它也会影响未来的某一个经验。每个阶段会因环境、团队成员与引导者之间以及设施和装备等不同，彼此不断地互动，产生连贯性的交互作用。因此，如何在这多变的学习环境中，设计合适的活动，运用适宜的反思及分享方式，就成为影响探索教育成效的重要因素。

（四）拓展训练的特性

拓展训练利用室内和户外多种活动形式，通过模拟真实情景的训练形式和良好的训练效果在教育培训领域里保持着极大的优势，其拥有以下六大特点。

1. 锻炼综合性

拓展训练的所有项目都是以体验式活动为主导，成员通过游戏的体验引发认知、情感，激发学员与他人的沟通、交往、合作行为。活动过程中团队有明确的任务，成员要发挥自身和团队优势才能更好地完成任务，对参与者的锻炼是综合性的。

2. 体验巅峰性

在拓展训练过程中，成员和团队要完成指定的计划，就必须克服各种困难、跨越各种防线，在活动过程中、课程完成后，成员会获得发自内心巅峰般的胜利感和自豪感。

3. 挑战极限性

拓展训练的项目都具有一定的挑战性，在心理、生理、体能上都会经受一定负荷的挑战，成员在活动中要不断地突破自我，挑战自己身心的“极限”，完成“极限”蜕变。攀岩挑战如图 7-105 所示。

4. 自我教育性

拓展训练过程本来就是成员学习成长的过程，成员要根据引导者的课程内容和活动要求，在拓展训练过程中不断学习和突破。在训练后，成员在引导者的引导下进行活动的总结归纳，在日后的学习、工作和生活中起到教育作用。

5. 集体的荣誉性

拓展训练一般需要完成各项活动以达到熔炼团队的效果，而在挑战项目过程中往往又会分成不同小队展开竞争，期待每位成员竭尽全力为集体争取荣誉，在团队中发挥个人能力并借助集体的力量共同解决问题，优化行为。

6. 成效显著性

通过短期的拓展培训，成员日常行为举止、生理和心理往往会得到突破性的冲击，心理受到震撼性的影响，产生各种显著的培训成效，例如，认识自己的潜能、克服心理障碍、磨炼战胜困难的意志力、改善人际关系，等等，这也是目前企业看重拓展训练活动的原因。

图 7-105　攀岩挑战

二、课程推介

（一）破冰课程

热身——培训术语，又称破冰，来源于英文 ice break。现代培训认为，培训教师与成员初次接触时会有陌生感，如同冻结的冰块，如果立刻开始授课会影响培训效果，因此应该通过特别设计的活动和游戏来消除两者之间的陌生和怀疑，然后再开始正式授课。这种通过活动和游戏消除“教”和“学”双方隔阂并调动成员学习热情的方式被称为“热身”。

破冰理念：

1）让参加培训的成员清楚了解体验式培训的方式。

2）清楚积极参与培训对自己、对团队、对企业的重要意义。

3）提出团队培训对成员的要求：百分之百地用心投入每一个项目的体验活动中。

4）注重自己的项目感受，注意观察团队成员。

5）付出就会有收获，获得的回报应该是方方面面的。

破冰的任务：加强团队文化建设对企业的发展有着一定程度上的积极意义，拓展训练是通过体验的方式，达成团队凝聚力的提升。在拓展训练中需要选好优秀的团队领导，加大团队管理的授权，并给予团队成员充分的尊重，同时建立成员间的技能互补和角色分工，培养团队的创新精神和目标行动力。通过不断地演练和深化团队危机，恰到好处地分享得失，将拓展中体会到的理念与团队建设相融合，这样团队才会更加强壮。

1. 常规的破冰游戏——团队组建

1）全体队员分成 3~4 个小队，每队由一名培训师及助理培训师主持并配合本次拓展训练。

2）各队推荐或自荐队长和队长秘书各一名。

3）编队歌。可自编曲，也可原曲填词，要求简短且不带讽刺与宗教色彩。

4）起队名，要形象、有意义。

5）队伍口号。文字简练、朗朗上口，具有震撼力。

6）制作队旗。共同创作，队旗要简单、蕴意深刻。要求全体队员于队旗上签名。

7）各队相互展示。解释队名、队歌、口号，展示队旗和为队伍造势。

团队组建在拓展训练中可以为团队获得更高昂的士气和战斗力，减少流动率和流失率，进行更和谐的沟通。

2. 常见的趣味破冰游戏

（1）纸杯传递

1）活动目的：打破团体成员之间的尴尬。

2）活动人数：无限制。

3）活动器材：纸杯或塑料杯、每人一支塑料吸管、若干水或乒乓球。

4）活动场地：无限制。

5）活动时间：5~10 分钟。

6）活动说明：每人用嘴巴含住吸管，并以推杯子的方式从第一名成员依次传递至最后一名成员。或者每人咬住一个杯子，把杯中物品依次传递到最后一名成员。若出现失误，则再从失误的成员开始。若想增加强度，可要求失误后从第一名成员重新开始任务。

（2）举胖子

1）活动目的：挑战团队的“不可能”心理。

2）活动人数：6~20 人。

3）活动器材：无限制。

4）活动场地：室内室外均可。

5）活动时间：5~10 分钟。

6）活动说明：在成员中挑选一个块头最大、体重最重的“胖子”，再由其他成员共同挑选 5 名最瘦小的成员负责举“胖子”，5 名瘦小的成员只能用自己的 1~2 根手指，分别在“胖子”的身体受力点（建议是后背、腋窝、脚后跟），合力将“胖子”举起。为了营造快乐的气氛，可以增加人数。

（3）共同责任

1）活动目的：培养团队的责任感及承认错误的勇气，营造快乐氛围。

2）活动人数：人数不限。

3）活动器材：无限制。

4）活动场地：室内室外均可。

5）活动时间：10 分钟。

6）活动说明：列好队后，当培训师喊“1”时全体成员向左转；喊“2”时全体成员向右转；喊“3”时全体成员向后转；喊“4”时全体成员原地不动；喊“5”时后退一步。当成员做错或做慢时判为违例，需走出队伍向大家鞠躬一次并举起右手报告“对不起，我错了”，然后归队，直到几个回合后整体动作一致为止。为营造快乐氛围，可以要求犯错的成员做简单的表演。

（4）同心圆

1）活动目的：团队热身、舒展筋骨、营造快乐氛围。

2）活动人数：人数不限。

3）活动器材：无限制。

4）活动场地：室内室外均可。

5）活动时间：10 分钟。

6）活动说明：团队所有成员围成一个圈，双手背到左右隔壁成员的背部，紧紧牵住相隔一位成员伸过来的手。培训师有一套口令“高山流水、风吹草动、花开花落”，当听到“高山”时所有成员一起往上跳；当听到“流水”时所有成员一起往下蹲；当听到“风吹”时所有成员上身一起往左边倾斜；当听到“草动”时所有成员上身一起往右边倾斜；当听到“花开”时所有成员一起往后仰，此时注意拉紧伙伴的手；当听到“花落”时所有成员一起往前鞠躬。

（二）团队项目

具体的团队项目对成员的锻炼目的不同，按项目分类的原则，成员锻炼的针对性和拓展过程所关注的直观性，兼顾让成员体验不同类别的项目，可分为高空项目、中低空项目、地面与心智项目。

1. 高空项目

高空项目有空中断桥、跳出真我、毕业墙。

（1）空中断桥

空中断桥是一个以个人挑战为主的项目，它属于高空类心理冲击的项目，整个过程需独立完成。“断桥一小步，人生一大步”浓缩了这个活动的精华。

1）活动人数：20~30 人/组。

2）活动器材：安全服、相应的安全设备（动力绳、锁扣、安全绳及安全帽等）。

3）活动场地：空中断桥拓展场地一处。

4）活动时间：60~90 分钟。

5）活动说明：

① 安全问题，所有成员必须学会使用安全帽、安全绳、锁扣。

② 挑战者沿立柱爬上高空断桥桥面，走到桥头，两臂侧平举，然后大声问队友：“准备好了吗?”当听到“准备好了”后，大喊“1，2，3”，同时跨步跳到桥板另一端，单脚起跳单脚落地。

③ 桥面不允许助跑，跳跃时不许两手抓安全绳，完成后沿立柱慢慢爬下，随后进入加油队伍。

6）注意事项：

① 有严重外伤病史，有严重心脑血管疾病、精神病、慢性病及并发症或医生建议不适合做此类挑战项目者，可以不参与此类挑战项目。

② 摘除身上穿戴的所有硬物，系安全绳、戴安全帽，连接止坠器时要多次检查。

③ 一名成员在挑战时，另一名成员开始穿戴安全装备并接受辅导，前一名成员完成项目后，下一名成员准备开始。

④ 上断桥后，培训师先理顺安全绳，让成员背靠立柱，并为其扣上安全绳主锁，然后摘取上升器连接主锁。多次检查成员安全绳和安全帽穿戴问题。

⑤ 成员不敢过桥时，培训师可先将其引至桥的一端，自己到另一端引导成员过桥，如果成员重心不稳、左右摇晃，可引导其放松，背靠立柱，直到训练架不再共振为止。

7）思考与分享：

① 站在高空断桥前，感受如何?

② 当跨越心理障碍完成挑战后，你的感觉如何？如何帮队友完成挑战？

③ 如何自我激励？

（2）跳出真我

跳出真我属于高空高难度项目，整个过程需严格把控，整个团队需紧密配合完成。

1）活动人数：20~30 人/组。

2）活动器材：安全服、相应的安全设备（动力绳、锁扣、安全绳及安全帽）。

3）活动场地：空中跳台、空中单杠拓展场地一处。

4）活动时间：60~90 分钟。

5）活动说明：跳出真我是一个以个人挑战为主的项目，它属于高空类心理冲击的项目，整个过程需独立完成。

① 安全问题，所有成员必须学会使用安全绳、锁扣。

② 挑战者沿立柱爬上空中跳台，在跳台上站稳，两臂侧平举，然后大声问队友："准备好了吗？"当听到"准备好了"后，大喊"1，2，3"，同时舒展身体跳出平台，双手抓住前方悬挂着的单杠。

6）注意事项：

① 有严重外伤病史，有严重心脑血管疾病、精神病、慢性病及并发症或医生建议不适合做此类挑战项目者，可以不参与此类挑战项目。

② 摘除身上穿戴的所有硬物，系安全绳、戴安全帽，连接止坠器时要多次检查。

③ 一名成员在挑战时，另一名成员开始穿戴安全装备并接受辅导，前一名成员完成项目后，下一名成员准备开始。

④ 成员不敢跳出时，培训师可先语言鼓励其平缓心情后再做尝试；如果成员重心不稳、立柱摇晃，可引导其放松，平举双手保持平衡，直到训练架不再共振为止。

7）思考与分享：

① 站在高空跳台上，感受如何？

② 当跨越心理障碍完成挑战之后，感觉如何？有什么经验值得分享？

（3）毕业墙

毕业墙又称逃生墙，墙体高 4.2 米，没有任何攀岩工具，成员们依靠搭人梯的方法，全部成员都越过墙体。

1）活动人数：20~200 人/组。

2）活动场地：4.2 米高墙或高板一面。

3）活动时间：90~120 分钟。

4）活动说明：

① 所有成员在指定时间内全部翻越高墙，不允许借助任何外力和工具，包括衣服、皮带等，必须沿墙面正壁爬上，不能蹬墙面。

② 挑战过程中只有队长一人可发话，全程任何成员不得发出任何声响（难度提高任何人不得出声，包括队长）。

③ 挑战前可由队长代表全队确定挑战目标。

5）注意事项：

① 有严重外伤病史，有严重心脑血管疾病、精神病、慢性病及并发症或医生建议不适合做此类挑战项目者，可以不参与此类挑战项目。

② 摘除身上穿戴的所有硬物，穿硬底鞋或胶钉底鞋的队员必须脱掉鞋子。

③ 如果采用搭人梯的办法，必须采用马步站桩式，不要将身体靠在墙上，注意腰部用力挺直，用手臂弯屈靠墙，以保持人梯牢固。要有人专门扶持人梯成员腰部，可以屈膝用腿支撑人梯成员的臀部。成员在攀爬过程中不可以踩人梯成员的头、颈椎、脊椎，只可以踩肩膀和大腿。

2. 中低空项目

中低空项目有信任背摔、蜘蛛网。

（1）信任背摔

1）活动人数：8~30 人。

2）活动器材：约 1 米高的平台。

3）活动场地：室内或室外场地皆可。

4）活动时间：20~25 分钟。

5）活动说明：

① 征求一位志愿者先开始，请他站在平台上，背部朝向团队。

② 其他团队成员当保护者，面对面紧密排成两排，双手与对面的成员交错平举，手心向上，双脚呈弓箭步站姿。

③ 引导者需与志愿者站在一起，一方面注意志愿者所站位置，另一方面也要注意志愿者倒下的方向，适时让团队成员活动到最佳保护位置。

④ 在志愿者往后倒之前，必须有确认口号。志愿者先说：“准备好了吗?”团队成员一起回答：“请相信我们!”志愿者数“1，2，3”，数完 3 后倒下。

⑤ 志愿者倒下时身体要保持挺直，双手紧握并放置在胸前，双脚固定放在平台上。当保护团队接到志愿者后，就温柔地慢慢降低志愿者，直到志愿者能安全地站在地上。

⑥ 当第一位成员先完成挑战后，就轮流让其他成员体验这种感觉。

6）注意事项：

① 因为此活动会在距离地面一定高度的位置进行，故引导者在开展此活动前，必须评估团队的支持与信任程度。另外，此活动也涉及较多个人的心理安全层面，故提

醒团队成员自发性选择挑战的理念，让团队成员做好足够的心理准备，然后再挑战此活动。

② 提醒团队成员和志愿者做正确的姿势，特别是确保团队要随时保持专注和紧密靠在一起，不能在活动过程中出现缺口。

③ 提醒团队一个人的躯干比腿部还要重，必须要有比较多的人支撑躯干的部分。

④ 在活动过程中，团队成员身上的眼镜、手表、耳环、手链等饰品都必须拿下来。

（2）蜘蛛网

这是一个经典的拓展项目，是想象与挑战的完美结合，可以用来创建团队、培养合作精神、学习冲突处理技巧、培养领袖才能。

1）活动人数：8~12 人。

2）活动器材：口哨一个、秒表一个、小夹子和小铃铛若干。

3）活动场地：用麻绳在两根柱子或支架中编织一张蜘蛛网。

4）活动时间：20~25 分钟。

5）活动说明：

① 游戏开场，模拟小组进入原始森林，唯一的通道被一张巨大的蜘蛛网封锁，必须从蜘蛛网中穿过才能生存。

② 在穿越的过程中，任何人的任何部位不能碰到蜘蛛网，否则即宣告任务失败，全部人回到原点，重新开始任务。

③ 每个洞口只能使用一次，使用后就用夹子标志不得再从此洞穿过。不同人必须从不同网洞穿越过去。

6）注意事项：不要让穿越者从网洞中滑落跌倒，以免发生意外。

3. 地面与心智项目

地面与心智项目有解手结、盲人多边形、齐眉棍、迷宫、极限时速、一字塞车、大圈绕小圈、命中目标。

（1）解手结

1）活动说明：

① 先让团队围成一个圆圈。

② 请所有团队成员将他们的左手放到圆圈的中央，让每个人去抓圆圈中对面某个成员的左手。

③ 接下来，再让所有团队成员把右手放到圆圈中央，然后，让每个人去抓圆圈中对面某个成员的右手，要确定没有人是抓到同一个人的左右手。

④ 向团队说明，这个活动的目标是团队在不放开手的情况下，要一起解开这个结，所以当他们完成后，应该是在一个大圆圈中。

2）注意事项：

① 若有人的手已经被扭转或拉太紧，让他放开另一个人的手 1 秒，调整自己的手到一个比较舒服的姿势，然后再将手牵起来。提醒团队小心他们的背部、手肘和腰部。

② 手结最好是有 9~10 个人共同操作，若是有超过 12 个人的团队，而没有让团队放开手，他们就会很难解开，但少于 8 个人的手结就太容易完成了。

3）活动变化：当团队的人数过多时或整个团队陷入焦灼时，全部成员都已经挤在一起，这时引导者可视团队状况，给团队一些协助或支持，例如给予团队几条绳子，帮助团队看清楚活动状况并有更大空间解决问题。

（2）盲人多边形

1）活动人数：8~12 人。

2）活动器材：一根 17~23 米长的绳子，每位成员一人一个蒙眼的物品（如眼罩）。

3）活动场地：室内或室外场地皆可，但需要较宽广的场地让团队活动。

4）活动时间：40~60 分钟。

5）活动说明：

① 情境塑造：在工作上你们是否有过这样的感觉，在面对一个问题或整体方案时，自己并不能看到整个局面？有没有这样的例子，在讨论计划书的时候你们都看得很清楚，但在开始完成任务的过程中，你们却是看不见的？

② 向团队说明，此活动的目标是要所有团队成员蒙眼，将一条绳子围成一个正方形。

③ 让团队自行设定目标时间，总共需要多久来完成这项活动，在这段时间内，他们可以自由决定讨论计划书的时间。

④ 讨论完计划书后，在活动真正开始之前，所有的团队成员都必须用眼罩蒙着眼睛，要尽可能地在最短时间内围好正方形。

⑤ 所有团队成员都必须随时碰触绳子，一旦他们拿到绳子就不能放开或是放开再抓住，然而他们可以在绳子上滑动他们的手做调整或是一次松开一只手。

⑥ 当整个团队觉得已经完成任务时，就把团队最后塑造成的形状放在地上，一旦绳子被放在地上后，团队就可以拿掉他们的眼罩，看看他们所塑造出来的形状是什么。

6）注意事项：

① 提醒团队成员，一旦蒙眼后，双手就要放在胸前，做好缓冲的姿势。

② 事先移走危险的障碍物，或是在团队成员接近任何危险时，先制止他们。

③ 当有团队成员觉得戴眼罩不舒服时，他们可以拿掉眼罩，安静地走出来，然后

观察活动的进行情况。

④ 通常这个活动实际操作起来会困难许多，所以引导者需要有时间上的限制，以确保团队成员不会在蒙眼太久后觉得很受挫。

7）活动变化：

① 比较容易的方式是允许一位团队成员看得到，然后指挥其他蒙眼的成员。

② 可以让团队塑造其他形状，任何形状都会比正方形还要困难。

③ 可以让团队一开始就蒙眼，通常当眼睛看不见时，对话就会比较困难，因为比较难整合团队和管理对话的效率。

④ 团队在讨论计划过程中可以用到绳子，一旦他们决定开始活动，要等整个团队成员蒙眼后再将绳子放置在某处，团队在塑造形状前，要先找出绳子的所在，此时就要更注意每个团队成员的移动方向。

8）思考与分享：

① 如何在特殊情况下进行有效沟通？

② 如何处理角色定位？如何更有效地完成本职工作？

③ 团队在处于不利情况时，如何才能消除负面影响？

（3）齐眉棍

1）活动人数：8~16 人。

2）活动器材：一根轻质竹竿（或轻质直棍）。

3）活动场地：室内或室外场地皆可。

4）活动时间：20 分钟。

5）活动说明：

① 让所有的团队成员面对面站成两排，请每位成员伸出右手的食指，置于胸前并指向对方。

② 引导者将齐眉棍放在两排团队成员的食指上，使每位团队成员的食指都能托住齐眉棍。

③ 向团队说明，此活动的目标是要所有团队成员同心协力将齐眉棍放到地上。

④ 活动的规则是只能用食指撑住齐眉棍，不能用手指压它或勾它，如果在活动过程中，有任何一位成员的食指离开齐眉棍，则活动必须重新开始。

⑤ 若团队一直重新开始，引导者可以暂停活动，给团队一些时间讨论计划。

6）注意事项：当引导者看到某成员食指离开齐眉棍，而要求团队重新开始时，不需要明确地指出是哪位成员，只要告诉团队有人食指离开，必须重来即可。

7）活动变化：

① 可以先让团队谈论计划，开始活动后，就不能有人说话，增加成员间的互动。

② 活动器材可以用呼啦圈来替代，这个方式可以让整个团队看见彼此的动作，增

加成员间的互动。

8）思考与分享：

① 在整个活动过程中，发生了什么事？你们听到了什么声音？

② 一开始听到这个任务与真正去执行后，你们的感觉有何变化？

③ 你们如何沟通讨论出最好的计划？

④ 你们觉得在这个活动中最需要发挥团队的什么优点？

⑤ 你们觉得一个人的努力是足够的吗？为什么？

⑥ 你们认为这个齐眉棍像是生活中的什么东西呢？

（4）迷宫

1）活动人数：8~12 人。

2）活动器材：巧拼的正方形（9 块×9 块）、秒表。

3）活动选地：室内或室外场地皆可，但必须要有较宽广大的场地。

4）活动时间：20~30 分钟。

5）活动说明：

① 引导者在活动前要准备好迷宫的路径，可以用笔记下来。开始活动前，在地上铺上巧拼的正方形。

② 向团队说明，现在整个团队都困在迷宫中，而这个迷宫只有一条路通往出口，所以团队就要合力找出唯一的出口，让大家逃出迷宫。

③ 一次只能有一个人站在巧拼上找出口，出口的方向前、后、左、右或斜向都有可能，而一旦找错就换下一位成员尝试，请团队成员建立一个顺序，让每位成员轮流找出口。

④ 团队可以在迷宫外讨论计划，一旦有人在巧拼上找出口时，所有人都不能发出任何声音，也不能碰触在巧拼上的成员。

⑤ 团队不能写下迷宫的路径，也不能在迷宫上留下记号。

⑥ 当团队发生错误时，引导者会提示。引导者可询问团队，当发生错误时，他们希望听到什么提示。

⑦ 当全部团队都走出迷宫，就算完成任务。

6）注意事项：要严格地执行规则，当有人站上巧拼，周围发出任何声音时，引导者就要给提示，或许一开始团队不知为何被叫下来，可以让团队自行发现他们应该遵守的规则。

7）活动变化：可以将团队分为两个小组，并讨论两个小组之间合作或竞争的程度。

8）思考与分享：

① 在整个活动过程中，你们最常听到的是什么？

② 听到引导者的提示，你们有什么样的感觉？为什么？

③ 引导者的提示像是你们生活中的什么东西呢？

④ 团队是如何找到迷宫的出口，让大家都可以走出这个迷宫的？

⑤ 团队的讨论和沟通是如何帮助你们找出口的？

⑥ 从这个活动中学习到了什么经验，可以让你在日常生活中运用？

（5）极限时速

1）活动人数：8~12 人。

2）活动器材：30 个做好的数字贴（上面标示 1~30）、秒表、一长条边界绳。

3）活动选地：室内或室外场地皆可，但必须要有较宽广的大场地让团队成员可以奔跑。

4）活动时间：40~60 分钟。

5）活动说明：

① 在围成的圆形范围里，紧贴圆圈在地上摆放数字贴，此范围要与讨论计划的团队距离 20~30 米，让他们看不清楚摆放的数字。

② 情境塑造：一个高凝聚力、表现优异的团队中，团队成员们总是不断地追求进步及突破现状，以达到最好的结果。在下列活动中，队员将有五次机会持续追求进步，任务很简单，只要用最短的时间和最好的品质，在大圈范围内完成操作，记录成绩将代表团队的整体表现。

③ 此活动的目标是在最短的时间内，由小到大碰触数字帖。

④ 团队会有五次尝试机会，在这五次机会内，团队要不断地进步，直到可能的最佳成绩出现为止。

⑤ 每一次的尝试从第一位成员踏出起始线的那一刻开始计时，到最后一个成员返回为止。

⑥ 每一次按照顺序碰触数字帖时，都只能有一个人在范围内，如果有任何的犯规情况，团队的时间会自动加上 10 秒，以作为处罚。

⑦ 在每一回合结束后，告诉团队他们所花费的时间，并且给他们时间讨论修正计划。

⑧ 所有的讨论都只能在起始线的后面进行，而所有的数字帖和界限皆不可被移动。

6）注意事项：

① 因为此活动过程中会有跑步的动作，故必须注意如果地面湿滑就不适宜操作此活动，同时也要提醒团队成员在跑步时注意安全。

② 引导者要注意团队犯规的情形，因为在活动中团队不会去注意他们的犯规行为，而要求团队做到完全诚实也是很大的挑战。

③ 团队总会想知道已有的最好的成绩，这时候引导者不要用其他团队的成绩来刺

激团队的表现，应该鼓励他们找出自己最好的方法，并以团队自己的成绩为努力的方向。

7）活动变化：

① 放置两个重复号码，只要还是30个号码即可。这是一个有趣的方法，让团队处理无预期的状况。

② 可将数字改换成英文字母（从a到z）。

8）思考与分享：

① 为了发展有效的计划，团队是如何讨论和沟通的？

② 在这五个回合期间，团队的计划有改变吗？是否明确且完善地在团队里做好沟通，以达成共识改善问题呢？

③ 团队如何做才能持续改善成员们的表现？为了达到最好的团队表现，成员们解决了什么问题？是如何解决的？

④ 团队是如何组织和使用人员配置的？每个人的贡献都是一样的吗？每个人对团队的表现都有帮助吗？

⑤ 哪个最重要的因素影响了团队的整体表现？

（6）一字塞车

1）活动人数：8~12人。

2）活动器材：数块方形板（比团队人数多一块）或就地取材。

3）活动场地：室内或室外场地皆可。

4）活动时间：30~40分钟。

5）活动说明：

① 现将比团队成员人数多一块的方形板排成一列，请每个团队成员任选一块站上去，左右两边人数尽量相同。中间预留一块方形板，作为移动空间使用。

② 情境塑造：就像在日常生活中一样，团队会有两种不同层次的挑战，第一种挑战是在有限的资源及条件下，团队能提供一个两边皆可行的计划方案；第二种挑战是每一个成员都应该很熟悉计划方案，并且能像领导者一样解释说明计划方案。

③ 此活动的目标是要两边的团队成员互换位置，且要保持两边成员的顺序不变。

④ 活动过程中团队成员只能前进，不能后退，一次只能一个人动。

⑤ 团队成员不能在移动位置后，面对同一个方向的人，也就是移动后不能看到前面成员的背。

⑥ 每人一次只能越过一个人，移到空下来的方形板上。

⑦ 如果整个团队动弹不得、遇到瓶颈，可让他们循原路退回去，再重新开始。

⑧ 如果团队很快就完成任务，要求他们展示解决的方法，并且认真确认每个成员都了解为止，然后要求他们一次走完全程。

6）活动变化：

① 可增加不能交谈的规则，不仅能够增加团队解决问题的能力，也加速了团队间默契的形成。

② 允许团队只有在做计划的时候使用纸和笔。

7）注意事项：

① 在活动之前，引导者要确定自己记得解决方式，以免团队动弹不得，急切地向引导者寻求答案。

② 团队人数即使是奇数也没有关系，只要引导者在中间留有空位，上述的解决方式还是有用的。

8）思考与分享：

① 成员们一开始是如何面对这个问题的？

② 在解决问题的过程中，成员们有看到什么或听到什么吗？

③ 做得最好的是什么地方？需要改善哪些部分？如果再给团队一次机会，觉得会更好吗？如何做才会更好呢？

（7）大圈绕小圈

1）活动人数：8~12 人。

2）活动器材：1~2 个呼啦圈、秒表。

3）活动场地：室内或室外场地皆可。

4）活动时间：20~30 分钟。

5）活动说明：

① 让团队每个人手牵手围成一个圆圈。

② 向团队说明，这个活动的目标就是在最短的时间内，呼啦圈要穿过所有人的身体并且回到原点。

③ 活动开始时，将呼啦圈套在某两位团队成员的手之间，在活动的过程中，所有人的手都不能放开。

④ 请团队设定目标时间，让他们决定能在多短的时间内完成。

⑤ 在团队第一次尝试后，给团队时间讨论如何能再快一点并调整目标时间。

⑥ 给团队几个回合的尝试，借由不断讨论达成团队最好的目标。

6）注意事项：

① 在身体穿过呼啦圈时，要注意牵起来的手不要有太大的拉力，避免造成损伤。

② 提醒团队成员跨越呼啦圈时，小心不要被呼啦圈绊倒。

7）活动变化：

可让团队一次使用 2 个呼啦圈，以不同方向传呼啦圈，计算 2 个呼啦圈穿过每个团队成员并回到原点的时间。

8）思考与分享：

① 本游戏的主旨是什么？

② 通过游戏，你和队友之间是否变得亲密有交流了？

（8）命中目标

1）活动人数：8~12 人。

2）活动器材：至少每两个人一颗软球、标示界线的物品、蒙眼的物品、绳子。

3）活动场地：室内或室外场地皆可，必须要平坦的活动场地。

4）活动时间：20~25 分钟。

5）活动说明：

① 活动开始前，用绳子围出一个活动区域。

② 让团队两人一组，每组选择一个人先蒙眼，并且发给每组一颗软球。

③ 向团队说明：这个活动需要注意安全，每组会有一个人看得见，一个人蒙眼，看得见的人要负责伙伴的安全。

④ 此活动的目标是每个蒙眼的成员用软球去丢其他蒙眼的成员，若看得见的人被软球丢到也没有关系，但看得见的人不能碰到球、捡球或丢球，而蒙眼的成员可以捡起身边的任何软球，丢其他蒙眼的成员。

⑤ 看得见的人和伙伴只能用语言沟通，不能用身体任何部位接触蒙眼的伙伴。

⑥ 若有软球丢出活动区域外，引导者可以将软球丢回活动区域内，或是增加其他软球到活动中。

⑦ 在一段时间后，就让每一组互换角色，体验不同的感受。

6）注意事项：

① 必须使用软球，避免误伤其他团队成员，提醒团队成员软球只能丢向头以下的部位。

② 在操作这个活动之前，要评估团队成员是否愿意照顾其他团队成员。

③ 提醒蒙眼的成员要有缓冲姿势。

④ 提醒团队成员要有一颗关怀的心，当有人弯腰去捡球时，不能撞到该成员的头或者用球砸其他成员的头。

7）思考与分享：

① 本游戏中“信任”这两个字是否做到了？沟通时的口令是否奏效了？

② 通过游戏，你认为团队成功的关键点在哪里？

三、拓展活动方案设计

（一）活动方案封面设计

河北机电职业技术学院××部门

20××年第×届素质拓展活动

1. 受训对象：
2. 培训时间：
3. 培训地点：
4. 培训师：
5. 培训主题：
6. 培训目标：

（1）消除陌生、建立自信、团结合作；

（2）强化沟通、树立集体观念；

（3）提升团队决策能力和有效执行力。

河北机电培训团队

20××年×月×日

（二）训练方案设计

训练方案设计举例如表 7-1、表 7-2 所示。

表 7-1　人数少的团队拓展训练方案

序号	活动名称	活动类型	活动器材	活动时间
1	整体课程设计（体验教育/选择性挑战/其他）	简单的课程简介	无	5~10 分钟
2	曾经拥有	热身破冰活动	比团队人数少 1 的巧拼	10~20 分钟
3	呼喊名字	认识彼此活动	无	5~10 分钟
4	大圈绕小圈	沟通活动	两个呼啦圈	20~30 分钟
5	制定全方位价值契约	沟通活动	海报纸一张、彩色笔数支	20~30 分钟
休息时间				
6	生日派对	沟通活动	无	15~20 分钟
7	步步为营	沟通活动	和团队人数一样的巧拼	20~30 分钟
休息时间				
8	身体、心理状况指数	分享活动感悟	无	5~10 分钟

续表

序号	活动名称	活动类型	活动器材	活动时间
9	快捷兔	热身破冰活动	无	15~20 分钟
10	疯狂气球	沟通活动	很多充气气球（至少一人一个）	30~40 分钟
11	信任走路	信任建立活动	蒙眼的物品	20~30 分钟
12	信任倒	信任建立活动	无	10~15 分钟
休息时间				
13	面包工厂	问题解决活动	塑胶桶一个、运输片 （每个人至少一片）	30~40 分钟
14	平面诺亚方舟	问题解决活动	每人一块巧拼	20~30 分钟
15	大家站起来	缓身活动	无	15~20 分钟
16	行动计划	缓身活动	每人一支笔和一张行动计划表	5~10 分钟

表 7-2　人数多的团队拓展训练方案

时间			类型	项目名称	主要内容	培训目的	地点	备选项目
1	8:00—8:15	15 分钟	无	培训开场	清点人数 活动前管理	做好前期 准备工作	大型 平地	无
2	8:15—9:00	45 分钟	平地项目	热身活动 组建团队	破冰导入 分组建队 团队提示	消除陌生 建立信任 团队成形 提高凝聚力	大型 平地	无
3	9:00—10:00	60 分钟	平地 项目	“摩斯解码”	交流游戏 体验游戏	体验互助互信	大型 平地	“信任 背摔”
4	10:00—11:00	60 分钟	中低空 项目	“电网”		体验分工与 执行	麻绳网	“极限 时速”
5	11:00—11:30	30 分钟	无	休息总结	心得分享	及时调整 成员情况	大型 平地	无
6	11:30—13:30	120 分钟	休息调整					
7	13:30—14:00	30 分钟	平地 项目	趣味热身	小游戏+按摩	消除疲劳 调动激情	阴凉 平地	无
8	14:00—15:30	90 分钟	平地 项目	“沙盘经营”	模拟游戏 体验游戏	创造竞争氛围 加强沟通合作	拓展 基地	“七巧板”
9	15:30—17:30	120 分钟	中低空 项目	“毕业墙”				“成功路”
10	17:30—18:00	30 分钟	无	分享与颁奖、合影纪念			无	无

探索与思考

1. 简述拓展训练的起源及其发展概况。
2. 组织并策划一次为期一天的拓展训练方案。

参考文献

［1］陈振辉．新编高职体育与健康教程［M］．北京：北京理工大学出版社，2017.

［2］关伟东．大学体育［M］．北京：北京理工大学出版社，2019.

［3］张平．高职体育与健康［M］．北京：北京理工大学出版社，2013.

［4］高立庆．高职高专体育与健康教程［M］．北京：北京理工大学出版社，2013.

［5］肖薇．大学体育［M］．北京：北京理工大学出版社，2011.

［6］陈振辉，赵双云．新编高职体育与健康［M］．北京：北京理工大学出版社，2016.

［7］杨忠伟．体育运动与健康促进［M］．北京：高等教育出版社，2004.

［8］杨铁黎，贾书申，刘昕．体育与健康［M］．北京：外语教学与研究出版社，2016.